Thomas Seiter
Yvonne Seiter

MIT DEM WOHNMOBIL INS ALLGÄU

Die Anleitung für einen Erlebnisurlaub

DER WOHNMOBIL-VERLAG
D-36452 Kaltennordheim
OT Mittelsdorf

Bibliografische Information der Deutschen Bibliothek

Die Deutsche Bibliothek verzeichnet diese Publikation in der Deutschen Nationalbibliografie.
Detaillierte bibliografische Daten sind im Internet über <http://dnb.ddb.de> abrufbar.

Titelbild: Obertal bei Hinterstein (Foto: Birger Bruchmüller)
Bild in vorderer Klappe: Kloster Ochsenhausen (Tour 10, S. 202)

Karten und Fotos: Yvonne und Thomas Seiter

4. vollständig neu bearbeitete Auflage 2020

Druck:
Gutenberg Beuys Feindruckerei, 30851 Langenhagen

Vertrieb:
GeoCenter GmbH, 70794 Filderstadt

Herausgeber:
WOMO-Verlag, OT Mittelsdorf, 36452 Kaltennordheim
GPS: N 50° 36' 38.2" E 10° 07' 55.6"

Fon: 0049(0)36946-20691
Fax: 0049(0)36946-20692
eMail: verlag@womo.de
Internet: www.womo.de

Autoren-eMail: Seiter@womo.de

Alle Rechte vorbehalten.
Alle Angaben ohne Gewähr.

ISBN 978-3-86903-244-3

EINLADUNG ins ALLGÄU

„Mei Herz is so voll
Und mei Bauch is so leer.
O mei, wär des schön,
Wenn´s andersrum wär!
Holladiöh!"

Mit diesem eigenwilligen und netten Vers aus einem Kinderbuch (vgl. Anhang) sagen wir Grüß Gott und laden Sie ganz herzlich ein, uns durch das Allgäu zu folgen:

Ihr Herz wird garantiert voll sein, denn ohne Zweifel ist das Allgäu eine der vielseitigsten und schönsten grünen Landschaften Deutschlands. Berge, endlose blumenübersäte Weiden, Seen, Moore, Burgen und Schlösser und noch vieles mehr prägen dieses Paradies.

Ihr Bauch wird auch bestimmt oft leer sein, wenn Sie uns auf den vielen Wanderungen bergauf und -ab folgen.
Und dann werden wir Ihnen gern den Wunsch erfüllen und in eine der vielen urigen Gaststätten mit Biergarten einkehren, um bayerisch-schwäbische Köstlichkeiten zu verzehren...

Allgäu wird für Sie, um noch einmal bei den Versen und Sprüchen zu bleiben, bestimmt zum Motto:

„Warum in die Ferne schweifen, wenn das Gute liegt so nah."

Erleben Sie mit uns einen einmaligen Aktivurlaub und folgen Sie uns auf rund 1000 km Traumstraßen zu den schönsten Orten dieser Region.

Wir wünschen Ihnen unvergessliche Tage im Allgäu!

Ihre

Thomas Seiter
Yvonne Seit

Sehr geehrte Leserinnen und Leser, liebe WOMO-Freunde!

Reiseführer sind für einen gelungenen Urlaub unverzichtbar – das beweisen Sie mit dem Kauf dieses Buches. Aber aktuelle Informationen altern schnell, und ein veralteter Reiseführer macht wenig Freude.

Sie können helfen, Aktualität und Qualität dieses Buches zu verbessern, indem Sie uns sofort nach Ihrer Reise mitteilen, welchen unserer Empfehlungen Sie gefolgt sind (freie Stellplätze, Campingplätze, Wanderungen, Gaststätten usw.) und uns darüber berichten (auch wenn sich gegenüber unseren Beschreibungen nichts geändert hat).

Bitte füllen Sie schon während Ihrer Reise das Info-Blatt am Buchende aus und senden Sie es uns (gerne auch formlos als eMail) schnellstmöglich zu.

Dadurch helfen Sie uns und unseren Lesern – Ihren WOMO-Freunden – schneller aktualisierte Bücher zu erhalten.

Aktuelle Korrekturen finden Sie unter: forum.womoverlag.de

Um die freien Übernachtungs- und Campingplätze auf einen Blick erfassen zu können, haben wir diese im Text in einem Kasten nochmals farbig hervorgehoben und, wie auf den Karten, fortlaufend durchnummeriert. Wir nennen dabei wichtige Ausstattungsmerkmale und geben Ihnen eine kurze Zufahrtsbeschreibung. "Max. WOMOs" soll dabei andeuten, wie viele WOMOs dieser Platz maximal verträgt und nicht, wie viele auf ihn passen würden (schließlich gibt es auch Einwohner und andere Urlauber)!

Offizielle Übernachtungsplätze sind mit einem WOMO-Icon gekennzeichnet.

Übernachtungsplätze mit **B**ademöglichkeit sind mit hellblauer Farbe unterlegt. **W**anderparkplätze sind grün gekennzeichnet. **P**icknickplätze erkennen sie an der violetten Farbe. Auf Schlafplätzen, denen die gerade genannten Merkmale fehlen – also auf einfache **S**tellplätze – weist die Farbe Gelb hin.

Empfehlenswerte **C**ampingplätze haben olivgrüne Kästchen. Wanderungen, die wir Ihnen besonders ans Herz legen möchten, haben wir hellgrün unterlegt.

Und hier kommt das Kleingedruckte:

Jede Tour und jeder Stellplatz sind von uns bereits mehrfach überprüft worden, wir können jedoch inhaltliche Fehler nie ganz ausschließen. Bitte achten Sie selbst auf Hochwasser, Brandgefahr, Steinschlag und Erdrutsch!

Verlag und Autoren übernehmen keine Verantwortung für die Legalität der veröffentlichten Stellplätze und aller anderen Angaben. Unsere Haftung ist, soweit ein Schaden nicht an Leben, Körper oder Gesundheit eingetreten ist, ausgeschlossen, es sei denn, unsere Verantwortung beruht auf Vorsatz oder grober Fahrlässigkeit.

INHALT

Gebrauchsanleitung
für einen Erlebnisurlaub 6

Anreise
ins Allgäu.. 10

12 Touren durchs Allgäu

Tour 1: Den Bergen immer näher 24

Tour 2: Besuch beim Märchenkönig 44

Tour 3: Camping auf dem Bauernhof 64

Tour 4: Rund um den Grünten 84

Tour 5: Gipfelerlebnisse..100

Tour 6: Kleinwalsertal - das Ende der Straße 124

Tour 7: Steil bergauf ins Oberallgäu 138

Tour 8: Bis zum Schwäbischen Meer......................154

Tour 9: Z'Wange bleibt ma hange 166

Tour 10: Mit dem Öchsle durchs Schwabenländle .. 186

Tour 11: Zum Ritter Frundsberg 208

Tour 12: Ein letztes Mal in Richtung Berge 230

Reisetipps von A - Z 242

Stichwortverzeichnis 259

Tourenübersicht 265

Gebrauchsanleitung

Noch einmal ein herzliches **Grüß Gott**, wie es bei uns in Bayern so schön heißt. Sie halten mit diesem Buch nun bereits die vierte Auflage unseres Allgäubuches in Händen. Erfreulicherweise sind auch diesmal kaum Stellplätze einem Verbotsschild zum Opfer gefallen, vielmehr nahm die Zahl der offiziellen Übernachtungsplätze für Womos deutlich zu. Der Trend zu gebührenpflichtigen Stellplätzen hält in Deutschland weiterhin an. Dies hat auch den Vorteil, dass man Campingtisch- und Stühle ungeniert herausnehmen darf. Die komplette Infrastruktur für Womotouristen ist nun fast flächendeckend für das Allgäu vorhanden. Brötchenservice, WLAN, Duschen, Gasflaschenservice - an alles wurde gedacht. Natürlich auch die Ver- und Entsorgung sowie der Strom werden bereitgestellt. Also eine sehr positive Weiterentwicklung! Daneben gibt es in unserem Buch auch weiterhin die „guten alten" freien Stellplätze, die zwar nicht offiziell sind, aber von den Gemeinden geduldet sind und auch nichts kosten.

Noch ein paar weitere pragmatische Worte, die die Zeichen der Zeit mit aufgreifen und Ihnen die unschlagbaren Vorteile deutscher Nahziele vor Augen führen sollen: Weiter steigende Spritpreise (Stichwort „Klimaabgabe"), auch wenn diese bei der Recherche noch erfreulich niedrig waren - und der dramatische Klimawandel.

Gegenüber „Fernreiseländern" nehmen sich Urlaubsziele wie das Allgäu kilometermäßig relativ bescheiden aus, was sich wiederum natürlich kostenentlastend in Ihrer Tank- und Urlaubsrechnung auswirkt. Entspannter fährt es sich auch, wenn man nur kleine Etappen vor sich hat. Die Umwelt wird durch die weniger gefahrenen Kilometer positiverweise auch mit weniger Kohlendioxid belastet.

Also können Sie sich guten Gewissens auf einen Urlaub freuen, der auch noch bei deutlich teureren Dieselpreisen relativ leicht zu finanzieren ist.

Nicht von der Hand zu weisen ist auch das Argument, dass die Anreise, wenn Sie nicht gerade im Norden der Republik beheimatet sind, relativ rasch erledigt ist. Somit kann das Allgäu u.a. für einen erholsamen Kurzurlaub dienen. Auf den folgenden Seiten erfahren Sie bereits beim Lesen und Betrachten der vielen Farbbilder, warum unser Herz an dieser Region hängt und warum das Sprichwort „warum in die Ferne schweifen, wenn das Gute liegt so nah" auf diese Top-Ferienregion im Süden Deutschlands so gut zutrifft.

Wo liegen eigentlich die Grenzen des Allgäus?

Über die räumliche Ausdehnung des Allgäus herrscht wenig Einigkeit. Im Osten ist dies noch relativ einfach zu bestimmen: Der Lech trennt Oberbayern von Schwaben. Im Norden lässt sich in etwa die Linie Landsberg am Lech - Buchloe - Mindelheim - Memmingen - Bad Wurzach - Wangen als Grenze annehmen. Im Westen wird es da noch schwieriger: Scheidegg oder Bodensee, da streiten sich die Gemüter. Wir haben den Bodensee mit der Stadt Bregenz als Grenzpfeiler gewählt. Im Süden reicht das Allgäu nach Österreich bis in die mächtigen Lechtaler Alpen hinein. Innerhalb dieser aufgezeigten „Grenzpfosten" bewegen wir uns in diesem Buch.

Es gehört auf jeden Fall zu den großen Reizen einer Urlaubsfahrt durch das Allgäu, die Übergänge vom sanften, belebenden saftig grünen und idyllischen Hügelland des Unterallgäus hin zu der kraftvollen, würzigen und kantigen Bergwelt zu erleben.

Wie viel Zeit ist für einen Allgäuurlaub nötig?

Bestimmt haben Sie bei den Kilometerangaben und „nur" 12 Touren den Gedanken gehegt, das Büchlein in einem Urlaub locker zu schaffen. Das geht auch – nur dann sind Sie geschafft, die Wohnmobilcrew genervt, und von Urlaub war kaum eine Spur. Denn es ist schließlich ein Unterschied, ob z.B. 120 km auf einer relativ geraden Bundesstraße im Flachland abgespult werden, oder ob, wie dies im Allgäu häufig der Fall ist, das Teerband sich durch Hügel, unzählige Dörfer und Berge windet...

Damit Sie eine etwaige Vorstellung haben, wie viel Zeit eine Etappe mit all ihren Unternehmungen (wie Wanderungen, Besichtigungen etc.) in Anspruch nimmt, haben wir zu Beginn einer jeden Tour immer die ungefähre Dauer an Urlaubstagen für Sie aufgelistet.

Natürlich können Sie die meisten Touren auch abkürzen oder miteinander kombinieren, so dass Sie sich „Ihre" touristischen Rosinen je nach Lust und Laune individuell herauspicken können.

Und wo übernachten wir?

Im Text finden Sie natürlich wieder wie gewohnt genügend freie Stellplätze und nun auch die offiziellen Stellplätze (vgl. Zeichenerklärung für die Tourenkarten), die z.T. kostenlos sind oder für die ein Obolus entrichtet werden muss.

Auch haben wir für Sie die schönsten Campingplätze besucht und in die Campingplatztipps einer jeden Tour mit eingebunden. Schön ist dabei auch, dass viele Plätze an einem See gelegen sind, und dort großzügig separate Womostellflächen geschaffen wurden. Diese müssen Sie nicht in Anspruch nehmen - können es aber und sparen damit bares Geld.

Eine Besonderheit sind in diesem Allgäuband die Bauernhofstellplätze. Nicht nur Familien finden dort Erholung: würzige Landluft, Tiere, Ruhe und ein Panorama, das seines gleichen sucht. Wir haben für Sie auch die Internetadressen und/ oder Telefonnummern mitangeführt, denn in der Hochsaison ist es sehr ratsam, **rechtzeitig** zu reservieren, um nicht abgewiesen zu werden. Dann wäre das Gejammere gerade bei Kindern groß...

Was erwartet uns als Allgäuurlauber?

Damit zum eigentlich prägenden Element des Allgäus: Die Berge. Sie ziehen nicht nur uns Womourlauber unweigerlich in ihren Bann. Auch scharenweise Asiaten, US-Amerikaner und viele Touristen aus aller Herren Länder wollen diese Natur- und Kulturwunder bestaunen. Aber keine Angst – Gedränge gibt es wirklich nur an ganz wenigen Punkten. Mit uns kommen Sie zwar auch zu den touristischen Rummelplätzen des Allgäus (die in der Tat einzigartig sind), doch wir zeigen Ihnen jede Menge ruhiger und idyllischer Orte, die oft noch als Geheimtipps gelten können.

Bis auf ganz wenige Ausnahmen, die dann auch von uns entsprechend erwähnt werden, sind sämtliche Routen mit den gängigen Womo-Größen ohne Probleme zu bewältigen.

Wir haben mit unserem etwas mehr als 7m langen Womo problemlos alle Tourenziele erreicht.

Das Verkehrsaufkommen ist auf den meisten von uns gewählten Strecken so gering, dass stressfreies Reisen und Schauen möglich sind.

Die in fernen Ländern oft so spärliche Beschilderung ist deutschlandtypisch vorbildlich, Ver- und Entsorgungsprobleme dank der immer häufiger anzutreffenden offiziellen Stellplätze überhaupt kein Thema (d.h. Sie können getrost auf Toilettenchemikalien verzichten).

Apropos Stellplätze: Wir können natürlich keine Garantie dafür übernehmen, dass die von uns angegebenen Übernachtungsplätze dauerhaft zum freien Übernachten geeignet sein werden. Zu schnell werden bei entsprechend massiver Womopräsenz von den Gemeinden Verbotstafeln aufgestellt. Deswegen sind **sämtliche Angaben in diesem Reiseführer ohne Gewähr!** Auch bitten wir Sie dringend, sich an die von uns angegebene Womoanzahl in den Stellplatzkästen zu halten. Die entspricht nicht der maximalen Aufnahmekapazität, sondern vielmehr der Ansicht, wie viele Womos auf einem Übernachtungsplatz „optisch" vertretbar sind, ohne negativ aufzufallen (Stichwort „Wagenburgen"). Halten wir uns alle an diese „Spielregel", dann haben alle noch lange Freude an den freien Plätzen. Wir haben in den meisten Touren für Sie auch Campingplätze herausgesucht, um Ihnen einen längeren Aufenthalt an einem schönen Ort zu ermöglichen.

Alle Stell- sowie Campingplätze haben wir mit präzisen GPS-Koordinaten versehen. Aber auch ohne diesen Navigator im Führerhaus hoffen wir, dass Sie mit unseren Wegbeschreibungen bestens an jeden gewünschten Ort gelangen.

Noch ein Wort zu den Preisen. Auf genaue Angaben, was denn nun der jeweilige Eintritt etc. nun genau kostet, haben wir bewusst verzichtet. Leider nur all zu schnell treten hier Veränderungen auf.

Wenn Sie nach dem Lesen dieses Buches noch Fragen auf dem Herzen haben, Sie weitere Informationen brauchen, ob Sie nach Ihrer Urlaubsreise uns neue Stellplätze mitteilen möchten oder uns konstruktiv kritisieren wollen – wir freuen uns auf jeden Fall auf Ihre Nachricht. Hier unsere Anschrift:

Thomas und Yvonne Seiter
e-mail: seiter@womo.de

Wir weisen auch wieder ausdrücklich darauf hin, dass dieser Allgäuband auf Grund **persönlicher Erfahrungen** aus mehreren Urlauben zu unterschiedlichen Jahreszeiten entstanden ist und **keinen Anspruch auf Vollständigkeit in Bezug auf Sehenswürdigkeiten, Wandervorschläge etc. erhebt**. Allein schon sämtliche Wander- und Bergtouren (ganz zu schweigen von den kulturellen Schätzen der Region) würden ein so dickes Buch ergeben, das wahrscheinlich rekordverdächtig wäre, ganz zu schweigen davon, dass dafür ein Leben nicht ausreichen dürfte, um dessen Inhalt zu erkunden.

Zur sinnvollen Ergänzung und Vorbereitung auf Ihren Urlaub empfehlen wir Ihnen deshalb noch zusätzlich die eine oder andere literarische Anschaffung (vgl. Reisetipps - Literatur).

Wie Sie schon bald sehen und erfahren werden, sind meist die Römer an allem Schuld. Schließlich waren sie es, die vor rund 2000 Jahren das Allgäu und natürlich weite Regionen darüber hinaus mit ihren Siedlungsaktivitäten prägten. Starten wir also auf der ehemaligen Römerstraße, der „Via Claudia", die heutzutage „Romantische Straße" genannt wird.

10 Gebrauchsanleitung & Anreise

Anreise

Warum das Thema Anreise, da gibt es doch nicht viel dazu zu sagen? Stimmt ja eigentlich auch. Wir schlagen Ihnen aber einen „sanften" Einstieg ins Allgäu vor, der schon weit vor den Bergen mit alten Fachwerkstädtchen beginnt. Die sind nun mal viel zu schade, als dass wir sie links liegen lassen könnten.
Leider muss fairer weise auch gesagt werden, dass diese Anreiseroute eigentlich nur Urlaubern aus der Mitte und dem Norden Deutschlands gilt.
Österreichische, schweizerische und italienische Womourlauber werden wahrscheinlich als „Quereinsteiger" mitten in unserem Buch beginnen. Die empfohlene Strecke beginnt bei **Rothenburg ob der Tauber**, dem Anfangspunkt der sog. **Romantischen Straße**. Von dort verlassen Sie die Nord-Südautobahn A7 und begeben sich, sofern es das Zeitbudget erlaubt, in das altehrwürdige Fachwerkstädtchen. Zunächst noch recht unscheinbar erscheint der Ort. Uns wird beim Näherkommen jedoch schnell klar, warum die mit einem ziemlich intakten Mauerring umgebene mittelalterliche Stadt ein beliebtes Ziel nicht nur von Reisebussen ist. Da auch an uns Womofahrer gedacht wurde, bietet sich der Ort als Übernachtungsplatz geradezu an. In der „blauen Stunde" erscheinen die alten Bauten besonders reizvoll.

(001) Offizieller WOMO-Stellplatz: Rothenburg ob der Tauber

GPS: N 49° 22' 12.6" E 10° 10' 58.9"   **max. WOMOs:** >10.
Ausstattsattung/ Lage: VE, Strom, WC/ im Ort.
Zufahrt: P2, beschildert. Auch P3 für Womos als off. Stellplatz geeignet.

Rothenburg mit seinen verwinkelten Gässchen und vielen Fachwerkhäusern wird bei vielen ausländischen Gästen als DAS typisch deutsche Vorzeigestädtchen gesehen. Nicht umsonst haben die US-Amerikaner den Ort im Epcot-Center in Florida als Repräsentant für Deutschland gewählt.

Am zentralen Marktplatz wartet das Käthe Kruse Museum mit Puppenspielzeug aus den Jahrhunderten auf den Besucher. Nicht nur Asiaten und Amerikaner finden den gegenüberliegenden Weihnachtsladen im Sommer zu besuchen als ein Erlebnis besonderer Art. Prickelnd ist ebenso der Besuch des neben dem Museum gelegenen Historiengewölbe (Folterraum, Gefängniszellen, u.v.m. aus der Epoche des 30jährigen Krieges).

Weiter geht die Anreise entlang der „**Romantischen Straße**"

auf der B 25 in ein weiteres wundervolles Fachwerkstädtchen nach **Dinkelsbühl**.
Auf dem Weg dorthin wartet gleich am Ortsbeginn von Dorfgütingen ein kleiner See zum Baden und Übernachten auf uns.

(002) WOMO-Badeplatz: Dorfgütingen

GPS: N 49° 13' 8.9" E 10° 18'1.2"   max. **WOMOs:** 2.
Ausstattung/Lage: Badewiese / Ortsrand.
Zufahrt: Gleich nach dem Ortsschild links und nach rund 200m wieder links bei der Fischerhütte.

Sollten Sie den netten und gemütlichen Ort **Feuchtwangen** auch noch in ihr Besuchsprogramm aufnehmen wollen, so bietet der Parkplatz direkt vor der Altstadt einen idealen Ausgangspunkt und ruhigen womotauglichen Übernachtungsort (GPS: N 49° 09' 53.0" E 10° 19' 49.9").

Dinkelsbühl zeigt uns ein herrliches Ensemble an spätmittelalterlichen Fachwerkgebäuden. Der touristische Druck ist hier wesentlich geringer, was man aber leider bei der Parkplatzsuche nicht gerade merkt. Wir parken kurzerhand unser Womo auf dem Großparkplatz eines Discounters (gegenüber P1), kaufen eine Kleinigkeit und dürfen so ungestört das Städtchen in aller Ruhe genießen.

„Gibt es heute schon wieder Fachwerkhäuser zu sehen?" fragen unsere Kinder am nächsten Morgen. Wir können sie beruhigen und haben eine besondere Überraschung parat: Ein Wandertag mit Schlittenhunden! Wer dem nichts abgewinnen kann, folgt unbeirrt der Romantischen Straße. In Nördlingen treffen wir uns wieder. Wir verlassen Dinkelsbühl und fahren am Rande der Altstadt (Ellwanger Straße in Richtung Fichtenau/ Ellwangen) gen Westen. Nach dem Kreisverkehr am Ortsrand folgen wir der Staatsstraße 2220 noch ein kurzes Stück und biegen dann rechts ab nach **Fichtenau**. Über Matzenbach erreichen wir schon bald Rechenberg, das wir gen B290 Ellwangen durchfahren. Dann heißt es aufpassen. Kurz vor dem Schwenk auf die B290 biegen wir links ein in die Rindelbacher Straße zum kleinen Ort **Dankoltsweiler** (Gemeinde Jagstzell). Auf der Rindelbacher Straße bleiben wir, durchfahren den Ort und halten auf den Wald zu. Kurz nach der 90 Grad Kurve haben wir unser Ziel endlich erreicht: Die Dankoltsweiler Sägmühle 2 (links). Da aber größere Womos schlecht Platz finden, stellen wir unser Gefährt gleich übernachtungstauglich einen Steinwurf entfernt an den Fischbachsee.

(003) WOMO-Badeplatz: Fischbachsee

GPS: N 49° 00' 22.5" E 10° 07'50.8"
max. WOMOs: 2.
Ausstattung/Lage: Badewiese / Außerorts.
Zufahrt: Wie im Text beschrieben zur Dankoltsweiler Sägmühle fahren, danach noch 200m bis zum Holztrogbrunnen, dann rechts ab auf schmalem Asphaltweg (Ausweichmöglichkeiten) zum nahen See. im Wald.

Gut dass wir bereits einige Tage vorher einen Termin vereinbart haben, denn Steve und Andrea sind begehrte „Muscher". Wir haben eine 2 Stundenwanderung mit den Huskys gebucht. Zuerst stellt uns Andrea ihre 17 vierbeinigen Schützlinge vor. Bald schon ist uns klar - „Hunde sind auch nur Menschen": Der Eine ist gerne der Boss, der Andere der Gemütliche. Alle haben so ihre Eigenheiten. Aber es nützt nichts, jeder von uns muss sich „seinen" Gefährten aussuchen. Und schon geht es im Zuggeschirr flott und ohne große Mühen den Berg hinauf. Wenn Wandern nur immer so leicht wäre. Besonders unsere jüngste Tochter marschiert mit größter Freude und ohne jegliche Ermüdungserscheinungen mit ihrem Brisko durch den Wald. Gut, dass wir Trinken und Essen im Rucksack mitgenommen haben, denn auf halber Strecke dürfen nicht nur die Hunde notwendige Flüssigkeit zu sich nehmen. Idylle pur: Aufgestaute Biberseen, Stille und Erhabenheit umgeben uns. Am Ende der Tour wartet bereits der Grill auf uns. Der wird

nach Trapperart entfacht und dann dürfen wir unser selbst mitgebrachtes Essen auflegen. Beim Feuer reden wir noch lange - nicht nur über Schlittenhunde...

Für Kinder werden seit 2015 auch e-Quad Rundtouren angeboten.

Infos, Anfragen und Buchungen unter www.Nature-Trails-Events.de oder unter info@Nature-Trails-Events.de (Tel. 07967 - 7101522)

Auf der schmalen Straße rollen wir tags darauf weiter südwärts durch dunklen Tann, passieren **Rindelbach** und kommen bald darauf, wieder auf normal breiter Straße, nach **Ellwangen**.

(004) Offizieller WOMO-Stellplatz: Ellwangen / Rothenbacher Straße

GPS: N 48° 57' 35" E 10° 07' 15" **max. WOMOs:** >10.
Ausstattung/Lage: VE, Strom/ im Ort.
Zufahrt: Von Rindelbach kommend rechtshaltend auf die B290, in Bahnhofsnähe, beschildert; gebührenpflichtig.

Schloss Ellwangen

Alternativ dazu können wir auch den wunderschön gelegenen Parkplatz beim Schloss (Schlossbesuch!), hoch über den Dächern Ellwangens empfehlen:

> **(005) WOMO-Stellplatz: Ellwangen / Schlossschenke**
> **GPS:** N 48° 57' 53.0" E 10° 08' 28.1"   **max. WOMOs:** 2.
> **Ausstattung/Lage:** Außerorts auf Schotter.
> **Zufahrt:** Straße Schlosssteige zum Schloss hinauf der Beschilderung folgen; vor dem Schlossgraben und der gegenüberliegenden Gaststätte Schlossschenke; typisch schwäbische Küche.

Ellwangen ist ein sympathisches Städchen, das uns auf Anhieb gefällt. Besonders der neugestaltete Platz um die spätromanische Basilika sticht heraus.

Ellwangen

Weiter fahren wir auf der B29 nach Bopfingen, und dann weiter gen **Nördlingen**. Plötzlich wird die Landschaft flach, nur am Horizont erheben sie die Hügel. Wir befinden uns nun im Krater des ehemaligen Einschlaggebietes eines riesigen Asteroiden. Auf dem Inneren Ring der Stadt Nördlingen erreichen wir unseren Übernachtungsplatz für heute:

> **(006) Offiz. WOMO-Stellplatz:**
> **   Kaiserwiese Nördlingen**
> **GPS:** N 48° 51' 18.9" E 10° 29' 4.2"
>   **max. WOMOs:** >10
> **Ausstattung/Lage:** VE, Strom /im Ort.
> **Zufahrt:** Innerer Ring Nördlingen, beschildert, gebührenpflichtig.

Gebrauchsanleitung & Anreise 15

Nördlingen

In unmittelbarer Nähe zu unserem Stellplatz starten wir am Baldinger Tor unseren Stadtrundgang. Die alte Mauerfestung ist wie in der kroatischen Stadt Dubrovnik auf kompletter Länge begehbar und gewährt uns schöne Überblicke über die alte Bausubstanz. Doch im Gegensatz zum südländischen Pendant ist der Rundgang kostenlos. Auf der Baldinger Straße gelangen wir zum Stadtzentrum mit der gotischen St. Georgskirche und dem Kirchturm, der im Volksmund liebevoll den Namen „Daniel" erhielt. Im Touristenbüro besorgen wir uns einen Stadtplan und besuchen weitere Höhepunkte der Sadt wie z.B. das Rathaus, das Leihhaus, den Hafenmarkt und die Gerberhäuser. Empfehlenswert ist auch das Riesenkratermuseum.

Unseren nächsten, ruhig gelegenen Übernachtungsplatz finden wir hoch über den Dächern der Gemeinde **Harburg**.

(007) WOMO-Stellplatz: Harburg

GPS: N 48° 46' 59.5" E 10° 41' 11.1"   **max. WOMOs:** 5

Ausstattung/Lage: Mülleimer, Bänke, Spielplatz/Ortsrand.

Zufahrt: Auf der B 25 vor dem Tunnel in Harburg rechts hinauf zur Burg. Dort auf Schotter.

Sonstiges: Burgbesichtigung, Fußweg hinunter zur Altstadt, Wandermöglichkeiten mit schönen Ausblicken ins Tal.

Tagsdarauf setzen wir unsere Reise fort, passieren rechterhand Donauwörth und kommen auf der vierspurigen ausge-

Maximilianstraße in Augsburg

bauten B2 in das über 2000 Jahre alte **Augsburg**, das von Kaiser Augustus als „Augusta Vindelicorum" gegründet wurde.

(008) Offizieller WOMO-Stellplatz: Augsburg

GPS: N 48° 22' 12.1" E 10° 52' 39.40" **max. WOMOs:** 10.
Ausstattung/Lage: VE, Strom /im Ort; gebührenpflichtig.

Zufahrt: Auf der Westtangente Ausfahrt Bürgermeister-Ackermann-Straße in Richtung Zentrum (links). Nach der Wertachbrücke rechts, beschildert. Sonstiges: Straßenbahnanbindung zum Rathausplatz (über Königsplatz) von der nur wenige Gehminuten flußaufwärts befindlichen Haltestelle auf der Wertachbrücke; zu Fuß rund 20 Min bis ins Zentrum.

Unseren Rundgang in der Hauptstadt Schwabens starten wir am zentralen Rathausplatz. Hoch oben auf dem Brunnen heißt uns Kaiser Augustus, der Stadtgründer, herzlich willkommen. Neben dem Perlachturm dominiert der prächtige Rathausbau aus der Renaissancezeit des Baumeisters Elias Holl mit dem Goldenen Saal. Dem Prunksaal sieht man es nicht an, dass er fast zur Gänze rekonstruiert ist. Das Original versank in der Bombennacht im Februar 1944 in Schutt und Asche. Noch heute wird der Saal bei wichtigen Empfängen vom Oberbürgermeister zu Repräsentationszwecken benutzt.

Augustusbrunnen

Gebrauchsanleitung & Anreise

Goldener Saal im Rathaus

Elias Holl (1573 - 1646) war Augsburgs berühmtester Baumeister der deutschen Renaissance. Aus seiner planenden Feder stammen auch noch viele weitere historische Bauten wie das nahe Zeughaus u.a. Doch sein Glanzstück war das Rathaus mit dem Goldenen Saal als prachtvolle Empfangshalle.

Schräg gegenüber auf dem Rathausplatz bekommt man im Touristenbüro einen Stadtplan.
Vom Rathausplatz aus spazieren wir gen Süden auf der „goldenen Meile", der Maximilianstraße. Über den Merkur-

brunnen (am Moritzplatz) mit dem bunten Weberhaus gelangen wir zum Handelshaus der Fugger. Das Adelsgeschlecht der Fürsten Fugger prägte Augsburg ganz entscheidend. Vor allem Jakob Fugger (1459-1525) als einer der bedeutensten Kaufherren, Bankiers und Händler seiner Zeit lieh sogar Papst und Kaiser Geld aus seiner Privatschatulle. Dies brachte ihm den Namen „der Reiche" ein. Wer über diese Zeit mehr erfahren möchte, dem sei der sehr abwechslungsreiche und spannende Roman von Tanja Kinkel „Die Puppenspieler" wärmstens empfohlen.

Nur unweit entfernt, gegenüber dem schmucken Herkulesbrunnen besuchen wir das frisch herausgeputzte Stuckgebäude, in dem sich das einmalige Schaezlerpalais befindet.

1765 ließ der Bankier und Silberhändler Liebert von Liebhofen das herrliche Rokokopalais im Herzen Augsburgs errichten. Sein Festsaal wurde 1770 im Beisein der Tochter der Kaiserin Maria Theresia, Marie-Antoinette, die als französische Gemahlin Ludwig XVI. auf der Guillotine endete, eingeweiht. Dr. Wolfgang Freiherr von Schaezler stiftete dann das Anwesen der Stadt.

Hier findet der Besucher Werke von Rubens, van Dyck, Albrecht Dürers, Hans Holbein d.Ä. u.a. namhaften Künstlern aus Barock und Rokoko.

Unser Blick richtet sich gen Süden zur Kirche St. Ulrich (Foto auf Seite 17 unten). Wir biegen aber nun links ab und erreichen schon nach wenigen Schritten in der Wintergasse das Römische Museum. Viele Ausgrabungsstücke aus der Römerzeit sind zu bestaunen.

Wie Sie noch sehen werden, treffen wir auf unseren Touren durch das Allgäu immer wieder auf römische Spuren aus der Vergangenheit.

Über die Wintergasse gelangen wir wieder zum Moritzplatz, laufen rechts den Judenberg hinunter in die Altstadt und stoßen schon nach wenigen Schritten auf das Gasthaus „Bauerntanz". Dort wird uns gutbürgerliche schwäbische Küche in wirklich üppigen Mengen serviert, so dass keiner hungern muss...

Nach dem um die Ecke befindlichen Torbogen spazieren wir links dem Kanal folgend weiter bis zu den Straßenbahnschie-

nen an der Barfüßerbrücke. (Augsburg hat übrigens mehr Kanäle als Venedig!) Wer sich für einen der herausragenden Söhne Augsburgs, nämlich Bert Brecht (1898 - 1956) interessiert, wählt den Abstecher nach links über die Schienen zu dessen Geburtsstätte. Im Brechthaus gibt ein kleines Museum Auskunft über das Leben und Schaffen des Intellektuellen (Auf dem Rain 7). Dann folgen wir den Gleisen stadtauswärts und gelangen nach wenigen Gehminuten zur ältesten Sozialsiedlung der Welt.

Weberhaus mit Merkurbrunnen

20 Gebrauchsanleitung & Anreise

1521 stiftete Jakob Fugger der Reiche die Wohnanlage. Zum Wert eines symbolischen Gulden und dem täglichen „Vater unser" Gebet dürfen dort bis heute Hilfsbedürftige wohnen. Umgerechnet rund 0,88 Euro kostet die Miete für die Wohnung in einem der 67 Häuser. Prominentester Bewohner der „Stadt in der Stadt" war Franz Mozart, der Urgroßvater des berühmten Wolfgang Amadeus.

Beim „König von Flandern"

Wem jetzt die Kehle vom vielen Besichtigen trocken geworden ist, dem empfehlen wir einen ganz besonderen Abstecher. Nämlich hinab in die Gewölbe des ehemaligen Baderhauses zum „König von Flandern" (Karolinenstraße, beim Perlachturm - unter Bücher Pustet). In Augsburgs kleinster Kellerbrauerei wird köstlich schmeckendes „Drei-Heller-Bier" ausgeschänkt. Dazu gibt es kostenloses Roggenbrot und allerlei herzhafte Speisen (Tipp: Griebenschmalz auf das Brot passt prima zum Bier). Nur aufpassen sollten Sie schon, denn von hier unten kann der Weg zum Womo verdammt lang werden, wenn zu viele leere Biergläser vor Ihnen stehen...

Für alle, die Nostalgie und alte Lokomotiven lieben, haben wir noch einen Spezialtipp parat: Der alte Augsburger Lokschuppen.

Vom Stellplatz folgen wir der Rosenaustraße stadtauswärts (gen Süden) hinauf zum Stadtpark mit dem weithin sichtbaren Hotelturm. Jetzt befinden wir uns auf der Gögginger Straße, der wir bis zur dritten Ampelanlage folgen. Dort biegen wir beim großen Polizeipräsidium links ab in die Schertlinstraße, unterqueren bald darauf die Bahngleise und biegen dann rechts in die Firnhaberstraße ein. Dort sehen Sie rechts (Hausnummer 22) den Lokschuppenkomplex samt Parkmöglichkeiten.

Gebrauchsanleitung & Anreise

Jeden Sonntag von Mai bis Oktober (11-17 Uhr) können gigantischen Dampflokomotiven und andere alte E-Loks bestaunt werden. Eine dieser Dampfrösser steht rauchend und stampfend auf der Drehscheibe des Lokschuppens und zeigt dessen Funktionsweise. Auch eine Modellbahn und Schmiede stehen dem staunenden Publikum zum Besuch offen.

Infos: www.bahnpark-augsburg.eu oder 0821-450447100

Doch nun auf zur eigentlichen Allgäutour 1. Dazu verlassen wir Augsburg auf der autobahnähnlich ausgebauten B 17 in Richtung Füssen. Wer Baden möchte, findet in **Königsbrunn** beim **Ilsesee** einen glasklaren Badesee und nur unweit entfernt einen absolut ruhigen Platz zum Nächtigen:

(009) WOMO-Wanderparkplatz: Königsbrunn

GPS: N 48° 15' 30.7" E 10° 54' 51.7" **max. WOMOs:** 3.
Ausstattung/Lage: Von Sträuchern eingerahmt/ außerorts (einsam).

Zufahrt: Auf der B 17 Ausfahrt Königsbrunn Nord, immer geradeaus, über die vierspurige Kreuzung hinweg, vorbei am linkerhand gelegenen Ilsesee, bis zum Kreisverkehr, dort geradeaus weiter, dann erst mögliche Straße nach links, Wanderparkplatz beschildert. Auf Schotter.

Sonstiges: Vom Parkplatz aus nach links weiter laufen und dann schräg links durch den Auwald zur Lechstaustufe 23 (Mandichosee). Hinter dem Lechdamm große Liegewiese und Bademöglichkeit (nur wenige Minuten)

Auch schöne Wanderung entlang des Lochbachs gen Süden zur Gaststätte Lochbachanstich oder vom Parkplatz aus gen Norden zur Königsbrunner Heide mit einmaliger geschützter Lechhaidenflora in rund 20 Minuten.

Königsbrunn bietet nun auch einen offiziellen Womostellplatz mit Ver- und Entsorgung an.

(010) Offizieller WOMO-Stellplatz: Königstherme

GPS: N 48° 16' 20.6" E 10° 52' 56.5" **max. WOMOs:** 10.
Ausstattung/Lage: VE, Strom, Mülleimer/ im Ort.

Zufahrt: Auf der neuen B 17 Ausfahrt Königsbrunn Nord, bei der ersten Ampel rechts, dann beim Friedhof links, beschildert (Königsallee).

Sonstiges: Die Königstherme sind wegen Insolvenz leider abgerissen worden.

Wer den Abstecher über Königsbrunn auslässt, findet etwas Abseits der B 17 auf Höhe Kloster Lechfeld ebenfalls einen ruhigen Wanderparkplatz im Grünen:

(011) WOMO-Wanderparkplatz: Zollhaus / Staustufe 19

GPS: N 48° 09' 02.4" E 10° 52' 12.4" **max. WOMOs:** 2-3.
Ausstattung/Lage: Mülleimer/ außerorts.

Zufahrt: Auf der neuen B 17 Ausfahrt Klosterlechfeld, im Kreisverkehr links, dann geradeaus, nach der Lechbrücke links und gleich wieder rechts; gegenüber dem Restaurant Zollhaus.

Sonstiges: Gen Süden schöne beschilderte Wanderung auf dem Lechhöhenweg zur Lechstaustufe 18 oder noch ein Stück weiter nach Kaufering. Dort auch Einkehrmöglichkeiten.

Nur noch wenige Kilometer und wir erreichen mit **Landsberg am Lech** die sehenswerte Stadt mit historischem Kern unserer Tour 1.

TOUR 1 (ca. 80 km / 4-6 Tage)

Landsberg am Lech – Denklingen – Altenstadt – Schongau – Burggen – Lechbruck – Steingaden

Offizielle Stellplätze:	Landsberg, Schongau, Lechbruck
Freie Übernachtung:	Pitzling, Stadl, Vilgertshofen, Reichlinen, Epfach, Dienhausen, Fuchstal, Peiting,
Campingplätze:	Pössing, Lechbruck
Ver-/Entsorgung:	Landsberg, Schongau, Lechbruck
Baden:	Landsberg Inselbad, Eichensee Stadl, Reichlingen Weiher, Fuchstal Weiher, Bernbeuren Haslacher See, Lechbruck Lechstausee
Kultur:	Landsberg am Lech Altstadt, Altenstadt Basilika, Schongau Altstadt, Flößermuseum Lechbruck, Steingaden Welfenmünster, Wieskirche
Aktivitäten:	Wandern am Lech von Landsberg aus, Fuchstal, Bernbeuren auf den Auerberg, Steingaden zur Wieskirche / Radeln am Lech in Lechbruck
Essen:	Teufelsküche bei Landsberg

ARS LONGA
   VITA BREVIS
      (Charles Baudelaire)

Mit diesem lateinischen Spruch wollen wir in **Landsberg am Lech** mit der ersten Tour ins Allgäu beginnen. Um Sie nun nicht länger auf die Folter zu spannen, falls Sie als alter Lateiner nicht schon die vier Wörter längst übersetzt haben:
„Lang ist die Kunst – flüchtig das Leben"
Die Kunst wird uns, gepaart mit tiefer Frömmigkeit der Menschen, nicht nur in Landsberg auf Schritt und Tritt begegnen, sondern sie wird uns wie ein roter Faden durch das ganze Allgäu begleiten. Hier in dieser Stadt am Lech lebte der Barockbaumeister Dominikus Zimmermann, der immer wieder bei den herrlichen Barockkirchen auf unseren Touren noch in Erscheinung treten wird. Die von ihm geschaffene Kunst überdauerte sein Leben und prägte ganz entscheidend das Erscheinungsbild des Allgäus. Apropos Kunstepoche: Hier treffen wir, was sakrale Baukunst anbelangt, hauptsächlich auf den barocken Stil, mit Schwerpunkt Spätbarock, der auch Rokoko genannt

wird (um 1720 - 1770). Für die nun anstehende Stadterkundung wartet ein idealer Stellplatz in unmittelbarer Zentrumsnähe auf uns Besucher:

(012) Offizieller WOMO-Stellplatz: Waizinger Wiese
GPS: N 48° 03' 20" E 10° 52' 25" **max. WOMOs:** 10.
Ausstattung/Lage: VE, Strom / im Ort; gebührenpflichtig.
Zufahrt: Auf der B17 die A96 überqueren, bis zur großen Ampelkreuzung in der Stadt, dort links in die Augsburger Str., vor der Lechbrücke rechts und gleich wieder rechts in den Gottesackerangerweg.

Sollten Sie wie wir mit Kindern unterwegs sein und die Hitze nicht gleich zu einem Stadtbummel einladen, so schlagen wir Ihnen folgenden Familienkompromiss vor (der aber auch von Nichtfamilien gut und gerne befolgt werden kann und darf): Vor der Stadterkundung besuchen wir das „Inselbad", ein Erlebnisfreibad am Lech. Dazu laufen wir ein Stückchen lechaufwärts und überqueren den Fluss auf dem Fußgängersteg. Rechtshaltend sind es nur noch wenige Minuten und wir erreichen das kühle Nass. Auch wenn Sie nicht die Badeoption wählen, empfehlen wir Ihnen, von hier aus mit uns zum Rundgang durch Landsberg aufzubrechen.

Am Nachmittag, nachdem die Sonne nicht mehr gar so brennt, machen wir uns zu unserer Stadterkundung auf. Wir spazieren rechts über den Floßgassenweg zur Adolph-Kolping-Straße und dem Flößerplatz. Hier laden mehrere Cafés direkt am Lechufer zum Besuche ein. Wir begnügen uns mit einem Eis zum Mitnehmen und setzen unseren Erkundungsbummel fort. Es geht nun in Richtung Norden, an der gleich beginnenden Schrannengasse mit dem Salzstadel, dem ehemaligen Salzlager aus dem 14. Jahrhundert. Heute sind darin Kunsthandwerksgeschäfte und Reihenhäuser der besonderen Art untergebracht. Wir folgen weiter der beschilderten Stadttour durch den Salzstadel, links vor zum Rossmarkt mit dem Bäckertor. Von dort halten wir uns rechts ab zur Fußgängerzone „Vorderer Anger" und laufen auf die unübersehbare Stadtpfarrkirche „Mariä Himmelfahrt" zu. Diese wundervolle gotische Kirche wurde 1458 erbaut und ab 1678 auf den Geschmack der da-

Carolinenwehr in Landsberg

maligen Zeit, dem Barock, getrimmt. Das Ergebnis kann sich wahrhaft sehen lassen. Vom Gotteshaus aus sind es nur noch ein paar Schritte hin zum Herzstück der Stadt, dem Marktplatz. Im Osten wird das Häuserensemble durch den Schmalzturm mit Aufgang zur alten Bergstraße durchbrochen. Dem Turm gegenüber sticht das in die Häuserzeile integrierte Rathaus mit seiner von Dominikus Zimmermann gestalteten einzigartigen barocken Stuckfassade ins Auge. Hier war der Künstler von 1759 – 64 auch als Bürgermeister tätig. Um mehr über Landsberg zu erfahren, lassen wir uns im Erdgeschoss des Hauses, dem Touristenbüro, einen Faltplan und zahlreiche Infos geben.

Derart ausgerüstet setzen wir unsere Erkundung fort – nämlich erst einmal wieder zurück über die Straße „Vorderer Anger" zu einem weiteren prunkvollen Werk des D. Zimmermanns, der von ihm entworfenen Johanniskirche. Der Kirchenbau ist ein echtes Schmuckstück des Rokoko. Wer noch Kondition, Lust und Laune hat, setzt seine Stadterkundung fort gen Norden zum Sandauer Tor und folgt rechts hinauf dem erweiterten Stadtrundgang zum 3.

Rathaus mit Stuckfassade

Mauerring aus dem 15. Jahrhundert. Die noch immer imposante mittelalterliche Stadtbefestigung führt zum farbenprächtigen Bayertor, dem schönsten Stadttor Süddeutschlands. Von dort kommt man über die alte Bergstraße wieder zum Hauptplatz mit dem Marienbrunnen. Wir schenken uns diesen Schlenker und trotten nun wieder gen Süden. Am Ende der Herkomer Straße

Fresko in der Klosterkirche St. Ursulinen

besuchen wir die von außen relativ unscheinbare und in die Häuserzeile integrierte Klosterkirche Ursulinen. Weihrauch geschwängerte Luft empfängt uns im Inneren, die aber genau zu dem schweren Prunk dieser Kirche passt. Über die Karolinenbrücke halten wir auf den Mutterturm zu und spazieren lechabwärts im Grünen zum Womo zurück.

Kunstinteressierte besuchen natürlich noch den von Sir Hubert von Herkomer 1884 in Auftrag gegebenen Mutterturm. In ihm befinden sich Fotos, Möbel, Skulpturen, Gemälde u.v.m. des Künstlers.

Am nächsten Tag steht unsere erste Wanderung in das Naherholungsgebiet der Pössinger Au an.

WOMO-Wandertipp: Pössinger Au

Lech Höhenweg

Direkt nach der Karolinenbrücke schwenkt am Zebrastreifen rechts ab der Weg zur Pössinger Au. Nur noch wenige Meter wandern wir an den kleinen mittelalterlichen Häuschen entlang, durchqueren ein Tor und halten direkt auf den Hof vor uns zu. Neben dem Angelgeschäft befindet sich ein großes Aquarium, das Jung und Alt die hier heimischen Fischarten zeigt. Da bekommt nicht nur der Petrijünger große Augen. Und schon befinden wir uns auf dem Lechhöhenweg. Wir wandern am Fuße der bewaldeten Nagelfluhfelsen und erreichen schon bald das Wildgehege im Auwald. Alternativ ist auch der Höhenweg mit herrlichem Alpenpanorama zu empfehlen, der gleich nach dem „Aquariumhaus" links die Treppen durch den Misch

wald bergan führt. Dort wandert man bis zum ersten Eingang in das umzäunte Wildgehe und begibt sich dann hangabwärts zu den Tieren.

Plötzlich erblicken wir ein Rudel Rehe mit einem Hirsch, dem wir uns auf Tuchfühlung nähern können. Die Wildschweine sind jedoch hinter einem sicheren Maschendrahtzaun. Besser so denken wir uns, als wir die stattlichen Keiler sehen... Picknickbänke, eine Kneippanlage und eine Wiese laden neben dem Wasserspielplatz zum Verweilen ein. Wer sich lieber verköstigen lassen möchte, setzt die insgesamt 3,5 km lange Tour bis zur Teufelsbrücke fort. Dort wartet das Restaurant „Teufelsküche" mit bester biologischer Küche und schöner Terrasse über dem Lechsee auf Sie. Bestens geeignet ist dieser Ausflug natürlich auch für Radfahrer.

Um Landsberg zu verlassen, müssen wir uns erst noch einmal in das Verkehrsgewusel der kleinen Stadt wagen. Eilige Womofahrer (knappe Urlaubszeit) können unseren Abstecher in das Landsberger Hinterland auf der kerzengerade nach Süden ausgerichteten Hauptverkehrsader, der B 17, umgehen. Wir aber fahren vorbei am Mutterturm, überqueren die Karolinenbrücke und lenken unser Womo über den Marktplatz bergauf. Beim Kreisverkehr oben angekommen sehen wir nochmals kurz das Bayertor, biegen aber gleich rechts der Beschilderung folgend nach Pitzling ab.

(013) WOMO-Campingplatz-Tipp: Pössinger Au

GPS: N 48° 01' 50.9" E 10° 53' 0.1" **Öffnungszeiten:** ganzjährig.
Ausstattung/Lage: schattig/ in Lechnähe.
Zufahrt: wie im Text beschrieben; Campingplatz ausgeschildert.

Wer lieber kostenlos und einsam in der Natur nächtigen möchte, dem empfehlen wir ganz in der Nähe folgenden Platz:

(014) WOMO-Wanderparkplatz: Pössinger Wald

GPS: N 48° 01' 15.7" E 10° 53' 37.1" **max. WOMOs:** 1-2.
Ausstattung/Lage: Schotterplatz/ im Wald (einsam).
Zufahrt: Vom Campingplatz weiter in Richtung Ummendorf, dann rechts ab gen Pitzling. 500m nach dem Abzweig rechts im Wald.
Sonstiges: Von hier aus kann man die gerade beschriebene Wanderung in die Pössinger Au auch in umgekehrter Reihenfolge aus unternehmen.

Nicht weit entfernt befindet sich ein nicht ganz so einsamer Badeplatz direkt an der Lechstaustufe:

(015) WOMO-Badeplatz: Pitzling

GPS: N 48° 00' 26.9" E 10° 52' 46.1" **max. WOMOs:** 1-2.
Ausstattung/Lage: Bank/ direkt an der Lechstaustufe am Ortsrand.
Zufahrt: In Pitzling den Berg hinab. Auf der Seestraße nach 800m scharf rechts.

Um aus dem Dorf **Pitzling** herauszukommen, müssen wir wieder zur Kirche zurückkehren und folgen dort der etwas versteckt angebrachten Beschilderung nach **Stoffen** rechts den Hang hinauf. Die Landschaft beginnt hügelig zu werden. Malerisch schmiegen sich die kleinen Dörfer mit ihren Kirchlein in die mit Wald und Äcker besetzte Landschaft. In **Stadl** fahren wir bis zur T- Kreuzung am Dorfende und biegen dort links ab. Nur wenige Meter später und wir scheren rechts ein zu einem tollen Badeplatz:

(016) WOMO-Badeplatz: Eichensee

GPS: N 47° 57' 37.9" E 10° 54' 43.9" **max. WOMOs:** 1-2. **Ausstattung/Lage:** Bänke, Feuerstelle, Dusche, Beachvolleyballfeld, Liegewiese. Außerorts.
Zufahrt: Wie im Text beschrieben; parken am Heckenrand.
Sonstiges: Schöne Radtouren u.a. nach Vilgertshofen.

Wüssten wir nicht, dass noch viele weitere so ähnlich schöne Badegelegenheiten folgen, so hätten wir uns dazu entschlossen, länger an diesem Platz zu bleiben. Also wird der Badespaß zeitlich reglementiert und dann geht es weiter zur nahen Wallfahrtskirche nach **Vilgertshofen**. Dazu folgen wir der Beschilderung gleich an der nächsten Kreuzung nach rechts und sind schon wenige Minuten später in dem kleinen reizenden Dorf mit seiner schmucken Wallfahrtskirche „Zur Schmerzhaften Gottesmutter".

(017) WOMO-Stellplatz: Vilgertshofen

GPS: N 47° 57' 4.5" E 10° 55' 21.2" **max. WOMOs:** 1-2.
Ausstattung/Lage: Nichts/ am Ortsanfang im Grünen.
Zufahrt: Nach Vilgertshofen rechts abbiegen und gleich wieder rechts.
Sonstiges: Beschilderte Radtouren u.a. nach Landsberg und zum Ammersee.

Vom Parkplatz laufen wir die paar Schritte vor zur vierpassförmigen Wallfahrtskirche. Der im Sinne eines griechischen Kreuzes mit abgerundetem Chor, Langhaus und Querarmen konzipierte Barockbau wirkt von außen relativ schlicht. Über das

Seitenportal treten wir in das Innere ein. Gewaltiger, üppiger und prunkvoller Stuck dominieren das Gewölbe und überwältigt uns förmlich. Die herrlich lebhaft gearbeiteten Fresken stellen Ranken, Laub- und Blütengehänge sowie Muscheln und Fruchtgehänge dar. Der Künstler, der dies u.a. verwirklichte hieß Johann Schmuzer und stammt, wie Johann Baptist Zimmermann (der für das Hauptbild im Chor verantwortlich war), aus der sog. Wessobrunner Schule. All diese Schaffenskraft soll, getreu dem Namen der Kirche, Bezug nehmen auf Maria, die schmerzhafte Mutter, die verbunden ist mit der Leidensgeschichte Christi. Ganz weltlich geht es vor der Kirche zu, sehr zur Freude unserer Kinder, denn mitten im Grünen stehen zwei Schaukeln.

Wallfahrtskirche Vilgertshofen

Im nächsten Ort locken schon wieder Badefreuden.

(018) WOMO-Badeplatz: Reichlingen

GPS: N 47° 55' 36.1" E 10° 55' 32.3".   **max. WOMOs:** 2.
Ausstattung/Lage: Bänke, Dusche, Liegewiese/ im Ort.
Zufahrt: Im Ort neben der Durchgangsstraße rechts gelegen.

Nach ausgiebigem Geplansche sind nun wieder die Römer an der Reihe. Wir verlassen das Dorf **Reichlingen** und biegen nach der Kirche der Beschilderung folgend rechts ab gen **Epfach**. Unser Sträßlein fällt mit 13% Gefälle zum Lech hinab. Kurz vor der Brücke über den Fluss befindet sich rechterhand ein ruhiger und romantisch im Grünen gelegener Stellplatz:

(019) WOMO-Stellplatz: Epfach Lechbrücke

GPS: N 47° 54' 55.8" E 10° 54' 39.3"   **max. WOMOs:** 2.
Ausstattung/Lage: Schotterplatz/ Außerorts im Grünen.
Zufahrt: Wie im Text beschrieben, vor der Brücke rechts auf schmalem, kurz noch geteerten Weg vor zum Flussufer.
Sonstiges: Von hier lässt sich der folgende Wandertipp auch prima bewerkstelligen; Weg zum St. Lorenzkirchlein in nur 5 Min - nach der Brücke links, beschildert.

Wir rollen über den Lech und erblicken schon einen lanzentragenden Römer am Wegesrand als Aushängeschildchen des

Ortes. Auf der Hauptstraße, der ehemaligen römischen Hauptverkehrsader, der Via Claudia, fahren wir vor bis zum unübersehbaren Maibaum. Gleich danach sehen wir linkerhand schon das kleine Häuschen mit dem Museum darin. Unser Womo parken wir vor der efeuumrankten Friedhofsmauer in der Dominikus-Zimmermann-Straße.

WOMO-Wandertipp: Rund um den Lorenzberg

St. Lorenzkirchlein auf dem Römerhügel

Zuerst informieren wir uns in dem kleinen Museumsgebäude (Eintritt kostenlos, kleine Spende aber erwünscht). Dort sehen wir ein Modell des einstigen Abodiacums, wie Epfach in Römerzeiten genannt wurde. Auch Ausgrabungsfunde sowie ein lebensgroßer Legionär werden gezeigt. Dann folgen wir der Wanderbeschilderung „Lorenzberg / Nymphäum" hangabwärts. Bei der Bäckerei Guggenmos (Montag Ruhetag) spazieren wir die Treppen der Keltensteige hinab und wandern rechtshaltend zum Lechwehr vor. Von dort geht es im schattigen Grün durch den Auwald am Lech entlang (Badesachen mitnehmen!).

Nach der Lechschleife kommen wir wieder auf einen befestigten Weg, an dessen Beginn sich ein übernachtungstauglicher Parkplatz für ein Womo befindet. Um den Hügel laufen wir herum und sehen zur rechten über uns das St. Lorenzkirchlein.

Bevor es dort hinauf geht, informiert uns eine Tafel über die Bedeutung des Ortes. Wir erfahren, dass Epfach ein bedeutender Straßenknotenpunkt der Via Salina und der Via Claudia war. Auch der Lechübergang hatte strategische Bedeutung.

Demzufolge befand sich auf dem Hügel vor uns eine spätrömische Festung, deren Umrisse man vom St. Lorenzkirchlein aus betrachtet noch in etwa erkennen kann. Fast oben, zwischen den mächtigen Linden- und Kastanienriesen, bewachen zwei behauene Römersteine den Weg, dort wo einst Soldaten nach feindlichen Barbaren Ausschau hielten.

Eine Bank lädt neben dem Kirchlein zum Rasten und Schauen ein. Dann geht es wieder zurück in den Ort zu einem Brunnengebäude, dem Nymphäum. Das wurde 1987 bei den Bauarbeiten für das neue Feuerwehrhaus ausgegraben und den Besuchern zugänglich gemacht.

Wir marschieren die letzten Meter gen Süden, durchqueren den Friedhof, und stehen dann wieder vor unserem Womo.

Gesamtgehzeit der gemütlichen Wanderung mit Rast rund 1,5 Stunden.

Wir verlassen Epfach und lenken unser Womo zur B 17, die wir in Richtung **Denklingen**, unserem nächsten Erkundungsziel unterqueren. Weithin sichtbar erhebt sich vor uns das Wahrzeichen des **Fuchstals**, die Pfarrkirche St. Michael von **Denklin-**

Denklingen

gen. Im Ort biegen wir dann links ab gen **Dienhausen**. Schon kurz darauf geht es rechts die Menhofer Straße, und dann links den Kellerberg zum Kirchenparkplatz hinauf. Hier oben lässt es sich prima rasten: Vor dem Parkplatz befindet sich eine Bank unter mächtigen Linden, und dazu noch ein schöner Ausblick auf das Tal.

Das Gotteshaus aus dem Jahre 1765 im Spät-Rokoko-Stil nimmt uns mit seinem spielerischen Glanz und Zauber an Licht und Farbe sofort  Pfarrkirche St.Michael gefangen. Auch seine Akustik besticht. Machen Sie dazu folgendes Experiment: Stellen Sie sich in den Mittelgang und stampfen Sie mit einem Fuß auf den Boden – die Ausbreitung des Schalls wird Sie verblüffen.

Nun ist aber wieder die Natur an der Reihe. Wir verlassen Denklingen und erreichen schon bald einen Wanderparkplatz:

(020) WOMO-Wanderparkplatz: Fuchstal

GPS: N 47° 54' 0.6" E 10° 50' 41.6" **max. WOMOs:** 2-3.
Ausstattung/Lage: Mülleimer/ am Waldrand, außerhalb der Ortschaft.
Zufahrt: Wenige hundert Meter nach Denklingen. Am Anfang des Waldes, links; beschildert.

WOMO-Wandertipp: Römerturm

Gleich vor unserer Womotür startet ein toller Walderlebnispfad von 3,5 km Länge. Durch Buchenmischwald geht es an zahlreichen Walderlebnisstationen den Hang

Den Bergen immer näher

hinauf.
Jung und Alt testen ihr Wissen in Sachen Flora und Fauna. Bald schon sind wir am nachgebauten Römerturm mit schöner Aussicht. Abwechslungsreich geht es nun auf dem Höhenzug dahin zu den bronzezeitlichen Hügelgräbern. Von da ab führt der Pfad zurück zum Ausgangspunkt.
Tipp: Picknicksachen nicht vergessen, denn auf ungefähr dreiviertel der Strecke lädt eine Rastanlage mitten im Wald zum Vespern ein (vor einem Hexenhaus!) Dort befindet sich auch ein Barfußtastpfad.

Wir setzen uns wieder in unser Womo und fahren nur ein kleines Stückchen weiter. Gleich nach unserem Wanderparkplatz (beim Kreuz an der Straße) erblicken wir rechts am Rande des Molassehügels das kleine **Stephanuskirchlein**, vor dessen weiß gekalkten Mauern Picknickbänke zum Verweilen einladen. Auch das Womo können wir hier parken. Nicht weit entfernt vom Gotteshaus verläuft die ehemals römische „via salina", die auf einem kurzen Stück durch Pflöcke in der Wiese markiert ist. Die früher sehr bedeutende Salzhandelsstraße führte vom Bodensee über Kempten-Epfach-Gauting bis nach Salzburg.
Anschließend geht es weiter auf der Vorfahrtsstraße durch den kleinen Ort **Dienhausen** mit bäuerlichem Charme. Das **Fuchstal** wird immer enger. Romantisch schlängelt sich die Straße durch das von Kuhweiden durchsetzte, und vom Buchenwald begrenzte Tal. Wir fahren auf eine grüne „Wand" zu und erreichen unser Ziel für heute. Jetzt steht den Badefreunden am nahen Gewässer nichts mehr im Wege...

(021) WOMO-Badeplatz: Weihertal
GPS: N 47° 51' 59.6" E 10° 49' 27.2"   max. **WOMOs:** 3.
Ausstattung/Lage: Schotterparkplatz, Wandertafel/ im Wald.
Zufahrt: Wie beschrieben, vor dem Weiher rechts im Wald.
Sonstiges: Schöne Spaziergänge sowie Wander- und Radtouren möglich. Eine Infotafel gibt Auskunft.

Noch lange sitzen wir am Abend bei einem Glas Rotwein vor dem Womo und lauschen einem Froschkonzert.
Tagsdarauf setzen wir unsere Fahrt durch den Wald im Fuchstal fort. Immer mehr gewinnt die Straße an Höhe, und dann urplötzlich stehen sie wahrhaft atemberaubend vor uns: Die Berge. Ein unbeschreibliches Panorama tut sich vor unserer Windschutzscheibe auf. Doch keine Angst, dieses Panorama lässt sich noch steigern und wird uns die nächste Zeit ständig begleiten – versprochen!
Für den Fahrer ist es sowieso ratsamer auf den Verlauf der Straße zu achten, denn ziemlich kurvig geht es weiter.
In **Schwabsoien** biegen wir an der T-Kreuzung links nach

Altenstadt ab und folgen dort am Kreisverkehr der Beschilderung „Basilika" in die Ortsmitte. Vor der **Basilika St. Michael** parken wir unser Gefährt und besuchen den bedeutendsten romanischen Kirchenbau in ganz Oberbayern.

Basilika Altenstadt

Der wird im schlichten dreischiffigen Inneren vom riesigen Kruzifix, dem „Großen Gott von Altenstadt" aus dem 13. Jahrhundert dominiert. Ebenso alt ist auch der romanische Taufstein, der zu den schönsten seiner Art in Deutschland gerechnet wird. Die spärlichen gotischen Fresken an den Wänden der Seitenschiffe sind der einzige Bildschmuck. Wer sich kunsthistorisch dann noch genauer informieren möchte, findet in einer kleinen, aber reich bebilderten käuflichen Broschüre am Kirchenportal weitere Ausführungen.
Wir verlassen die Vorgängersiedlung von **Schongau** und wollen nun in das nur einen Steinwurf entfernte Städtchen.

(022) Offizieller WOMO-Bade- und Stellplatz: Schongau
GPS: N 47° 48' 32.4" E 10° 53' 56.6"   **max. WOMOs:**>10.
Ausstattung/Lage: VE, Strom / am Stadtrand, beim Lech im Grünen, gebührenpflichtig.
Zufahrt: Von Altenstadt der Beschilderung nach Schongau, dort an der T-Kreuzung vor der Stadtmauer links, und zum „Festplatz" mit Womosymbol, sowie dem Freibad „Platsch" folgen.
Sonstiges: Wenn der Festplatz belegt sein sollte, darf vor dem Freibad geparkt werden.

Ganz in der Nähe unseres Stellplatzes spazieren wir auf dem Fußweg steil bergauf zur alten Stadtmauer. Zum Verschnaufen laden zahlreiche Bänke ein. Von dort genießen wir erst einmal den schönen Panoramablick auf die Berge. Durch den seit dem 19. Jahrhundert genannten „Polizeidienerturm", dem Alten Einlass, laufen wir nordwärts auf das Ballenhaus mit dem Treppengiebel zu. Nun befinden wir uns auf dem zentralen Marienplatz mit dem Marienbrunnen und der gleichnamigen Säule. Gleich nebenan besuchen wir die Stadtpfarrkirche Mariae Himmelfahrt, die auf den Plänen des Dominikus Zimmermann beruht. Auch der Stuck im Chor und der prunkvolle Hochaltar stammen von ihm. Der Kirche gegenüber befindet sich das Touristenbüro, das mit weiteren Infos zur Stadt den Interessierten versorgt. Wir schlendern weiter durch die Weinstraße gen Osten. Zahlreiche Cafés laden zum Verweilen ein. Kurz vor der Stadtmauer biegen wir links in die Karmeliterstraße ein, um kurz darauf beim Parkplatz die Stadtmauer zu erklimmen. Besonders unsere Kinder haben ihre helle Freude an dem alten und engen Wehrgang. Ein paar hundert Meter gen Süden und der Durchgang endet im Serenadenhof des Karmeliterklosters. Dort beeindruckt besonders der holzgeschnitzte Christus von Sepp Erhart. Dieser machte sein Versprechen wahr und fertigte diese Figur nach glücklicher Heimkehr aus

Marienplatz mit Ballenhaus

auf der Stadtmauer

russischer Kriegsgefangenschaft. Man sieht die durchlebte Tragödie seinem Meisterwerk an. Wir besuchen noch kurz die Klosterkirche, vor dessen Eingang links in der Nische sich ein „Engele" befindet, das für 10 Cent aus dem Kirchlein kommt.

Kasseltor

Auf der Karmeliterstraße laufen wir südwärts zum Kasseltor und von dort rechts am Hang und der alten Stadtmauer wieder zu unserem Ausgangspunkt. Der Stadtrundgang ist gemütlich in rund einer Stunde zu machen.

Genug der Kultur und des Müßiganges, jetzt ist wieder Kinderzeit angesagt: wir fahren über die Lechbrücke gen **Peiting** und biegen am Ortsende von Schongau links ab, der Beschilderung „**Märchenwald**" nach. Wenige hundert Meter später stehen wir dann auf dem großen Parkplatz am Waldrand vor den Toren des Märchenwaldes und Tierparks.

(023) WOMO-Stellplatz: Märchenwald
GPS: N 47° 48' 41.2" E 10° 55' 0.7".
max. WOMOs: 5.
Ausstattung/Lage: Schotterplatz/ am Waldrand vor dem Parkeingang.
Zufahrt: Von Schongau nach Peiting auf der B17 alt, vor dem Bahnübergang links, beschildert.

Der besonders für kleinere Kinder gedachte und ganzjährig geöffnete Park bietet Spaß für mindestens einen halben Tag. Neben den mit Figuren dargestellten Märchen wie Dornröschen, Aschenputtel, Hänsel und Gretel u.v.m. warten auch Hängebauchschweine, Ziegen, Pfaue, Schildkröten... auf unseren Besuch. Natürlich haben unsere Kinder gleich mitbekommen, dass sie hier auch Ponyreiten können.

Während der Nachwuchs auf dem Spielplatz tobt, können die „Alten" auf der nahen Terrasse bei Kaffee und Kuchen das Geschehen entspannt im Auge behalten.

Für die etwas größeren Womourlauber empfehlen wir als Alternative den Lechbadesee (Ausgangspunkt vgl. Wanderung Lechhöhenweg) oder das „Platsch"-Freibad.

Eine schöne Alternative ist auch folgender Wandertipp:

> **WOMO-Wandertipp: Litzauer Lechschleife**
>
> Vom Schongauer Stellplatz aus folgen wir der Straße lechaufwärts weiter bis zu den Wander- und Badeparkplätzen (zu Fuß rund 15 Min; Parkplätze nicht übernachtungstauglich da sehr schräg). Von dort spazieren wir auf dem Fußweg noch rund 100m weiter und halten uns dann links der Beschilderung hangaufwärts. Schon kurz darauf verläuft der Schotterweg nun eben und in Sichtweite parallel zum tief unter uns liegenden Lech. Durch schattigen Buchenmischwald hindurch, die B 17 unterquerend, erreichen wir bald eine unter Naturschutz stehende Trockenrasenwiese, auf der im Frühjahr der stengellose Enzian in dichten Horsten blüht. Im Sommer gedeihen hier seltene Knabenkrautarten (Orchideen).
>
> Dann hat der Wanderer die Qual der Wahl. Entweder man folgt dem Schotterband, das einen auf einem Rundkurs zu unserem Ausgangspunkt zurückbringt, oder man verlässt den breiten Weg nach der Wiese und wandert links ab über ein Brücklein auf Waldwegen am Lech entlang (beschildert; wunderbarer Weg mit z.T. toller Fernsicht bis zur Litzauer Lechschleife, dem letzten noch unverbauten Abschnitt des Lechs unterhalb des Forggensees; auf gleichem Weg dann zurück zum Womo).

Unser nächstes Ziel ist der **Haslacher See** zu Füßen des Auerbergs. Dazu fahren wir zurück in Richtung Altenstadt bis zur Kreuzung oben an der Stadtmauer, biegen dort aber nicht

Haslacher See   Dorf Burggen

ab, sondern fahren geradeaus weiter in Richtung Marktoberdorf. Nachdem wir die B 17 überquert haben, biegen wir kurzdarauf nach **Burggen** links ab. Die Straße windet sich ohne nennenswerten Gegenverkehr durch sattgrüne Wiesen auf die Berge zu. Ist Ihnen eigentlich schon aufgefallen, dass nur noch Weiden und keine Ackerfelder mehr das Landschaftsbild prägen? Die Milchwirtschaft hat seit dem 19. Jahrhundert das Allgäu zum „grünen Allgäu" gewandelt. Doch dazu erzählen wir Ihnen später noch mehr, wenn wir eine Sennerei (Käseherstellung) genauer in Augenschein nehmen werden.

Das kleine und hübsche Bauerndorf Burggen, an dessen Gebäuden z.T. schon der Zahn der Zeit beträchtlich nagt, durchqueren wir und sehen kurz darauf das Badegewässer, den Haslacher See vor uns. Parkraum ist leider etwas Mangelware. Da wir aber zeitig am Morgen unterwegs sind, können wir unser

Gefährt direkt vor den Toren des Strandbades parken (Eintritt). Schnell vergeht der Tag mit baden und faulenzen. Auf Schusters Rappen lockt es uns am nächsten Tag auf den nahen Auerberg. Wir fahren weiter bis **Bernbeuren** und folgen der Beschilderung „Auerberg" durch den Ort hindurch.

WOMO-Wandertipp: Feuersteinschlucht und Auerberg

Das Womo parken wir kurz hinter dem Dorf links (Auerbergstraße; Stellplatz ist auch übernachtungstauglich [024: N 47° 44´13.6´´ E 10° 46´ 9.7´´]. Gleich gegenüber beginnt unser beschilderter Weg (Römer Rundwanderweg). Schon nach wenigen Minuten erreichen wir den Waldrand und tauchen in das Dunkel des Blätterdaches ein. Schräg unter uns rauscht das Bächlein durch die romantische Feuersteinschlucht. Gut 20 Minuten wandern wir äußerst abwechslungsreich auf dem Steig durch die Schlucht sanft bergan Leider geht es nicht ewig durch dieses herrliche Naturkleinod. Wir verlassen den Wald und sehen das weiter oben befindliche Kirchlein St. Georg - unser Wanderziel. Wir überqueren die Straße und folgen dem Wegweiser zum Auerberg hinauf. Oben angekommen, halten wir uns auf dem Wiesenplateau nach links, sehen dort die Reste des Römerwalls (zur Zeit Jesu angelegt) und breiten dahinter unsere Picknickdecke aus. Vor unseren Füßen liegt die Bergkette der Allgäuer Alpen - ein überwältigendes Panorama! Anschließend besuchen wir noch den Barockbau der St. Georgs Kirche. Der Kirchturm ist besteigbar und belohnt mit einem 360 Grad Rundblick. Im Gasthof neben dem Gotteshaus kann dann noch gut gespeist werden.

in der Feuersteinschlucht

St.Georg am Auerberg

Auf gleichem Weg kehren wir voller Eindrücke, glücklich, zufrieden aber auch müde zurück zum Womo (Gesamtgehzeit rund 2,5 bis 3 Stunden)

Eigentlich finden wir, dass es Zeit ist, dem Nomadendasein für einige Zeit zu entfliehen und in dieser Gegend für ein paar Tage zu verweilen.

(025) Offiz. WOMO-Badeplatz: Via Claudia Lechbruck

GPS: N 47° 42' 57" E 10° 49' 17"
Öffnungszeiten: ganzjährig .   **Ausstattung/Lage:** Schotterplatz / am Lechstausee; Ver- und Entsorgung, Strom, WC, Dusche, WLAN; Ortsnähe, gebührenpflichtig.
Zufahrt: In Lechbruck nach links in die Lechwiesenstr. zum Lechstausee, beschildert. Toller Badeplatz.
Sonstiges: Der Campingplatz Via Claudia ist dem Stellplatz unmittelbar angegliedert und hat schöne z.T. schattige Parzellen in direkter Ufernähe. Zum Ortskern sind es ca. 400m. Weitere Infos unter: www.camping-lechbruck.de

Von Lechbruck aus kann man einige wirklich schöne Radelausflüge entlang des Lechufers oder in die Umgebung z.B. nach **Steingaden** oder nach Halblech unternehmen.

Lechbruck hat aber auch einiges zu bieten. Wir besuchen im Ortskern gegenüber der Touristeninformation das Flößermuseum (Öffnungszeiten Hauptsaison Do 17.30-19.00 Uhr und Sonntags 16.00-18.00 Uhr). Die sehr interessante Dauerausstellung in einem alten Bauerngehöft

Flößermuseum

gibt uns einen lebensnahen Überblick der Lechflößerei und dem Leben im Flößerdorf. Wer Lust auf diese Art der Fortbewegung bekommen hat, kann im Touristenbüro eine zünftige Floßtour auf dem Lech buchen. Die Fahrtdauer beträgt ungefähr 1,5 bis 2 Stunden und ist mit rund 10 Euro pro Nase (Kinder die Hälfte) wahrlich nicht zu teuer. Sogar eine zünftige „Weißwurst-Fahrt" wird jeden Sonntag im Sommer angeboten. Ein bestimmt unvergessliches Erlebnis! Wem das jedoch zu fade erscheint, der kann in Füssen oder unter www.lechrafting.de eine spritzige Raftingtour auf dem Lech buchen (Tel. 08362-91670). Nur ein Katzensprung ist es noch nach Steingaden. Der kleine Ort hat die dreischiffige Pfeilerbasilika aus dem 12.

Jahrhundert in der Mitte des Ortskerns. Davor liegt der Marktplatz und die empfehlenswerte Dorfwirtschaft mit günstigen und großen bayerischen Portionen. Typisch für Bayern ist auch der kastanienbeschattete urige Biergarten.

Wir betreten über den Gottesacker (Friedhof) die Klosterkirche St. Johann Baptist, die zugleich auch Stadtpfarrkirche ist. Durch das Westportal kommen wir in eine kleine gotische Vorhalle, die uns an der linken Wand die Stammtafel des Welfengeschlechts aus der Zeit um 1600

Welfenmünster Steingaden

zeigt. Das Prämonstratenterkloster Steingaden war eine Schenkung des Herzogs Welf VI. Der Innenraum der romanischen Kirche wurde nach den Zerstörungen des Dreißigjährigen Krieges ab 1663 im Frühbarock neu ausgestattet. Beeindruckend ist auch der erhaltengebliebene Kreuzgang des Klosters.

Im Wechsel zwischen Kultur und Natur, sind nun wieder unsere Wanderstiefel gefragt. Unser Ziel ist die wohl berühmteste Kirche des Allgäus, die Wieskirche. Die wollen wir auf dem „**Brettlesweg**" erreichen. Der ist ein richtiger kleiner Abenteuerpfad. Auf zwei recht schmalen Brettern geht es durchs Moor.

WOMO-Wandertipp: Brettlesweg

In Steingaden kaufen wir noch Brezen und Semmel als Wanderproviant bei der Brot- und Feinbäckerei Moser im Klosterportal und wandern dann dem Schild „Prälatenweg / König-Ludwig-Weg" folgend nach. Das Sägewerk durchqueren wir (nicht nach Litzau abbiegen!), laufen ein kurzes Wegstück an der B17 entlang und sehen dann das nach links weisende Schild „Wanderung zur Wieskirche über Brettlesweg 5km". Am munter plätschernden Bach geht es entlang und der Schotterweg gewinnt immer mehr an Höhe. Besonders im Frühjahr blüht es reichlich: Schlüssel-

immer schön auf den Bohlen bleiben...

blumen, Märzenbecher und ganze Teppiche an Buschwindröschen durchziehen den noch lichten Mischwald.

War der Weg bis jetzt schon abwechslungsreich und mit schönen Ausblicken gespickt, so wird er im letzten Teil ganz abenteuerlich. Je nach Jahreszeit und Witterung ist es unbedingt empfehlenswert, auf dem rund 400m langen und gerade einmal zweimannbreiten Bretterpfad zu bleiben. Bei einigen Tests versinkt mein Wanderstock in manchen Sumpflöchern doch tatsächlich über 1m tief im gurgelnden Morast! Da sollte doch besser wohl nur der Wanderstock hineingeraten... Nach dem Durchqueren des Hochmoors durchwandern wir ein kleines Wäldchen, erreichen wieder bunte Wiesen – und da erhebt sie sich vor uns: Die Wieskirche. Am Ende des Weges lädt der hübsch bemalte Gasthof Moser zur Einkehr ein.

Natürlich kann die Wieskirche auch mit dem Womo bequem erreicht werden, davon zeugen schon die riesigen kostenpflichtigen Parkplatzareale vor der Attraktion. Doch ist das Erlebnis ungemein intensiver, sich wie Generationen zuvor auch, zu Fuß, quasi auf dem Pilgerpfad, dem Kunstwerk zu nähern. Hin und zurück dauert die Wanderung rund 3 Stunden.

Die **Wieskirche**, die von der UNESCO unter das Weltkulturerbe gestellt wurde und jährlich über eine Million Besucher anzieht, ist untrennbar mit dem Namen Zimmermann verbunden. Die Gebrüder Dominikus und Johann Baptist schufen mit diesem Bau wohl eine der schönsten Rokokokirchen der Welt.

Wieskirche

Dominikus, der Landbaumeister aus Landsberg am Lech, führte den Bauauftrag durch und sein Bruder gestaltete die Fresken. Wir stehen überwältigt in der Wallfahrtskirche „Zum gegeißelten Heiland". Das Tageslicht durchflutet den ovalen Raum, der zum Chor hin führt und in dem sich der doppelstöckige Hochaltar befindet. Wohin unser Auge auch blickt, überall wird der Gläubige an Begebenheiten aus dem Neuen Testament erinnert. Besonders imposant ist aber das Deckenfresko des Johann Baptist Zimmermann, das die Heimholung der Welt durch Christus zum Jüngsten Gericht zeigt. Eigentlich können Worte gar nicht die herrliche Einzigartigkeit dieser sakralen Kunst beschreiben – schon gar nicht in diesen wenigen Zeilen. Das kann nur das Auge und mit ihm unser Geist...

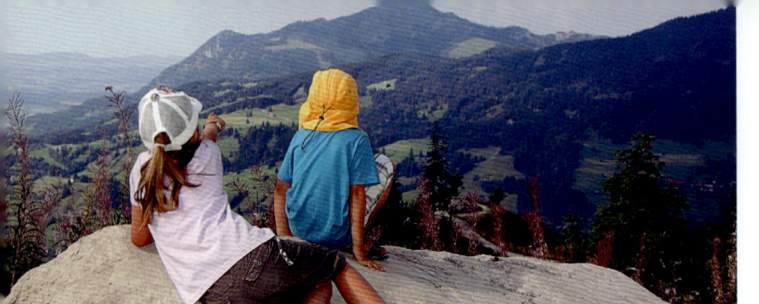

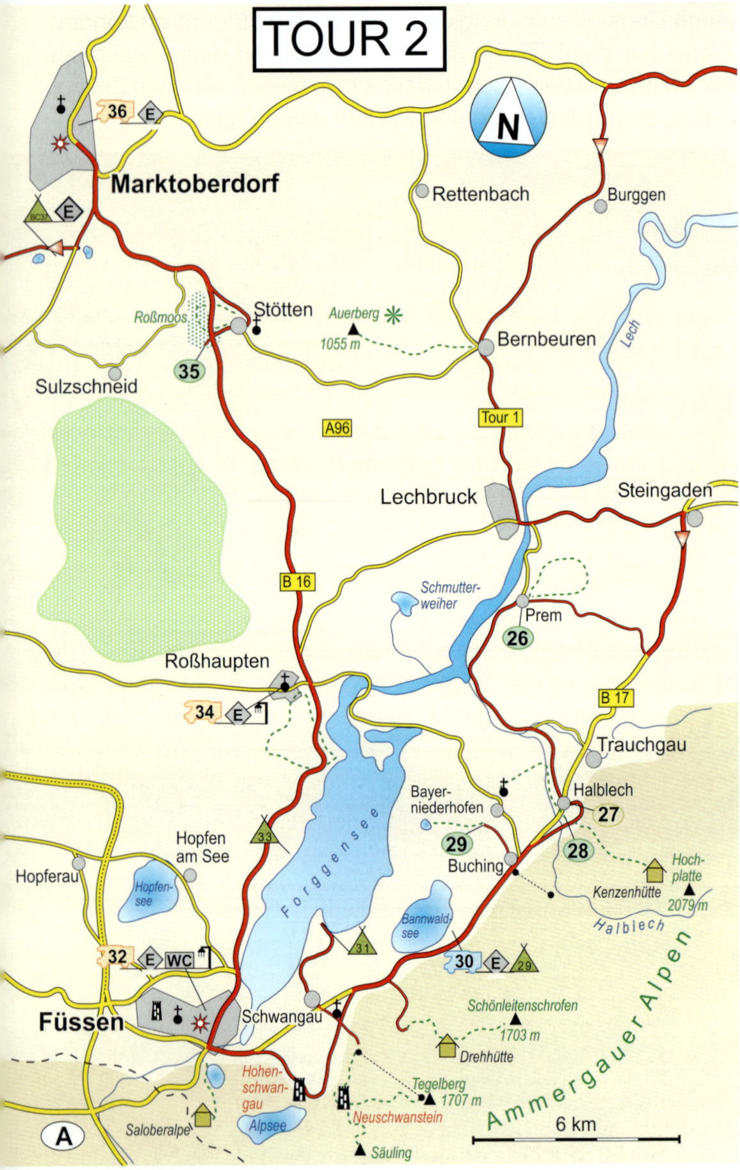
TOUR 2
N
36
E
Marktoberdorf
BC37
E
Rettenbach
Burggen
Roßmoos
Stötten
Auerberg
1055 m
Bernbeuren
Lech
35
Sulzschneid
Tour 1
A96
Lechbruck
Steingaden
B 16
Schmutter-
weiher
Prem
26
Roßhaupten
34
E
B 17
Trauchgau
Halblech
Bayer-
niederhofen
27
33
29
28
Hopfen
am See
Buching
Hoch-
platte
Hopferau
Hopfen-
see
Forggensee
Kenzenhütte
2079 m
Halblech
Bannwald-
see
31
32
E
WC
30
E
29
Füssen
Schwangau
Schönleitenschrofen
1703 m
Drehhütte
Hohen-
schwan-
gau
Tegelberg
1707 m
Neuschwanstein
Ammergauer Alpen
6 km
A
Saloberalpe
Alpsee
Säuling

TOUR 2 (ca. 85 km / 6-7 Tage)

Prem – Halblech – Schwangau – Füssen – Roßhaupten – Marktoberdorf

Offizielle Stellplätze:	Füssen, Roßhaupten
Freie Übernachtung:	Halblech, Buching
Campingplätze:	Bannwaldsee, Schwangau und Roßhaupten am Forggensee
Ver-/Entsorgung:	Füssen, Roßhaupten
Baden:	Bannwaldsee, Forggensee, Kristalltherme
Kultur:	Königsschlösser, Füssen
Aktivitäten:	Wandern: Drehhütte mit Schönleitenschrofen, Kenzenhütte mit Hochplatte, Tegelberg, Säuling, Von Roßhaupten auf den Buch, Roßmoos in Stötten. Radeln: von Marktoberdorf nach Füssen und rund um den Forggensee; Winterrodeln in Buching und Langlaufen

Unaufhaltsam nähern wir uns den Bergen. Doch bis wir den ersten „wirklichen" Gipfel erklimmen, müssen Sie sich noch etwas in Geduld üben und mit uns Ihre Kondition auf voralpinen Pfaden weiter steigern. Einer davon ist das **Premer Filz**, das wir gleich ansteuern werden.

Wie Sie vielleicht schon auf dem Brettlesweg an einer der Infotafeln erfahren haben, heißt im Allgäuer Sprachgebrauch das Moor hier „Filz". Wir lenken unser Womo vom Parkplatz in **Steingaden** auf die B17 in Richtung **Füssen** und verlassen den sympathischen Ort. Links von uns lassen wir den schilfumrandeten Biberschwöller See hinter uns, passieren auf der gleichen Fahrtseite einen Holzbrunnenschnitzer und erreichen wenige Kilometer bzw. Minuten später (nach dem Weiler Schlauch) schon den Abzweig rechts gen **Prem**. Unsere Straße führt uns direkt in den alten Ortskern hinein, wo wir unser Gefährt vor der Kirche am Straßenrand abstellen.

WOMO-Wandertipp: Premer Filz

Mit festem Schuhwerk geht es vorbei am Dorfgasthof, der zwischenzeitlich auch schon in fernöstlicher Hand ist, in Richtung Norden durch die Straße „Im Filz". Schon fast am Ende der Häuserzeile zweigt schräg rechts der beschilderte Schotterweg zum Premer Filz ab. Über herrlich duftende, frisch gemähte Heuwiesen erreichen wir das Naturschutzgebiet, durch das der Pfad in einem Rundkurs führt. Neben z.T. selten gewordenen Moorpflanzen erfahren wir auch Wissenswertes über den oft mühevollen Torfabbau in früheren

Zeiten. Sogar noch etliche Torfsoden sind zu Schauzwecken frisch gestochen im ehemaligen Abbaugebiet aufgestapelt. In der Torfhütte neben dem Weg rasten wir, verspeisen unsere im Rucksack mitgebrachte Brotzeit und erfahren auf den Schautafeln und den ausgestellten alten Gerätschaften viel Interessantes über das Heizmaterial unserer Vorfahren. Nachdem über die Hälfte des Weges hinter uns liegt, verlassen wir den Wald und wandern durch Wiesenwege gen Süden auf ein einmaliges Gebirgspanorama zu. Zum Ende der Wanderung erreichen wir wieder die ersten Häuser von Prem, an denen wir nach rechts auf den Kirchturm zuhalten, wo unser Womo parkt. Wer Lust und Laune hat, folgt dem Wegweiser zum Freibad, um nicht nur seinen Füßen die nötige Abkühlung zu gönnen.

Wem es hier gut gefällt, der findet am Dorfende auch einen kleinen Parkplatz zum Nächtigen:

(026) WOMO-Wanderparkplatz: Prem
GPS: N 47° 41' 8.6" E 10° 48' 12.6" **max. WOMOs:** 1-2.
Ausstattung/Lage: Schotterplatz, Abfalleimer/ am Ortsrand.
Zufahrt: Am Ortsende (Straße „Im Filz") rechts; gegenüber dem Sägewerk.

Wir aber fahren weiter parallel zum Lech. Plötzlich windet sich die Straße durch einen schluchtenähnlichen Durchbruch, um kurz darauf in den Talboden von **Halblech** zu führen. Immer wieder erspähen wir Parkmöglichkeiten entlang der Straße, um zu den Kiesbänken des Halblechs zu gelangen. Für ein Verschnaufen auf der Picknickdecke und dem für die Kinder tollen Buddeln im Kies gerade recht.
Genug der Pause. Jetzt wird es ernst: Der Berg ruft.
In **Halblech** biegen wir nach rechts auf die B17 ein und verlassen diese schon nach wenigen hundert Metern wieder links ab, gegenüber dem Gasthof „Adler", der aber auch eine gute Stellplatzmöglichkeit bietet:

(027) WOMO-Gaststätte: Landgasthof Adler
GPS: N 47° 37' 44.5" E 10° 49' 13.7" **max. WOMOs:** 5.
Ausstattung/Lage: Schotterplatz neben der Gaststätte/ im Ort.
Zufahrt: Mitten im Örtchen Halblech an der B 17 - rechts.
Sonstiges: Sehr empfehlenswerte regionale Küche; Sonnenterrasse mit Bergblick, Biergarten und Spielmöglichkeit für Kinder.

Der Wegweiser bringt uns zum schattigen und ruhigen Parkplatz der **Kenzenhütte**.

> **(028) WOMO-Wanderparkplatz: Bruckschmied**
> **GPS:** N 47° 37' 31.3" E 10° 49' 16.9"   **max. WOMOs:** 2-3.
> **Ausstattung/Lage:** Abfalleimer/ am Ortsrand.
> **Zufahrt:** Wie beschrieben, nach der Brücke rechts; gegenüber dem Sägewerk.

Der Parkplatz dient uns als „Basislager" für mehrere Touren in die Bergwelt. Von hier aus verkehrt in der Sommersaison auch regelmäßig der kleine Kenzenbus, der uns heute den rund 2,5 stündigen Aufstieg zur **Kenzenhütte** zum guten Glück erspart. Radler mit etwas Kondition schaffen den landschaftlich schönen Weg auch. Die in der zweiten Hälfte z.T. vorhandenen, aber nicht all zu langen Steilstücke, werden ganz einfach geschoben. Ab der Kenzenhütte ist dann aber für alles was Räder hat Schluss.

> **Womo-Wandertipp: Kenzenhütte mit Hochplatte**
>
> Die Kenzenhütte auf 1285m ist Ausgangspunkt mehrerer Gipfeltouren. Wer möchte, kann auch übernachten und so in den Genuss eines oft unvergesslichen Hüttenabends kommen. Unser Bergziel ist der langgezogene Felsbuckel vor uns, die Hochplatte mit 2079m.
> Durch Fichtenwald geht es auf dem gut markierten Lehmpfad bergauf. Bald erreichen wir die Baumgrenze. Die Bäume weichen zurück und machen nun einem Latschenkieferbewuchs platz. Der letzte Teil des Anstiegs erfordert Trittsicherheit, geht es doch durch zerfurchtes Karstgelände. Genau achten wir auf die roten Farbmarkierungen unseres Pfades, denn plötzlich zieht dichter Nebel auf. Dann haben wir es geschafft und sind über dem Nebel und beim Gipfelkreuz angelangt.
>
> Weniger anstrengend und lang ist der Aufstieg von der Kenzenhütte zum Kenzensattel, und von dort auf den Kenzenkopf.
> Ambitionierte Kletterer wagen sich auch (mit örtlichem Bergführer aus Halblech) auf die Spitze des Geiselsteins, der imposant vor der Hochplatte im Bilde steht.
>
> Wer eher ein „Flachlandtiroler" ist und nicht so trittsicher, wandert oder radelt einfach nach Lust und Kondition ein gutes Stück in das wunderschöne Halblechtal hinein, das für den öffentlichen Verkehr gesperrt ist, und somit Ruhe und Naturerlebnis pur garantiert.

Unabdingbar aber (vgl. Tipps) ist bei diesen Touren das wirklich gescheite, sprich genaue Kartenmaterial. Wir benutzen immer die „Kompasskarten" im Maßstab 1:50000, die äußert präzise Orientierung ermöglichen. Für das Kenzen-Halblechgebiet ist dies die Kompasskarte Nr.4 Füssen / Ausserfern.
Eine alpinistisch unspektakuläre Alternative, aber nicht weniger reizvoll in Bezug auf das Panorama, ist der **Pfarrer Mayr Weg** zur Peterskapelle auf einer kleinen Anhöhe nicht weit entfernt.

WOMO-Wandertipp: Pfarrer Mayr Weg

Von unserem Stellplatz wandern wir lechabwärts, erfahren auf Schautafeln Wissenswertes über dieses ökologisch wertvolle Gebiet und folgen dann nach links dem Rossweg auf einem liebevoll gemachten Baumscheibenpfad dem Hügel hinauf zur Kapelle. Nach 2,2km sind wir am Ziel und werden mit einem traumhaften Weitblick auf die Berge belohnt. Etwas unterhalb des Kirchleins lädt eine Bank zum Rasten und Schauen ein.

Nachdem sich unsere Augen an dem Panorama lange genug geweidet haben, treten wir noch kurz in das 1683 errichtete Bauwerk ein. Wer genaueres über das Gotteshaus erfahren möchte, kann sich gegen einen symbolischen Obolus eine Kurzchronik der Peterskapelle mitnehmen.

Wir nehmen einen Stellplatzwechsel vor, um weitere Kleinode dieser Landschaft zu erkunden – und um wieder einmal baden zu können.

(029) WOMO-Wanderparkplatz: Bayerniederhofen

GPS: N 47° 37' 22.1" E 10° 48' 12.1"   **max. WOMOs:** 2-3.
Ausstattung/Lage: Schotterplatz im Grünen/ außerorts.
Zufahrt: Vom Bruckschmiedparkplatz aus rechts vor zur B17, diese überqueren in Richtung Roßhaupten und dann kurz darauf 2. Straße links, nächste Kreuzung (Forggenseestraße) überqueren und gleich nach dem Holzstadel links.
Sonstiges: Im Winter idealer Ausgangspunkt für die Loipen um Buching.

Von unserem Wander(sport)parkplatz sind es gerade mal 50 Minuten auf beschildertem Weg zum **Hergradsriedsee**. Der kleine Moorsee mit sehr flachem Ufer (bestens für Kinder geeignet, da auch sehr warm) kann durchaus noch als Geheimtipp gesehen werden. Mit kleinen und wendigen Womos können Sie ihn sogar bis direkt vor das Ufer ansteuern.

Bannwaldsee und Hergradsriedsee

Der Nachbarort **Buching** mit seinem Sessellift (großer Parkplatz, jedoch mit Übernachtungsverbot) ist nicht nur im Sommer interessant. Bei entsprechender Schneelage sind herrliche

Rundloipen unterschiedlicher Schwierigkeitsgrade gespurt. Bei Schneemangel im Tal findet man eine Höhenloipe, die man mit dem Doppelsessellift kostengünstig und bequem erreicht. Die Skifahrer finden hier auch eine gute Abfahrt. Sogar eine eigene Rodelpiste wurde eingerichtet. Rund 20 Minuten dauert eine Abfahrt auf dem Schlitten. Ein Riesenspaß ist das auf jeden Fall. In allen Jahreszeiten kommen aber die Paragleiter voll auf ihre Kosten. Oft wimmelt es nur so von diesen bunten Flugobjekten am Buchenberg. Nach dem Sport lädt der Grieche in der Talstation zum Essen ein - oder deftig bayerisch gegenüber bei der Konkurrenz.

Wer die gepflegte Infrastruktur eines Campingplatzes oder nur einen schönen Badeplatz zum Nächtigen sucht, der findet nur unweit entfernt den richtigen ganzjährig geöffneten Aufenthaltsort vor:

(030) Offizieller WOMO-Badeplatz-Tipp: Bannwaldsee / Campingplatztipp

GPS: N 47° 35' 31" E 10° 46' 24" **max.Womos:** 30
Öffnungszeiten: ganzjährig
Ausstattung/Lage: schattig/ direkt am See; Laden; Gaststätte; Ver- und Entsorgung, Strom, Dusche, WC, WLAN. Für Womos auf Rasengittersteinen vor dem Platz - günstigerer Tarif.
Zufahrt: Nach Buching auf der B17 beschildert, vor dem Campingplatz Bannwaldsee.
Sonstiges: Im Winter gut geeignet für längere Aufenthalte, da Loipen zu den Königsschlössern und Eissportmöglichkeiten auf dem See ideal.

Allmählich kommen wir in den touristischen Einzugsbereich der Königsschlösser. Dies merken wir besonders an den samt und sonders mit entsprechenden Verbotsschildern „verminten" Parkplätzen, die uns nur noch das Parken bei Tageslicht erlauben. Einer dieser Waldparkplätze ist der Ausgangspunkt zur Drehhütte:

WOMO-Wandertipp: Schönleitenschrofen

900 m nach dem Campingplatz Bannwaldsee biegen wir links ab in das schmale Sträßchen (mit Ausweichmöglichkeiten) und kurven noch ein kleines Stück weiter zum ersten großen Schotterparkplatz, der auch für große Womos geeignet ist (zweiter Parkplatz nur für kleine Womos!).

Wanderstiefel werden geschnürt, Proviant im Rucksack verpackt und mit Kind und Kegel geht's auf dem Schotterweg (vom 2. Parkplatz) in zahllosen Kehren durch den Nadelwald aufwärts. Rund eine gute Stunde später erreichen wir die mit gemütlicher Gastlichkeit lockende Drehhütte auf 1210m Höhe. Wer möchte folgt uns noch rund 500 Höhenmeter bergan zum Schönleitenschrofen. Dazu laufen wir ein kurzes Stück von der Drehhütte zurück und halten uns dann links der Beschilderung folgend durch den Wald zum Vorderen Mühlberger Älpele. Über die Hochweide

Drehhütte und Rodelspaß

geht es nochmals über einen Wanderpfad in Serpentinen zu einem Sattel hinauf, an dem wir uns links ab zum Gipfel des 1703m hohen Schönleitenschrofen halten. Belohnt werden wir wieder mit einer grandiosen Rundumschau und dem Gefühl des erfolgreichen Gipfelstürmers...

Sehr empfehlenswert ist die Drehhüttenwanderung aber auch im Winter: Mit Schlitten im Gepäck hinauf zum Drehhüttenwirt, eine gemütliche Vesperpause(leckere südtiroler Küche!!) hinter dem kuscheligen Kachelofen, und dann im Affentempo hinab auf den Kufen.

Was nun folgt, ist DIE touristische Attraktion des Allgäus und ganz Deutschlands: Die Königsschlösser, besonders das Schloss Neuschwanstein. Sie ahnen es bestimmt schon, dass es (v.a. in den Ferienzeiten) hier ziemlich hoch her gehen kann. Auch kann man sich nicht ganz des Eindrucks erwehren, dass der Besucher als (gern gesehene) Melkkuh hergenommen wird.

Auf der B17 fahren wir weiter in Richtung **Füssen** und biegen noch vor **Schwangau** links ab, der Beschilderung **Königsschlösser** und Tegelbergbahn folgend. Idyllisch liegt zu Füßen des **Tegelbergs**, umgeben von wundervoll blühenden Wiesen das Kirchlein **St. Coloman**.

St. Coloman beim Tegelberg

Geradeaus steuert man zum Parkplatz von Hohenschwangau, und dem Ausgangspunkt zur Erkundung der Königsschlösser und links zum Parkplatz der Tegelberg Seilbahn. Beide Stellplätze haben gemein, dass sie gebührenpflichtig sind.

Am Fuße des **Tegelbergs**, gleich neben der Talstation, locken ein großer Spielplatz und vor allem die Sommerrodelbahn die Kinder an. Jetzt geht es aber bergwärts:

WOMO-Wandertipp: Tegelberg

Mit der Tegelbergbahn gelangt man flott und bequem zur Bergstation. Dort oben lässt sich wunderbar, mit einem gewissen Nervenkitzel, den Drachenfliegern und Paragleitern zuschauen. Die nehmen auf der Bretterschanze Anlauf, und springen dann, wie es scheint, ins Bodenlose. Mutig, mutig!

Apropos mutig. Wer es sich zutraut, folgt dem Pfad hinauf zum Tegelberggipfel, der seinem Bezwinger auf einem kleinen Klettersteig schon eine gewisse Trittsicherheit und Schwindelfreiheit abverlangt. Für Berggewohnte zwar eine harmlose Kraxelei, für „Sommerfrischler" und „Flachlandtiroler" aber eine nicht zu unterschätzende Herausforderung.

Den längeren Abstieg (2,5 Std.) wählen wir über den Fernwanderweg E4 zur Marienbrücke. Von dort genießen wir einen einzigartigen Blick zum Schloss Neuschwanstein. Weiter bergab wandern wir durch die Pöllatschlucht und laufen weiter an den Ufern der Pöllat zum Parkplatz an der Tegel-bergtalstation zurück (rund 1Std. ab Marienbrücke).

Nervenkitzel am Tegelberg

WOMO-Wandertipp: Säuling
Konditionsstarke Berggeher wagen sich an den Nachbarsberg heran, den 2048m hohen Säuling. 6 Stunden Gehzeit und Schwindelfreiheit, das sind die Eckdaten dieser anstrengenden, aber lohnenden Tour. Der Aufstieg beginnt vom Großparkplatz in Hohenschwangau und ist beschildert. Der Endanstieg zum Gipfel ist mit Seilen gesichert (leichte Kletterei).

Zum Erholen in dieser schönen Gegend lädt ein Campingplatz direkt am Forggensee ein:

(031) WOMO-Campingplatz-Tipp: Forggensee/ Brunner
GPS: N 47° 35' 47.9" E 10° 44' 19.1"
Öffnungszeiten: ganzjährig.
Ausstattung/Lage: Z.T schattig/ Kiesstrand; Laden; Gaststätte; Ver- und Entsorgung; nächster Ort Schwangau
Zufahrt: In Schwangau rechts ab nach Waltenhofen. Campingplatz ist beschildert.

Kurz vor dem Campingplatz befindet sich rechterhand ein kostenloser Großparkplatz für den Zugang zum See - aber Womoparkverbot in der Zeit von 20.00 - 7.00 Uhr!
Wir buchen uns auf dem Campingplatz Brunner für ein paar Tage ein. Die Räder werden abgeladen und am nächsten Tag strampeln wir über ruhige Feldwege auf das Schloss Neuschwanstein zu. Damit sparen wir uns die Parkplatzgebühren und stellen unsere Drahtesel in Hohenschwangau ab. Mit zig anderen Touristen aus aller Herren Länder wollen wir hinauf zur Residenz König Ludwig II. Zuvor müssen wir uns aber in die je nach Saison doch recht lange Warteschlange am Ticketverkauf (rund 100m nach den Parkplätzen in Hohenschwangau)

„Märchenschloss" Neuschwanstein und gegenüber...

einreihen und bekommen dann unsere Zeit zur Besichtigung zugewiesen.
Wer sich diesen Stress nicht antun möchte, aber trotzdem auf einen einmaligen Panoramablick von oben auf das Schloss nicht verzichten will, dem empfehlen wir den Wegweisern hinauf zur Marienbrücke zu folgen. Besonders im bunten Herbstlaub präsentiert sich die Gegend wahrlich märchenhaft.
Der 1008m hoch gelegene, auf einem Felsrücken thronende Prachtbau verdankt seine Entstehung den romantischen Träumereien König Ludwig II. von Bayern.
Diesen Spleen erbte der in die Geschichte Bayerns als Märchenkönig eingegangene Monarch von seinem Vater König Max II. von Bayern, der bereits Jahrzehnte zuvor die herunter-

...Schloss Hohenschwangau

König Ludwig II.

gekommene Burg Hohenschwangau erwarb und sie im romantisch-historisierenden Stil der Tudorgotik erneuern und umbauen ließ. Sein Sohn, Ludwig II. wollte eine „Gralsburg" im Geiste alter deutscher Ritterburgen errichten. Auch er bediente sich eines märchenhaften romantisch-historisierenden Stils – sprich er mischte zusammen was ihm gefiel. 1869 war Grundsteinlegung. Leider war dies des Königs nicht erster und einziger Bau. Die Schlösser Linderhof, Herrenchiemsee und die Burg Trausnitz wollten auch finanziert sein. Der auf den bayerischen Landtag angewiesene Herrscher bekam zwar immer wieder neue Gelder bewilligt, fand auch mit der Anerkennung des Hohenzollers zum Kaiser Wilhelm I (vom Deutschen Reich) eine geheime Geldquelle. Trotzdem betrug das Defizit im Laufe der Zeit 6 Millionen Mark und führte so letztendlich zur Entmündigung des Königs. Kurze Zeit später ertrank unter bis heute ungeklärten Umständen der „Bayernkini" mit seinem Leibarzt im Starnberger See. Nichts desto Trotz hat Ludwig II. bis heute getreue Anhänger, die Bayern lieber wieder als Monarchie sähen...

Inspiriert von der Freundschaft mit dem Komponisten Richard Wagner und dessen Opern, des weiteren von Bauwerken wie der Eisenacher Wartburg und der Burg Pierrefonds in der Ile de France, entstand ein einzigartiges prachtvolles Schloss, das seinesgleichen sucht.

Leider wird man auf Grund des Besucherandrangs flott durch die Räumlichkeiten geschleust, so dass kaum Zeit zum Staunen und näheren Betrachten bleibt. Besonders der Thronsaal und der Sängersaal sind die Glanzpunkte des Bauwerks. Man kann König Ludwig II. durchaus verstehen, wie er aufgeputscht von den Klängen der Wagnerschen Walküre, dem märchenhaften Ausblick auf Hohenschwangau mit dem Alpsee und dem Schwansee, zu immer neuen Fantastereien strebte.

Auf dem Boden der Realität in **Hohenschwangau** angelangt geht es per pedales zurück zum Campingplatz. Wer auf einem der Großparkplätze sein Vehikel geparkt hat, wir vom Kassenautomaten unsanft in die Gegenwart zurückgeholt.

Der Forggensee verspricht, gepaart mit bestem Sommerwetter Erholung von den vielen Eindrücken des Tages. Wer sich mehr verwöhnen lassen will, besucht die Kristalltherme im nahen Schwangau. Saunen, eine Grotte und das einzigartige Panorama-Außenbecken warten auf den

Kristalltherme

Besucher und verheißen Erholung pur. Die Gegend um Schwangau und mit dem Campingplatz als Ausgangspunkt lohnt auch für Wintercamper. Gerade die herrliche Rundloipe um die Königsschlösser ist schon einen Aufenthalt wert!
Unser Nomadentrieb obsiegt aber schon bald wieder und lässt unser Womo gen **Füssen** rollen.

(032/32a) Offizielle WOMO-Stellplätze: Füssen mobil und Füssen Camper stop

GPS: N 47° 34' 56" E 10° 42' 3.5" **max. WOMOs:** >50.
Ausstattung/Lage: VE, Strom, Dusche, WLAN, WC/ am Ortsrand. Supermärkte gleich nebenan.
Zufahrt: In Füssen rechts ab auf die B16 gen Kaufbeuren, beim Kreisverkehr dem Womosymbol folgen. 2 Plätze. Gebühr.

Wer in **Füssen** nicht nächtigen möchte, findet auf dem Parkplatz P3 ausreichend Parkraum (Gebühr) oder sucht einfach in den Nebenstraßen etwas außerhalb der historischen Altstadt nach einem kostenlosen Platz für sein Womo.

Füssen am Lech mit Basilika St. Mang

Besuch beim Märchenkönig

Zu Beginn unseres Stadtrundgangs besorgen wir uns einen kostenlosen Faltplan bei der Touristeninformation (Augsburger Str. / Ecke Sebastianstr. – gegenüber der Fußgängerzone). Mit diesem ausgestattet starten wir unseren kleinen Rundgang in die Reichenstraße, der Hauptader des historischen Füssens. Der Blick wandert an den schmucken Fassaden vorbei und endet aufwärts gerichtet beim Hohen Schloss und dem Kirchturm der Basilika St. Mang. Nur wenige Schritte und wir besuchen rechterhand die Krippkirche St. Nikolaus. Hier begegnet uns wieder

Heilig-Geist-Spitalkirche

unser Dominikus Zimmermann, der den Hochaltar geschaffen hat.

Egal, ob Sie nun ein Medikament brauchen oder nicht, besuchen Sie unbedingt die Apotheke, die durch ihre eigenwillig verzierte Stuckdecke den Besucher fasziniert. Am Ende der Reichenstraße mit dem Stadtbrunnen spazieren wir nach rechts zum Hohen Schloss. Absolut sehenswert ist dessen Innenhof mit seiner Lüftlmalerei.

Von der spätgotischen Schlossanlage bummeln wir zurück über den Stadtbrunnen mit dem Hl. Magnus und halten uns rechts aufwärts zum gleichnamigen Klosterkomplex mit der barocken Basilika St. Mang. Auch hier wieder Prunk, wohin das Auge auch blickt. Auf der kopfsteingepflasterten Straße „Lechhalde" abwärts, kommen wir am Stadtmuseum Füssen vorbei und sehen vor uns die farbenprächtige Heilig-Geist-Spitalkirche. Nach deren Besuch schlendern wir ein Stück zurück, und biegen in die Brunnengasse ein. Mehrere Gasthäuser buhlen um die Gunst der Kunden. Unser Tipp: Kehren Sie ein mit uns am Ende der Gasse in die linkerhand befindliche Markthalle, dem spätgotischen Kornhaus. Darin bieten mehrere Stände eine reichhaltige Auswahl an Speisen an. Über den Schrannenplatz geht es links weiter und wir erreichen wieder den Ausgangspunkt unserer Rundtour.

Wer noch Lust und Kondition auf mehr Stadtbesichtigung hat, noch schöne Wanderungen machen möchte, dem empfehlen wir für die Umgebung von Füssen:

- Über die Lechhalde vorbei an der Heilig-Geist-Spitalkirche zum Lech. Dort flussabwärts auf dem Fußweg. Dann links zur Spitalgasse und kurz darauf erreicht man den Sebastiansfriedhof, einem Gottesacker mit alten Grabsteinen in idyllischer Umgebung.

Lechfall

Besuch beim Märchenkönig

Über die Lechhalde zum Lech, dann flussaufwärts zum Ortsteil Bad Faulenbach. Vorbei an der St. Max-Kapelle und schließlich links einschwenkend „Am Kapellenberg" aufwärts. Der „Ländeweg" bringt uns zum Lechfall.

Oder Sie folgen uns mit dem Womowandertipp über den Alatsee hinauf zur Saloberalpe:

WOMO-Wandertipp: Saloberalpe / 4 Seen Blick

Vom Stellplatz in Füssen fahren wir ein kurzes Stück in Richtung Pfronten, überqueren die A7 (Grenztunnel) und biegen gleich darauf links ab zum Alatsee. Den ersten großen Schotterparkplatz steuern wir an und parken (Übernachtungs-

verbot!) unser Gefährt dort. Durch schattigen Mischwald geht es gemütlich bergan (auf einem Teersträßchen - für kleine Womos noch befahrbar bis zum Alatsee). Bald schon haben wir den idyllischen Alatsee erreicht. Rechtshaltend wandern wir eben bis zum Seeende. Dann schwingt sich unser Weg stellenweise steil bergauf. Schweiß fließt in Strömen, doch der immer wunderbarer werdende Ausblick auf die Königsschlösser und den

malerischen Schwansee lassen die Anstrengung vergessen machen. Endlich ist die 1150m hochgelegene Saloberalpe in Sicht, die aber etwas warten muss. Wir legen noch eine wenig anstrengende Genussrunde ein und folgen der Rundwegsbeschilderung rechts ab zum lohnenden 4 Seen Blick (1/2 Stunde). Der Waldpfad, der bei feuchtem Wetter etwas Trittsicherheit erfordert, führt uns zu einem tollen Blick auf gleich 4 Seen: Den Weißensee, Hopfensee, Forggensee und Bannwaldsee. Dann endlich kehren wir auf der großen Sonnenterasse der Saloberalpe ein. Am Alatsee springen wir zum krönenden Abschluss noch ins kühlende Nass - also Badesachen nicht vergessen!
Gesamtgehzeit rund 3-4 Stunden.

Forggensee bei Roßhaupten

Füssen verlassen wir nun wieder und fahren mehr oder weniger parallel zum **Forggensee** auf der B16 gen Marktoberdorf. Damit gelangen wir wieder in touristisch ruhigeres Fahrwasser und können die Beschaulichkeit des Allgäus genießen. Rechterhand passieren wir das Schauspielhaus, in dem bis zur Insolvenz im Jahre 2007 das Musical „Ludwig2" aufgeführt wurde. Leider konnte der Märchenkönig seine Zuschauer nicht genügend faszinieren, um wirtschaftlich überleben zu können. Wer nochmals Erholung und Badespaß direkt an den Gestaden des Sees sucht, findet schon fast am Seeende einen passenden Campingplatz mit wunderschönem Panoramablick:

(033) Offizieller WOMO-Badeplatz und Campingplatz
Tipp: Forggensee/ Seewang

GPS: N 47° 38' 34" E 10° 43' 58" **Öffnungszeiten:** Mai - Okt.
Ausstattung/Lage: wenig Schatten; direkt am See, Laden; Gaststätte; Ver- und Entsorgung, Strom, Dusche, WC, WLAN.
Zufahrt: Auf der B16 nach dem Hotel/ Gasthof „Schwarzenbach" langgezogene Linkskurve, vor der Tiefenbachbrücke rechts hinab.
Sonstiges: Extra Wohnmobilstellplätze vorhanden (günstiger).

In Roßhaupten, das einen Stellplatz am Ortsrand hat, locken vor allem die zahlreichen Gasthäuser mit ihren urigen kastanienbelaubten Biergärten.

(034) Offizieller WOMO-Stellplatz: Roßhaupten / Freizeitmarkt Miller

GPS: N 47° 39' 31.7" E 10° 43' 8.5" **max. WOMOs:** 10.
Ausstattung/Lage: VE, Strom, Dusche/ am Ortsende, Gebühr.
Zufahrt: Von der B16 in Roßhaupten, beschildert.

Damit die Kalorien aber nicht die Oberhand gewinnen, ist Schusters Rappen wieder gefragt.

WOMO-Wandertipp: Rund um den Buch

Wir packen unsere Badesachen ein, die Picknickdecke wird im letzten Winkel des Rucksacks neben der Brotzeit verstaut und dann geht es auch schon los direkt in den Ortskern zur St. Andreas Kirche. Dort kehren wir kurz ins kühle Gotteshaus ein, und wandern dann auf der „Hauptstraße", die aber nur eine Nebenstraße ist. Bald gelangen wir über einen Platz mit gusseisernem Brunnen auf die Füssener Straße nach links und erreichen nach wenigen Schritten links den Mangmühlenweg, der uns aus der Ortschaft heraus zur Mangmühle führt. Beim letzten Ententeich wandern wir rechts auf dem Wirtschaftsweg sanft bergan. Rechtshaltend geht es zum Seeweg durch den Wald zum Ufer und der Anlegestelle Tiefental. Hier könnten wir auch auf den Ausflugsdampfer steigen, doch wir bevorzugen lieber den Badespaß an den herrlichen Stränden beim Wasserwachthäuschen.

Unser Wanderweg führt nach Westen in eine Bucht des Sees Dann unterqueren wir die Bundesstraße und marschieren bis zu einer breiten Forststraße bergauf. Auf ihr wenige Meter nach links und dann gleich wieder rechts in einen Wirtschaftsweg, der uns auf einen Wiesenrücken mit schöner Aussicht führt. Bald zweigt schließlich ein Weglein ab, das uns zurück nach Roßhaupten bringt.

Wer möchte, besteigt, bevor er den Weg ins Tal einschlägt, noch den 1050m hohen Panoramagipfel des Buch.

Die Gehzeit beträgt mit dem Buchabstecher rund 3,5 Std.

Auf der gut ausgebauten **B16** fahren wir weiter auf den markanten **Auerberg** zu, den wir ja schon aus Tour 1 kennen. Durch das kleine Örtchen Steinbach, vorbei am Weiler Höggen und schon biegen wir rechts ab nach **Stötten** und parken unser Wohnmobil im Ort direkt neben der Kirche (Dorfstraße). Wieder steht eine kleine, rund 1,5 Stunden dauernde Rundwanderung an.

Wer ein kleineres Womo sein Eigen nennt und sich vor der Einsamkeit in Tann und Moor nicht scheut, der findet am Rande des Roßmooses und zu Beginn des Rundpfades einen schönen Flecken Erde zum Übernachten.

(035) WOMO-Wanderparkplatz: Roßmoos

GPS: N 47° 44' 10.3" E 10° 40' 44.1"   **max. WOMOs:** 1-2.
Ausstattung/Lage: auf Waldboden/ außerorts, sehr einsam.
Zufahrt: In Stötten auf der Füssener Straße in die Ortsmitte, dort beschildert in die Straße „Roßmoos".

WOMO-Wandertipp: Roßmoos

Unser Womo parken wir zentral vor der Pfarrkirche St. Peter und Paul und statten dem herrlichen Gotteshaus erst einmal einen Besuch ab. Die Deckenfresken ziehen unsere Blick himmelwärts. Plötzlich ertönt eine laut, metallisch klirrende Glocke. Wir erspähen hoch über dem Chor eine ganz besondere Engelsuhr (alle 1/2 Stunde wir die Uhr geschlagen).

Ganz irdisch marschieren wir nun am Landgasthof Sonne vorbei der Beschilderung des „Meppi" ins Moor folgend. Schon bald sehen wir rechterhand, etwas im Schilf versteckt, die erste der 13 Stationen des Moorrundpfades: ein Schiff auf Wackelfedern. Das muss gleich von allen ausprobiert werden. Immer wieder ist unsere aktive Teilnahme gefragt. Nicht nur Kinder kommen hier voll und ganz auf ihre Kosten und erfahren auf spielerische und einfache Art viel Wissenswertes. Schier unglaublich scheint es uns, dass zu unseren Füßen noch im Mittelalter ein See mit einem Wasserschlösschen gelegen haben soll. Auch diente das Gewässer als Fluchtmöglichkeit vor den anrückenden Schweden im Dreißigjährigen Krieg. Oft ergeben sich schöne Rastmöglichkeiten mit Blick auf die Silhouette der Allgäuer Berge. Die ultimative Rastmöglichkeit hat unser Nachwuchs schnell belegt - eine große „Botanikschaukel". So ist uns die Flora noch nie nähergebracht worden! Gemütliche 2,5 Stunden sind für den Rundweg zu veranschlagen.

Direkt neben Stötten führt uns die neu terrasierte Bundesstraße geradewegs nach **Rieder**. Hinter dem Ort geht es dann in einer langgezogenen Linkskurve den Hügel hinauf. Nur wenige Meter danach ist links ein Parkplatz im Wald ausgeschildert. Der ideale Ausgangspunkt für Radler:

WOMO-Radeltipp: Zum Forggensee u. Umgebung

Auf der ehemaligen Bahntrasse führt der Radweg von Marktoberdorf über Roßhaupten nach Füssen (vgl. Radltipp in Tour 3). Ohne große Steigungen mit einem herrlichen Bergpanorama vor Augen ist das Strampeln ein wahrer Genuss.

Noch ein paar Sätze wollen wir hier an dieser Stelle allen Radbegeisterten mit auf den Weg geben, da leider die „Pedalritter" im Gegensatz zu den Wanderern in unserem Buch etwas zu kurz kommen. Das Büchlein „Die schönsten Radtouren Allgäu" vom Bruckmann Verlag ergänzt ideal unseren Reiseführer und gleicht dieses „Manko" mehr als genügend aus.

Nur noch ein Steinwurf ist es jetzt bis nach **Marktoberdorf**. Wir halten auf das Ortszentrum mit seinem Zwiebelkirchturm zu und parken in einer der Seitenstraßen unser Womo. Der kleine Marktflecken lädt zum gemütlichen „Seele baumeln lassen" ein. Fernab jeglicher „Tourihektik" genehmigt sich jeder von uns einen großen Eisbecher auf dem Marktplatz. Die Auswahl in der Eisdiele ist großartig! Aber auch schwäbisch-bayerische Spezialitäten locken in der Gastronomie nebenan. Dann bummeln wir noch zur Stadtpfarrkirche St.Martin und der ehemaligen Sommerresidenz der Augsburger Fürstbischöfe. Seit 1985 residiert hier die Bayerische Musikakademie, die v.a. für junge begabte Musiker eine vielversprechende

St. Martin Stadtpfarrkirche

Anlaufstelle geworden ist. Hier oben befindet sich auch der neue Stellplatz für Wohnmobile:

> ### (036) Offizieller WOMO-Stellplatz: Marktoberdorf/ Am Schlossberg
> **GPS:** N 47° 46' 48.9" E 10° 37' 27.7" **max. WOMOs:** 10.
> **Ausstattung/ Lage:** Betonplatz im Grünen mit Stromanschluss , VE / im Ort; gebührenpflichtig.
> **Zufahrt:** Auf der B16 ins Zentrum bis zur großen Ampelkreuzung. Dort rechts in die Kaufbeurener Straße. Nach 300m wieder rechts in die Keltenstraße hinauf. Dort beschildert mit Womosymbol.

Waren unsere Kinder dem Eisbecher vorher noch recht zugeneigt, so zeigen sie nun immer deutlicher, dass sie weiter fahren wollen: „Wann fahren wir endlich zum Fuchshof?!!"
Unser nächster Anlaufpunkt ist das nur wenige Kilometer weiter südlich gelegene Dörfchen Kohlhunden, in dem sich mit dem Ferienbauernhof das Paradies für Kinder befindet. Auch die Römer treffen wir dort wieder. Doch dazu gleich mehr in Tour 3.

Besuch beim Märchenkönig

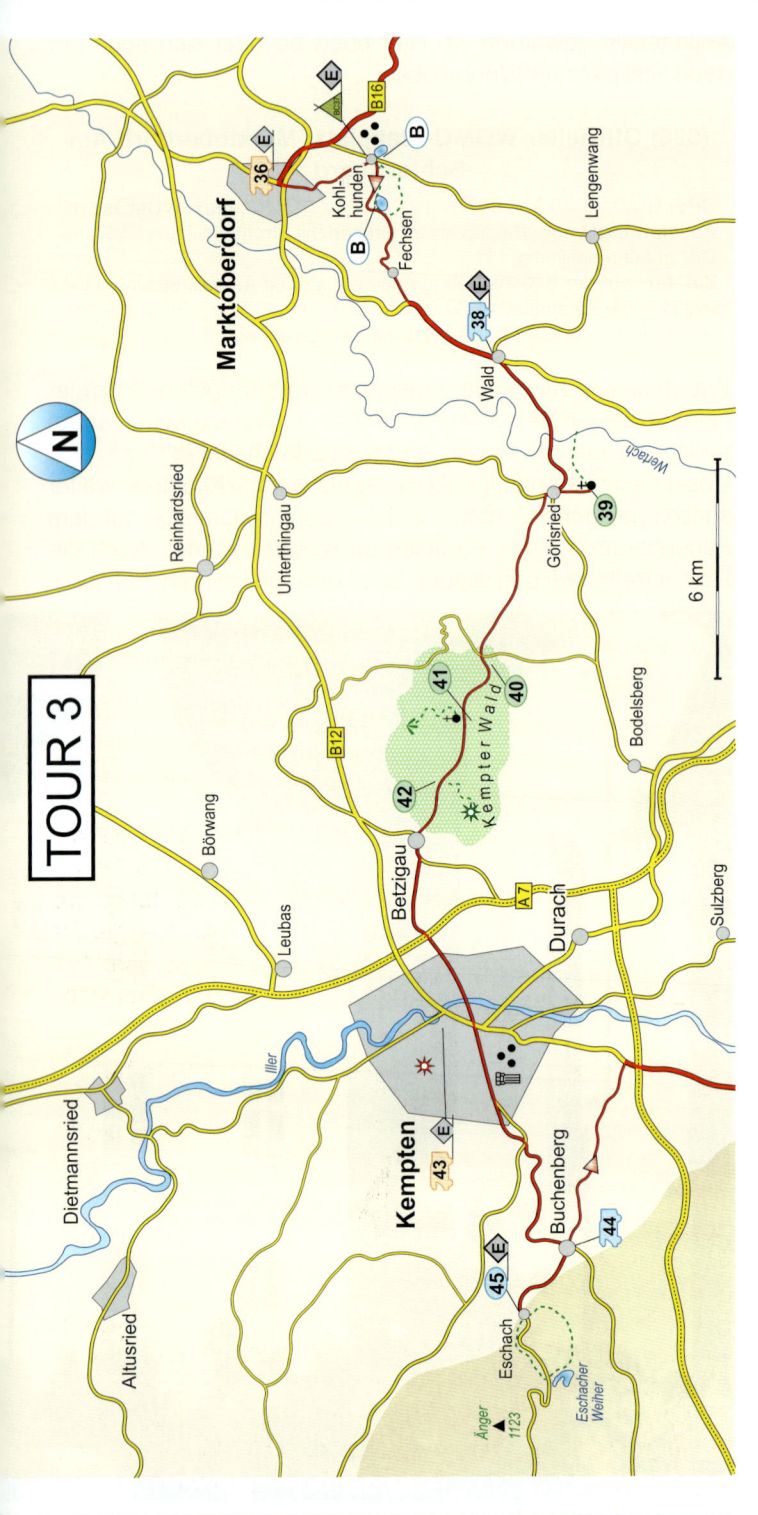

TOUR 3 (ca. 80 km / 5-6 Tage)

Kohlhunden – Ettwiesen – Wald – Görisried – Kempten – Buchenberg – Eschach

Offizielle Stellplätze:	Kempten, Buchenberg
Freie Übernachtung:	Kohlhunden, Ettwiesen, Wald, Görisried, Kempter Wald, Eschach
Ver-/Entsorgung:	Fuchshof Kohlhunden, Wald, Kempten,
Baden:	Kohlhunden Kuhstallweiher, Ettwieser Weiher, Wald, Kempten Campo Mare, Eschacher Weiher
Kultur:	Kempten Stadtbesichtigung, Römische Ausgrabungen, Alpinmuseum, Römer in Kohlhunden und Pestfriedhof
Aktivitäten:	Walderlebnispfad in Kohlhunden, Kempter Wald, Eschach; Radeln in Kohlhunden, Wanderung zur Hängebrücke in Görisried
Essen:	Gh Tobias im Kempter Wald, Rathausplatz in Kempten, Dorfwirtschaft in Eschach

Wir fahren am Marktplatz von **Marktoberdorf** vorbei auf der Landstraße gen Süden und lassen schon bald die letzten Häuser hinter uns. Die Beschilderung „**Römerbad**" bringt uns direkt in das kleine Bauerndorf **Kohlhunden**, das gerade einmal 5-10 Minuten entfernt zwischen den saftig grünen Hügeln liegt. Unser Ziel ist das Kinderparadies des **Fuchshofs**:

(037) WOMO-Bauernhofstellplatz-Tipp: Fuchshof

GPS: N 47° 45' 5.4" E 10° 37' 31.3" **max. WOMOs:** 4.
Öffnungszeiten: ganzjährig. **Ausstattung/Lage:** Wiese; kein Schatten; Ver- und Entsorgung.
Zufahrt: Nach der 3,7 m hohen Unterführung (Zufahrt zum Heuschober) sofort rechts in den Hof des Anwesens.
Sonstiges: Reservierung in der Hauptsaison ist erforderlich: Tel: 08342/7140 oder www.bauernhofurlaub-fuchshof.de

Ein Pony, 2 Ziegen, Hasen, Katzen und jede Menge Kühe und niedlicher Kälber wollen gestreichelt und versorgt werden. Auch das Trampolin zieht unsere Kinder magisch an. Eine Rutsche lässt die Kleinen direkt ins Heu plumpsen. Neue Freundschaften werden geschlossen. Und Abends wird gemeinsam auf dem Hof gegrillt. Natürlich dürfen unsere Kinder

Kohlhunden mit Fuchshof

auch einmal mit dem großen Traktor und Herrn Fuchs auf das Feld zur Heuernte mit hinausfahren. Mit großen strahlenden Augen kommen sie zurück...

Wer einen ruhigeren Platz fernab des „Bauernhofrummels" sucht, findet nur wenige hundert Meter weiter einen idyllischen Flecken direkt am schilfumsäumten Wasser, der aber leider seit neuestem mit einem Übernachtungsverbot für Womos belegt ist.

WOMO-Badeplatz: Kuhstallweiher

GPS: N 47° 44' 58.9" E 10° 37' 49.8"
Ausstattung/Lage: Mülleimer, Liegewiese/ außerorts am Waldrand.
Zufahrt: In Kohlhunden links in Richtung Römerbad (von Marktoberdorf aus beschildert), dann geradeaus und die Fernstraße unterqueren.

Von hier aus startet der „Klobunzele-Weg"; Ausgangspunkt auch zu mehreren Radtouren, u.a. zur beschriebenen Forggenseerundtour.
Hinweis: Wer trotzdem hier nächtigen will, findet vor der Unterführung zu Füßen der Römerausgrabungsstätte am Straßenrand 2 Plätze ohne Verbotstafeln (bei Nacht sehr ruhig).

Obwohl der Ort so winzig ist, bietet er doch uns Urlaubern eine Fülle an Aktivitäten.

Da es Sonntag ist und an diesem Tag immer Vormittags Führungen stattfinden (bei Voranmeldung auch Werktags), bietet sich ein Abstecher in die römische Vergangenheit des Dorfes geradezu an. Wir spazieren in Richtung Kuhstallweiher

Die Römer in Kohlhunden

Der lange Korridor (K) ist Apodyterium (A) und dem gidarium (F) vorgelagert. E ist der erste Raum, den de Besucher betrat. Er war w scheinlich mit einem Pultd überdeckt. Später wurde Norden das mit Ziegeln a kleidete, ebenerdige Was becken (W) angebaut und Raum (R) vom Korridor ab trennt.

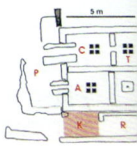

Camping auf dem Bauernhof 67

Ausgrabungsfunde in Kohlhunden

und sehen dann links am Hang oben das moderne Ausstellungsgebäude, das die Überreste eines römischen Badehauses beherbergt. Sicher vor Wind und Wetter sind die gut erhaltenen Fundamente aus der Mitte des 2. Jahrhunderts nach Chr. in dem modernen Schutzbau zu bestaunen. In mehreren Vitrinen sehen wir Exponate aus dem Alltagsleben der „Allgäuer Römer". Infotafeln ergänzen das Gesehene zu einem lebendigen Ganzen und geben Zeugnis einer äußerst hoch entwickelten Kultur und Zivilisation. Da wird längst vergessen geglaubter Geschichtsunterricht wieder lebendig und (be-)greifbar.

Wie immer folgt auf Kultur bei uns Natur. Nach der Mittagsmahlzeit im Womo begeben wir uns auf die Liegewiese beim Kuhstallweiher und springen dann zusammen ins kühle Nass des schilfumsäumten Gewässers. Für heute Nachmittag heißt es ausspannen und Kräfte sammeln, denn Morgen haben wir eine längere Radtour geplant.

WOMO-Radeltipp: Zum Forggensee

Zwar nicht mit dem ersten Hahnenschrei, doch immerhin recht zeitig machen wir unsere Räder abfahrbereit. Mich trifft es in der ersten „Schicht" am härtesten, denn ich darf den Fahrradanhänger mit 2 Kindern ziehen...

Wir radeln beim Kuhstallweiher vorbei und folgen dem Teersträßchen den Hügel hinauf. Durch den Wald geht es schon bald wieder abwärts nach Rieder, wo wir auf die ehemalige Eisenbahntrasse treffen. Auf dieser lässt es sich vortrefflich radeln, sind doch die Steigungen bahntechnisch minimal ausgelegt. Abwechslungsreich geht es durch Wald und Wiesen mit herrlichen Blicken auf die näherrückenden Berge zu. In Roßhaupten, das wir ja schon aus unserer vorherigen Tour bestens kennen, kehren wir im Biergarten ein und legen eine wohlverdiente Mittagsrast ein. Danach geht es noch zum Baden an das nicht allzu weit entfernte Ufer. Rechtzeitig kehren wir am Nachmittag auf dem gleichen Weg zurück nach Kohlhunden.

Konditionsstarke Radler mit entsprechendem „Material" schaffen die Rundtour über Füssen um den ganzen Forggensee. Der Radweg ist auf jeden Fall überall vorbildlich markiert und trifft nach der Seeumrundung wieder auf die Bahnradeltrasse in Roßhaupten.

Geschlaucht erreichen wir am frühen Abend unser Womo. Gut, dass wir einen Kühlschrank haben, der zwei wohltemperierte Flaschen preisgibt: Eine Flasche Bier und eine Flasche Zitronenlimonade – gemischt ergibt das mit dem Maßkrug von Herrn

Fuchs ein zischendes „Radler". Eine Wohltat nach geleisteter „Arbeit" - Prost!

Nachdem gestern das „Rikschataxi" für die Kinder recht bequem war, ist heute wieder etwas Fußmarsch angesagt. Wir wollen den für Jung und Alt spannend gestalteten „**Klobunzele**"-Weg gehen. Badesachen und Picknickdecke samt Vesper werden im Rucksack verstaut. Den Fuchshof verlassen wir nach links, gehen einen Hof weiter und biegen dann wieder links nach **Ettwiesen** ein. Schon bald haben wir den letzten Kuhstall hinter uns gelassen und wandern durch die sanft auf und absteigende Hügellandschaft dahin.

11 Stationen mit einem Ratespiel informieren den Wanderer über die Entstehung des Geländes, Flora, Fauna u.v.m. So erfahren wir, dass die Allgäuer Hügellandschaft Moränen sind, d.h. Endausläufer eiszeitlicher Gletscher. Schon wenige hundert Meter weiter sehen wir zur rechten ein Kuriosum der Natur: Die Teufelseiche. Der Sage nach hatte vor langer Zeit ein Bauer dem Teufel seine Seele im Gegenzug für eine gute Ernte versprochen. Der Satan sollte die Seele dann bekommen, wenn der Baum kein Laub mehr trug. Da jedoch eine Hälfte des Baumes immer Blätter trägt, bekam der so ausgetrickste Teufel die Seele nie. Der botanische Grund dafür ist, dass es sich eigentlich um zwei Bäume handelt, nämlich um eine Sommer- und Wintereiche. Die Sommereiche bekommt ihr Laub vor der Wintereiche, verliert es aber auch dafür wieder früher –wohingegen die Wintereiche ihre Blätter oft erst spät im Winter fallen lässt.

Apropos Baumsagen im Allgäu. Der Holunder, auch Holler genannt, war und ist bis

heute noch bei vielen ein Gewächs, das dem Bauern heilig ist und in keinem Garten fehlen darf. „Vor dem Holler zieht man den Hut" hieß es. Schon früh wusste man die Blüten, Beeren und Blätter als Hausapotheke oder „Apotheke Gottes" mit ihrem hohen gesundheitlichen Wert zu schätzen und zu nutzen. Es galt daher lange Zeit als Frevel, wenn ein solcher Strauch oder Baum umgeschlagen wurde – dann kam, so glaubte und sagte man sich, der Tod über den Hof. Und in der Tat, schon beim ersten Hof in Ettwiesen sehen wir ein stattliches Exemplar des Hollers.

An dieser Stelle, wie üblich im Wechsel zwischen Natur und Kultur, noch einige Worte, warum der winzige Weiler im Jahre 1958 nicht nur in bayerischen Tageszeitungen erwähnt wurde: „In diesen Tagen ereignete sich in Ettwiesen etwas, was man ohne Übertreibung als einen historischen Augenblick bezeichnen darf. Eine kleine Gruppe von Menschen hatte sich zusammengefunden...und ein Musikant. Der Musikant trug ein langes rohrförmiges Instrument über der Schulter..." Was hier in der Allgäuer Tageszeitung beschrieben wurde, ist nichts anderes als das Wiedererklingen des Alphorns nachdem es über sehr lange Zeit in Vergessenheit geraten war

Maria hat geholfen...

und aus seinem Dornröschenschlaf erweckt wurde.
Nur noch wenige Schritte und wir legen eine längere Rast beim Ettwieser Weiher ein, von dem wir schon bald restlos begeistert sind. Eine großflächige Liegewiese, ein abgetrennter Bereich für Nichtschimmor und kleine Kinder, Spielplatz, Tischtennisplatte, eine schwimmende Insel im See.
Nur schwer gelingt es uns, unsere Kinder

der alte Pestfriedhof

zum Weitermarsch zu bewegen. Zuerst noch unwillig trottet unser Nachwuchs hinter uns her. Wir folgen ein kurzes Stück auf der Teerstraße dem Wegweiser aufwärts und wandern dann links durch den Fichtentann. Bei der Kindlekapelle mit dem Fühlpfad ist wieder die Entdeckensfreude geweckt. Von hier oben haben wir auch einen schönen Ausblick hinüber nach Marktoberdorf.
Auch die weiteren Stationen mit den Klanghölzern, der Baumwippe und dem Spinnennetz begeistern nicht nur die Kleinen. Wir schauen genau auf den Weg und entdecken zahlreiche „Babyfrösche" und sogar zwei Rehe, die uns über den Weg laufen. Nach rund 4 km und 5 Stunden sind wir beim Fuchshof zurück und haben das Lösungswort des Stationenrätselspiels herausbekommen. Wer keinen Badestop einlegt, schafft die Erlebniswanderung auch leicht in 1-2 Stunden.
Als ob es nicht genug für heute wäre, spazieren wir am Abend, die Kinder Huckepack nehmend, zum nahen Pestfriedhof. Dorthin gelangen wir, indem wir am Römerbad vorbei laufen und der Bundesstraße ein kurzes Stück gen Marktoberdorf folgen. Schon bald sehen wir auf der anderen Straßenseite am Waldrand den kleinen alten Friedhof, der der Bestattung in Pestzeiten diente.
Es ist uns jetzt langsam zu einer lieben Gewohnheit geworden, die unvergleichlich schmeckende Milch des Fuchshofs zum Frühstück zu trinken und zu genießen. Frau Fuchs erklärt uns, dass auf ihren Wiesen bis zu 30 verschiedene Kräuter wachsen, die u.a. als Heufutter den einmaligen Geschmack ausma-

chen. Was ist das doch für ein himmelweiter Unterschied zu der vergewaltigten Tütenmilch vom Supermarkt! Man schmeckt es, dass die Kühe Auslauf haben und auf dem Grünland weiden dürfen – eben glückliche Kühe.

Nach diesem kurzen Exkurs für die artgerechte Tierhaltung und den positiven Folgen für uns Menschen, wollen wir nun mit Ihnen weiterfahren. Wer ein Womo unter 3m Gesamthöhe sein eigen nennt, kann auf dem „Klobunzele"-Teerband nach Ettwiesen steuern und abkürzen. Wir überragen diese Marge um 20 cm und müssen wohl oder übel wieder bis fast zu den ersten Häusern nach Marktoberdorf zurückfahren. Dann folgen wir scharf links der Straße durch saftig grünes Weideland nach Ettwiesen und erreichen den Ettwieser Weiher. Auch dieser ist leider nun mit einem Übernachtungsverbot belegt.

WOMO-Badeplatz: Ettwieser Weiher

GPS: N 47° 45' 0.9" E 10° 36' 31.7"
Ausstattung/Lage: Mülleimer/ außerorts.
Zufahrt: Von Kohlhunden in Richtung Marktoberdorf, kurz vor Ortsbeginn links ab nach Ettwiesen, beschildert.

Auf der Straße steuern wir unser Gefährt durch den Wald bergauf und kommen so in das nächste Tal nach **Fechsen**. Etwas schmal und kurvig geht es durch das Örtchen hindurch.
Wir folgen dem Wegweiser nach **Leuterschach**. Dort queren die Bahngleise unsere Trasse, wir fahren bis zur T-Kreuzung geradeaus weiter. Dann lotst uns die Beschilderung nach Wald. Vor einer traumhaften Bergkulisse taucht auch schon der für viele Allgäuer Orte so typische Zwiebelkirchturm vor unserer

Windschutzscheibe auf. Jetzt wartet ein weiterer Badeplatz der wahrhaft superlativen Art auf unseren Besuch:

(038) Offizieller WOMO-Badeplatz: Wald
GPS: N 47° 43' 23.1"   E 10° 33' 49.3"   **max. WOMOs:** >5.
Ausstattung/Lage: Mülleimer, VE, Strom, Brötchenservice/ Ortsrand; gebührenpflichtig.
Zufahrt: In Wald an der Kirche links, dann wieder links dem Womosymbol folgend. Direkt vor dem See in idyllischer Lage.
Sonstiges: Zahlreiche beschilderte Rad und Wanderwege vom Stellplatz aus in die Umgebung. Eine große Infotafel vor Ort gibt Auskunft.
Auch kulinarisch und in Sachen Bier wird von der Gemeinde hier einiges angeboten, das sich sehen lassen kann.

Bevor uns aber Schwimmhäute an Händen und Füßen wachsen, kurven wir weiter. Am Ortsende von Wald biegen wir dem Wegweiser nach **Görisried** folgend rechts ab. Bald befinden wir uns auf einer Art Hochplateau und genießen einen ganz tollen 180 Grad Blick auf die Allgäuer Alpen. Plötzlich geht es mit 15% Gefälle hinab zur munter dahinplätschernden Wertach und mit der selben Steigung auf der anderen Hangseite wieder hinauf. In Görisried halten wir uns an der T-Kreuzung nach links in die 4 km lange Sackgassenstraße hinein. Vor der **St. Ursala-Kapelle** parken wir in idyllischer und absolut ruhiger Lage unser Womo.

(039) WOMO-Wanderparkplatz: St. Ursala Görisried
GPS: N 47° 41' 51.6" E 10° 30' 57.1"   **max. WOMOs:** 1-2.
Ausstattung/Lage: Mülleimer/ außerorts.
Zufahrt: In Görisried an der Kreuzung links gen Süden in die 4km lange Sackgasse.

Die Wanderschuhe werden wieder geschnürt und wir brechen zum Hängesteg über die Wertach auf.

WOMO-Wandertipp: Zum Hängesteg über die Wertach
Dem schon bald aufwärtsstrebenden Weg Nr.8 folgend, von Hecken gesäumt, gelangen wir auf eine Anhöhe, von der wir wunderbare Blicke auf die Bergwelt werfen können. Eine Bank lädt zum Verweilen ein. Nun wandern wir hügel-

abwärts, folgen dann über frisch gemähte und intensiv nach Heu duftende Wiesen dem Wegweiser nach rechts und tauchen schließlich in ein schattenspendendes Wäldchen ein.

Schon plätschert es fröhlich dahin, die Kinder wollen pritscheln. Doch reichlich Spielmöglichkeit am Wasser wartet nur noch wenige Minuten unter uns. Den Treppen folgen wir abwärts und sind von dem Naturschauspiel begeistert: „Klein – Pamukalle". Wie eine Kleinausgabe der Kalksinterterrassen in der Türkei rinnt das Nass über zahlreiche Minnikaskaden in die Tiefe. Und dann

endlich ist die „Wackelbrücke" erreicht. Um noch einmal bei den Vergleichen zu bleiben: Mutig wie ein Indiana Jones queren wir die Wertach auf der je nach Gangart mehr oder minder heftig schwingende Drahtseilkonstruktion. Doch keine Angst, der „gähnende" Abgrund liegt gerade einmal lächerliche 1,5m unter uns. Und bei dem Wasserstand, könnten wir auch locker den Fluss durchwaten. Eine Picknickwiese lädt zum Rasten ein und wir kühlen uns alle die Füße ab (Badezeug mitnehmen!). Auf dem gleichen Pfad kehren wir auch wieder zum Womo zurück. Die Gesamtgehzeit dieser Variante beträgt rund 1 Stunde. Wer möchte, bekommt auf der Infotafel am Parkplatz auch noch Möglichkeiten geboten, die Wanderung entsprechend auszudehnen. So z.B. wertachabwärts bis zum Dorf Bergers und zurück über die Autobrücke wieder nach Görisried.

Unser nächstes Ziel ist die Metropole des Allgäus, die Stadt **Kempten**. Zwei Wege führen von Görisried dorthin. Zuerst sei hier jedoch die Alternativroute genannt, die alle einschlagen sollten, die die nun folgende längere Schotterpiste meiden wollen. Diese Womopiloten fahren über **Bodelsberg** auf die A7 und von dort gen Norden direkt nach Kempten. Alle anderen folgen uns. Wir kurven durch Görisried am Kirchturm vorbei, in der linksgeschwungenen Kurve aufwärts, biegen rechts ab gen **Oberthingau/ Marktoberdorf** und schwenken kurz darauf der Beschilderung nach Betzigau zum Kempter Wald links ein. Nachdem die Nebenstraße den Ort hinter sich gelassen hat, endet der Teerbelag und geht in einen gut planierten mittelkörnigen Schotterbelag über. Schlaglöcher sind kaum vorhanden, und so beträgt unser Tempo meist zwischen 30 und 50 km/h. Gleich einem kanadischen Highway führt der Pfad mitten durch die bewaldete Wildnis des Hochwaldes. Motorisierten Gegenverkehr gibt es so gut wie keinen. Nur wenige „verirren" sich hierher. Für uns ist der **Kempter Wald** ein wunderbares Wander- und Radelgebiet. Zahlreiche beschilderte Wege führen durch den Tann. Plätze zum Rasten und Übernachten gibt es hier gleich mehrere:

(040) WOMO-Wanderparkplatz: Kempter Wald I

GPS: N 47° 43' 20.3" E 10° 26' 57.0"   max. **WOMOs:** 2-3.
Ausstattung/Lage: Schotterplatz/ außerorts im Wald.
Zufahrt: In der 90 Grad Kurve - ausgewiesener Parkplatz.
Sonstiges: Gut befestigte Schotterstraße durch den Wald.

Einen idealen Ausgangspunkt finden wir beim nächsten Wanderparkplatz gegenüber der hölzernen Waldkapelle:

(041) WOMO-Wanderparkplatz: Kempter Wald II

GPS: N 47° 43' 11.8" E 10° 26' 37.2"   max. **WOMOs:** 2-3.
Ausstattung/Lage: Schotterplatz/ außerorts im Wald.
Zufahrt: Auf dem „Schotterhighway" gegenüber der Waldkapelle
Sonstiges: Gut befestigte Schotterstraße durch den Wald.

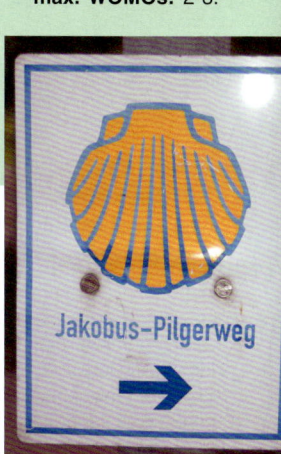

Wir gönnen unserem Womo eine Verschnaufpause und erkunden die Waldlichtung. Vogelgezwitschere, sauerstoffreiche Luft, eine blühende Wiese und mitten darin das kleine Holzkirchlein. Direkt davor erblicken wir die aus einem Wurzelstock geschnitzte Jakobs-Pilger-Muschel. Aha! Hier befinden wir uns also

auf einem Teil des berühmten Jakobus-Pilgerweges. In der Kapelle bekommt der Wanderer den obligatorischen Stempel, den er als Nachweis für seine Wanderroute braucht.

Wandern wollen wir nun auch, aber viel bescheidener als die von Gottes Geist erfüllten Pilger. Unser Ziel ist der **Knotterhag**, ein Hügel mit herrlichem Aussichtspunkt.

WOMO-Wandertipp: Knotterhag

Nur unweit entfernt von der Kapelle weißt uns ein Schild „Aussicht" den Weg durch die Wiesen zum Waldrand hin. Ein kurzes Stück geht es zu einem Bächlein hinab und dann steigt der Waldpfad sanft bergan. „Wo soll da bitte eine Aussicht möglich sein?" denken wir uns in all dem Walddickicht um uns herum. Doch plötzlich erspähen wir die kleine Lichtung mit dem

Aussichtspunkt Knotterhag

Holzhochsitz - dem Knotterhag. Von dieser erhöhten Position genießen wir einen herrlich Panoramablick auf die Ostallgäuer Bergwelt mit dem mächtigen Zugspitzmassiv im Hintergrund. Eine Panoramakarte verrät uns die Namen der jeweiligen Berge. Zum Glück haben wir unsere Brotzeit dabei, denn so lässt es sich auf der Bank hier oben prima rasten und in die Ferne schauen. Obwohl sich der Anstieg mit rund einer viertel Stunde Gehzeit recht bescheiden ausgenommen hat.

Nach dieser kleinen Panoramawanderung besteigen wir wieder unser Womo und fahren noch ein kurzes Stück weiter zu unserem Übernachtungsplatz für heute:

(042) WOMO-Picknickplatz: Kempter Wald III / Stellbrunner Wiese

GPS: N 47° 43' 29.5" E 10° 25' 19.9" **max. WOMOs:** 2.
Ausstattung/Lage: Feuerstelle, Sitzstämme, Brunnen; im Wald.
Zufahrt: kurz nach dem Ende der Schotterpiste rechts bei der Waldlichtung. Parken und Übernachten im hinteren Bereich.

Ideal zum Grillen ist der Platz mit seinen festen Feuerstellen. So sitzen wir dann bis spät Abends noch am Feuer, schauen in die Glut und lauschen den nächtlichen Klängen des Waldes. Brunnenwasser zum Feuerlöschen am Ende des Abends gibt es Gott sei Dank ja auch.

Am nächsten Tag steht wieder eine etwas längere Wanderung zum „Dengelstein" an.

WOMO-Wandertipp: Dengelstein

Wir marschieren ein kurzes Stück auf der Teerstraße vor bis zum nächsten Parkplatz und folgen dann der Beschilderung zum Dengelstein. Schattig führt der Weg durch das Waldgebiet und nach etwas über einer Stunde Gehzeit erreichen wir dann den riesigen Eiszeitfindling - den „Dengelstein". Der Nagelfluhblock, der aus dem Bereich Rottach - Immenstadt stammt, kann beeindruckende Maße vorweisen: Über 8m hoch und ca. 1250 t schwer. Uns wird klar, welche Naturgewalten damals wohl am Werke gewesen sein mussten. Der Dengelstein gehört heutzutage zu den Geotopen Bayerns. Er ist Naturdenkmal, Kunstobjekt und Bodendenkmal. Rundherum können wir bei näherem Betrachten und Suchen z.T. noch Gräben und Wallanlagen ausmachen.

> War dies vielleicht einmal eine Gerichtsstätte oder eine Kultstätte, an der geheimnisvolle Rituale zelebriert wurden? Die Wissenschaft tappt da noch etwas im Dunkeln. Für den kauzigen Allgäuer Romankommissar Kluftinger ist der Fall im Buch „Erntedank" aber eindeutig...(vgl. Literaturtipps).
> Wer noch Lust, Kondition und v.a. Hunger hat, wandert ein viertel Stündchen weiter zur Ausflugsgaststätte „Tobias".
> Den Dengelstein kann man übrigens leichter und schneller vom Weiler Stein aus erreichen. Von dort aus sind es kurze 20 Minuten bis zum Stein. Lediglich Parkraum ist hier absolute Mangelware. Ein Womo kann aber z.B. am Wiesenrand rechts am Dorfende abgestellt werden (kurz vor dem Durchfahrtsverbotschild).

Nun verlassen wir den Kempter Wald und unser Womo rollt in weit geschwungenen Kurven den Berg hinab. Unser Blick schweift über saftiggrüne Weiden hinunter in das Illertal nach Kempten.

Jeder, der unseren bereits im Wandertipp zum Dengelstein angesprochenen Urlaubsroman „Erntedank" gelesen hat, wird nun abermals aufhorchen und Bescheid wissen – wir kommen am Weiler **Kaisermad** vorbei. Was, Sie kennen die Krimis mit dem Kemptner Hauptkommissar Kluftinger noch nicht? Sollten Sie aber. Zugegeben, für Nicht-Bayern ist die Lektüre manchmal etwas schwerer verständlich. So bekommt aber der Urlauber tiefere Einblicke in die doch oft recht derbe Redensweise, in die Geschichte des Allgäus und natürlich reichlich Humor sowie Spannung serviert (vgl. Tipps zur Literatur).

In **Betzigau** halten wir uns der Beschilderung nach in Richtung Kempten und folgen unserer Straße einfach stur geradeaus (über die Ampelkreuzung hinweg) bis zum Ufer der Iller hinab (Diejenigen, die von der A7 kommen, folgen in Kempten den Womosymbolwegweisern und der Beschilderung zum Illerstadion).

Dann biegen wir rechts ab und folgen dem Womo-Stellplatzschild zum Illerstadtion.

(043) Offizieller WOMO-Stellplatz: Illerstadion Kempten
GPS: N 47° 43' 45.9" E 10° 19' 9.5" **max. WOMOs:** 5.
Ausstattung/Lage: VE, Mülleimer/ im Ort; gebührenpflichtig.
Zufahrt: Im Zentrum an der Iller, beschildert.

Unser Stellplatz für die Kemptner Stadterkundung könnte ruhiger und zentraler nicht sein. Wieder einmal waren es die alten Römer und Kelten, die für die Stadtgründung verantwortlich waren. Deswegen wollen wir zuerst die gut erhaltenen Überreste dieser Siedlung nur unweit entfernt in Augenschein nehmen. Gleich von unserem Stellplatz aus führt in wenigen Minuten der ausgeschilderte Weg zum **APC** (Archäologischer Park Cambodunum) hinauf. 13 Kultbauten, zum Teil im Maßstab 1:1 rekonstruiert, ergänzt durch Schautafeln und archäologische Fund-stücke geben uns ein lebendiges Bild von den rund 2000 Jahre alten religiösen Riten und Bräuchen. Imposant thront im größten Tempelhaus die als jugendliche Gottheit dargestellte mannsgroße Herkulesstatue.

Weitere einzigartige Zeugnisse aus längst vergangen Tagen warten ein paar Schritte entfernt im Forum Basilika. Dazu verlassen wir den Tempel-

Kemptens Wurzeln liegen bei den Römern und Kelten

bezirk nach rechts, legen einen längeren Stopp auf dem für unsere Kinder unumgänglichen Spielplatz ein und gelangen schließlich zum einstigen Zentrum Cambodunums. Nicht unerwähnt soll an dieser Stelle auch der gute Blick von der Hangkante auf die Dächer der Altstadt sein.

Ein Bronzemodell auf einer Aussichtsplattform gibt uns ein etwaiges Gefühl davon, wie groß und mächtig die einstige Hauptstadt der Provinz Rätien war. Malerisch geht es durch den Park weiter zu den kleinen Thermen, die eine private Badeanstalt für den Statthalter und ausgewählte Gäste war. Die Überreste, ergänzt durch zahlreiche Fundstücke geben uns eine recht gute Vorstellung davon, wie hochentwickelt bereits damals die Badekultur und v.a auch die dazu nötige Technik der Beheizung sowie Be- und Entwässerung schon waren.

Nun schreiten wir 2000 Jahre vorwärts in die Gegenwart und besuchen das heutige Kempten.

Wir überqueren die Iller auf der St. Mang-Brücke, halten uns schräg rechts und spazieren auf die St. Mang Kirche zu. Am Platz vor dem Gotteshaus wird gerade fleißig gegraben, denn Archäologen haben die Überreste der einstigen romanischen

Jugendstilbrunnen vor St. Mang

Kapelle aus dem 12. Jahrhundert samt gut erhaltenen Skeletten mit Grabbeigaben gefunden. Die heutige St. Mang Kirche beeindruckt besonders durch ihren Schnitzaltar im Chor und dem Jugendstilbrunnen vor dem Bau.

Quasi um die Ecke, schon in Sichtweite des Rathausplatzes sticht uns die gelbgestrichene Rokokofassade des Londoner Hofes ins Auge. Der 1764 errichtete Bau soll mit seinem Antlitz der schönste seiner Art in der Altstadt Kemptens sein. Weiter halten wir auf das Rathaus zu, das früher die Kornschranne der Stadt war. Mehrere Einkehrmöglichkeiten mit Sitz im Freien laden rund um den Platz zu Café, Kuchen und auch deftigen Speisen ein. Gegenüber dem Rathaus befindet sich das Touristenbüro, in dem Sie einen kostenlosen Faltplan samt den dazugehörigen Infos zur optimalen Stadterkundung bekommen.

Wir überqueren die Kronenstraße und bummeln auf die vor uns befindliche Treppe zu, halten uns davor aber rechts ab und gelangen an zahlreichen Einkaufsläden vorbei aufwärts. Dann rechts ab und schon nach wenigen Schritten erblicken wir die Residenz mit der St. Lorenz Basilika.

Im süddeutschen Raum einmalig und deswegen absolut besuchenswert sind die monumentalen Prunkräume des ehemaligen Wohnsitzes der Fürstäbte zu Kempten, die von der ehemaligen Macht und wirtschaftlich, finanziellen Potenz des Kle-

Londoner Hof

rus künden. Leider können die Räumlichkeiten nur in einer der meist stündlich stattfindenden Führungen besichtigt werden.

Die daneben befindliche gewaltige St. Lorenz-Basilika prahlt mit italienischem Renaissancestil gemischt mit frühem Barock. Gegenüber dem Hauptportal blicken wir auf das um 1700 erbaute Kornhaus, das z.T. hinter einem modernen Wasserschleier durchscheint. Darin sind heute die Ausstellungsräume des Allgäumuseums untergebracht, das durch die Epochen der Allgäuer Geschichte führt. Auch an Kinder und Jugendliche wurde aus museumspädagogischer Sicht gedacht.

Doch viel interessanter ist für unseren Nachwuchs das unweit entfernte Alpinmuseum (vom Ausgang links halten, beschildert). Ausgestopfte Murmeltiere, Gemsen und Steinböcke, alte Skier und lebensgroße Bergsteigerfiguren ziehen die Aufmerksamkeit

St. Lorenz Basilika mit Hofgarten

Kornhaus (Rathaus)

Camping auf dem Bauernhof 81

auf sich. Auf 4 Etagen erfahren wir, was alles mit dem Thema Berge zu tun hat. Im angrenzenden Hofgarten ruhen wir unsere müden Beine aus, verspeisen die in der Fußgängerzone erworbenen Plundergebäcke und bewundern die Blumenpracht der Anlage. Wir sind der Meinung, das reicht (nicht nur) für eine Familie, was wir über Kempten erfahren und gesehen haben. Also trotten wir zum Womo zurück – aber diesmal von der Residenz zur Straße „Pfeilergraben", die in die rechtsgeschwungene Illerstraße übergeht. In deren Kurve erreichen wir über den nur für Fußgänger errichteten Illersteg („Jahnsteg") den gleich dahinter befindlichen Stellplatz.

Heute steht Spaß und Erholung pur auf dem Programm. Wir fahren mit unserem Womo am Illerdamm entlang und biegen nach rechts in die Kaufbeurer Straße ein. Auf der uns bereits bekannten St. Mang-Brücke überqueren wir die Iller und durchqueren immer geradeaushaltend das Zentrum.

Bald lassen wir den Stadtkern hinter uns und gelangen auf eine vierspurige Ausfallstraße, auf der wir uns weiter geradeaus halten. Rechterhand kommen wir beim Discounter Lidl vorbei und schwenken nun bei der folgenden Ampelanlage mit der Beschilderung „**CamboMare**" rechts ein. Noch ein paar hundert Meter und wir sehen den modernen Badekomplex.

Der Parkplatz, zwar wenig romantisch, wäre sogar übernachtungstauglich. Jetzt wartet Badespaß auf uns: Eine ausgedehnte Schwimmlagune, eine Reifenrutsche und die Black-Hole-Röhrenrutsche mit 92 m Länge lassen keine Langeweile aufkommen. Aber auch eine Saunawelt mit 10 verschiedenen Saunen im stilvollen Ambiente versprechen Entspannung pur. Wer von unseren Wandervorschlägen so geschafft ist, kann sich auch mit Massagen verwöhnen lassen.

Wir steuern das Womo zur Ampelkreuzung zurück und biegen rechts ab. Auf dieser Straße bleiben wir nun bis **Buchenberg**. In Buchenberg biegen wir nach der weitgeschwungenen Rechtskurve im Ort

CamboMare Spaßbad

rechts nach **Eschach** ab. Kurz darauf wartet links ein offizieller Womobadeplatz auf Kundschaft:

(044) Offizieller WOMO-Badeplatz: Buchenberg „P3"
GPS: N 47° 41' 54.5" E 10° 13' 48.8"   **max. WOMOs:** 4.
Ausstattung/Lage: Mülleimer, Restaurant, auf Asphalt /im Ort.
Zufahrt: Wie im Text beschrieben, in der Eschacher Str. links, beschildert.
Sonstiges: Badeweiher nebenan mit Liegewiese und Kinderbereich.

Nur noch ein paar Kilometer sanft bergan, dann erreichen wir das kleine Dorf Eschach. Das ist schon seit langen Zeiten ein oft aufgesuchter Ort, denn es ist die höchste Stelle (1000 m ü.N.N.) des **Jakobs-Pilgerweges** in Bayern. Unser Ziel ist aber nicht wie der fromme Pilger, den wir in Kempten trafen, das ferne Santiago de Compostela in Nordspanien, sondern der nur noch einen Steinwurf entfernte Eschacher Weiher.

(045) Womo-Bade- und Wanderparkplatz: Eschacher Weiher
GPS: N 47° 42' 01.5" E 10° 11' 23.7"
max. WOMOs: 5
Ausstattung/Lage: Mülleimer, Asphaltplatz, etwas schief /Außerorts.
Zufahrt: Über Buchenberg nach Eschach, dann kurz nach dem Ort rechts, beschildert.
Sonstiges: Zum Badeweiher mit großer Liegewiese führt in ca. 5 min. ein schmaler Pfad den Hügel hinab.

Am Ende des Tages bewundern wir mit einem Glas Rotwein in der Hand, und auf unseren dezent aufgestellten Campingstühlen sitzend, das atemberaubende Panorama vor unserem Womostellplatz: eine vom glühenden Abendrot gefärbte Wolkenstimmung über der Allgäuer Bergkette. Schöner kann Urlaub im Allgäu nicht sein!

Camping auf dem Bauernhof

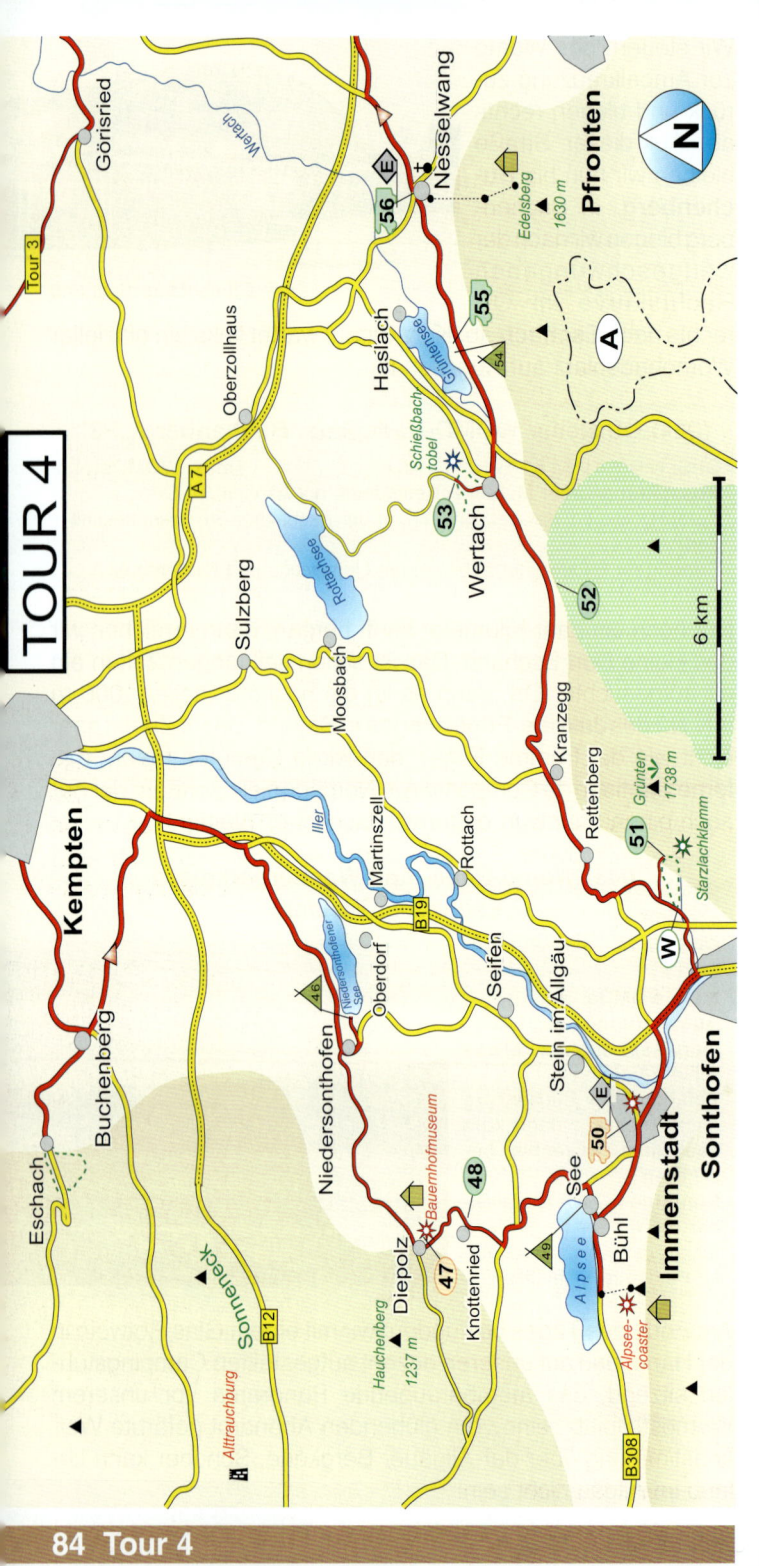

TOUR 4 (ca. 95 km / 6-7 Tage)

Niedersonthofen – Diepolz – Immenstadt – Grünten – Wertach – Nesselwang

Offizielle Stellplätze:	Immenstadt, Nesselwang
Freie Übernachtung:	Diepolz, Grünten, Wertach
Campingplätze:	Niedersonthofener See, Bühl am Alpsee, Grüntensee
Ver-/Entsorgung:	Immenstadt, Nesselwang
Baden:	Niedersonthofener See, Alpspitz-Bade-Center Nesselwang, Alpsee, Grüntensee,
Kultur:	Bauernhofmuseum Diepolz, Biermuseum Nesselwang
Aktivitäten:	Wandern-Starzlachklamm, Grünten, Wertach, Nesselwang; Sommerrodeln bei Immenstadt und Nesselwang; Klettergarten bei Immenstadt.
Essen:	Immenstadt, Winkel, Brotzeitalpe Diepolz

Nur ungern verlassen wir unseren Panoramastellplatz beim Eschacher Weiher und brechen auf zu neuen Ufern. Bergab lenken wir unser Womo zurück nach **Buchenberg**, biegen dort an der T-Kreuzung links ab gen **Kempten**, verlassen aber schon nach wenigen Metern wieder die Vorfahrtsstraße rechts zur Kirche.

Niedersonthofener See

Rund um den Grünten

Bald schon haben wir die letzten Häuser Buchenbergs hinter uns gelassen und unser Teerband schwingt sich über zahlreiche Hügelrücken abwärts zur B 19. Diese wird zunächst unterquert, wir haben kurz darauf noch die Möglichkeit, bei einem Supermarkt günstigen Diesel zu bunkern, und schwenken dann auf die Hauptverkehrsader nach links gen Immenstadt ein.

Wir kommen nur kurz in den Genuss der vierspurigen Fahrbahn und des flotten Dahingleitens, denn schon verlassen wir die Schnellstraße wieder in Richtung Niedersonthofener See.

Über Kuhnen schwingt sich die Straße oberhalb zweier kleiner Seen dahin mit Sicht auf den blickbeherrschenden Grünten. Am Ende des **Niedersonthofener Sees** folgen wir der Beschilderung „U3" über die Linkskurve und erreichen schon einen idealen Campingplatz für dieses Gewässer:

(046) WOMO-Campingplatz-Tipp: Zeh am See

GPS: N 47° 37' 48.8"   E 10° 14' 45.0"   **Öffnungszeiten:** ganzjährig.
Ausstattung/Lage: schattig, Laden, Gaststätte, Ver- und Entsorgung/ Strand 50 m entfernt.
Zufahrt: In der Linkskurve der U3 am Niedersonthofener See, beschildert.

Nach einem ausgelassenen Badetag geht es schon wieder weiter. Unser nächstes Ziel ist ein echtes uriges Allgäuer Bergziel. Wir fahren zurück nach **Niedersonthofen** und folgen den Schildern aufwärts nach **Rieggis** und **Diepolz**.

Immer schönere Ausblicke tun sich uns auf. Von **Diepolz** aus gesehen, liegen die Berge mit ihren noch weißen Sahnehäuptchen wahrhaft majestätisch vor uns. Was könnte da besser passen, als ein Besuch im nahen **Bergbauernmuseum**.

Parkraum ist am Hauptparkplatz direkt in Diepolz für Womos Mangelware. Wenn Sie nicht zeitig am Morgen anrücken, finden Sie nur noch in der absoluten Nebensaison hier einen Platz. Stellen Sie aber auf jeden Fall ihr Fahrzeug abfahrtbereit und „intelligent" hin. Denn nichts ist nervender, als zugeparkt zu werden und sich millimeterweise vor und zurück freizuparken... Deswegen gleich unser Tipp: Begeben Sie sich mit Ihrem Womo doch gleich auf den etwas unterhalb des Dorfes gelegen Parkplatz, der sich auch zum ruhigen Schlummern bestens eignet:

(047) WOMO-Stellplatz: Diepolz P2

GPS: N 47° 36' 32.0" E 10° 10' 48.0"   max. **WOMOs:** 4.
Ausstattung/Lage: Schotterparkplatz im Grünen/ außerorts.
Zufahrt: In Diepolz zum Parkplatz P2 in Richtung Knottenried / Immenstadt den Hang hinab; beschildert.
Sonstiges: Im Winter führt hier die schneesichere Langlaufhöhenloipe vorbei.

Bergbauernhof im Museum

Nun auf zum lebendigen Museum. Ein schöner Naturspielplatz, ein Bauernhof mit Haustieren und natürlich der absolute Hauptanziehungspunkt (nicht nur bei den Kleinen) ist der Heustock. Wagemutig springen Kinder und Junggebliebene von einer gut 2,5m hohen Plattform unter Gejohle ins duftende Heu. 2,5 m finden Sie nicht hoch? Probieren Sie es doch auch einmal aus...

An historischen Gebäuden ist leider etwas weniger geboten. Dafür erfahren wir Interessantes über die Milchviehhaltung auf den Almen und die früher noch viel verbreitete Schäferei. Zahlreiche Schwarzweißaufnahmen zeugen von jener Zeit. Derartiges Herumtoben, Schauen und Erfahren macht hungrig. So spazieren wir über einen weiteren historischen Bauernhof aufwärts zur Brotzeitalm und genießen immer wieder die atemberaubende Fernsicht. Vom Breitenberg im Westen über die Nagelfluhkette bis zum Säntis in der Schweiz reicht unser 180° Blick. Das Kuhglockengebimmel macht die Idylle perfekt. Sie wollen es noch perfekter? Dann müssen Sie sich lediglich schon zu Hause im Internet schlau machen (oder mit einem entsprechenden internetfähigen Handy), wann auf der **Diepolzer Museumsalm** bei bestimmten Festtagen wieder die Alphornbläser einen Ohrenschmaus zum Besten geben: www.bergbauernmuseum.de. Ein weiterer Stellplatz lädt in der näheren Umgebung zum Nächtigen und genussvollen Wandertouren ein - Panorama inbegriffen:

(048) WOMO-Wanderparkplatz: Knottenried

GPS: N 47° 36' 11.3" E 10° 11' 17.9" **max. WOMOs:** 2-3.
Ausstattung/Lage: Schotterplatz im Grünen/ Ortsrand.
Zufahrt: Vor dem Dorf Knottenried rechts auf Schotter.
Sonstiges: Gaststätte im Ort. Wandern bzw. Langlaufloipe vom Parkplatz aus.

Hier oben ließe es sich bestimmt noch länger aushalten. Aber wir wollen schließlich auch wieder Badespass haben und unser mitgenommenes Schlauchboot auspacken. Und dazu bietet sich der nur noch ein viertel Stündchen Fahrt entfernte **Alpsee** bestens an. Da sämtliche Parkplätze am See mit Übernachtungsverboten für Womos belegt sind, machen wir aus der Not eine Tugend:

(049) WOMO-Campingplatz-Tipp: Alpsee

GPS: N 47° 34' 23.5" E 10° 11' 34.4" **Öffnungszeiten:** ganzjährig.
Ausstattung/Lage: Wenig Schatten, Laden, Gaststätte, Ver- und Entsorgung/nächster Ort: 200m.
Zufahrt: Von Knottenried kommend rechts nach Bühl, dann gleich wieder rechts, beschildert.

Tisch, Stühle, Markise raus, Badesachen angezogen, Schlauchboot aufpumpen, Strandtücher eingepackt... Der einzige kleine Wermutstropfen ist, dass wir ein paar Schritte hinab über den Fußgängerweg zum Strand machen müssen. Aber das lässt sich locker verschmerzen, passt doch sonst alles. Spät am Nachmittag sitzen wir faul in den Stühlen, da läuft doch glatt einer mit einer duftenden Pizza vor unserer Nase vorbei. Stop! Auf Nachfrage erfahren wir, dass es diese leckere Speise beim Campingplatzrestaurant zum Mitnehmen (oder auch dort essen) gibt. Also nichts wie hin. Bei Pizza und Rotwein und Saft für die Kinder klingt der Urlaubsabend gemütlich aus. Morgen ist auch noch ein Tag – der Holzkohlegrill kann warten...
Eigentlich könnte man auf diesem Campingplatz leicht zwei

Alpsee

Wochen Urlaub verbringen, ohne dass Langeweile aufkäme. Zu zahlreich und abwechslungsreich sind die Angebote an Aktivitäten in der näheren Umgebung. Wir wollen heute mit Ihnen Wandern und Rodeln!

Über **Bühl** kommen wir auf die **B 308** und fahren nur wenige Minuten in Richtung **Oberstaufen** parallel zum Alpsee. Schon ist der Großparkplatz mit der Ganzjahresattraktion zu sehen: Dem **Alpseecoaster**. Ohne Fleiß aber kein Preis... Wir fahren mit dem Doppelsessellift zur Bergstation hinauf und lassen es

Deutschlands längste Rodelbahn
Bayerns größter Kletterwald

welchen Schwierigkeitsgrad wählen wir?

zunächst bescheiden angehen. 15 Minuten sind es gerade einmal bis zur **Brotzeitalpe „Obere Kalle"**. Von dort geht es nach einer Stärkung weiter zum Aussichtsgipfel „Eckhalde" hinauf und von dort wieder hinab zur Bärenfalle, der Bergstation. Gleich neben dem Restaurant wartet ein wirklich einzigartiger **Hochseilgarten** mit acht unterschiedlichen Schwierig-

keitsgraden für alle Alters- und Schwierigkeitsstufen (ab 7 Jahren). Insgesamt 7 Parcours mit sage und schreibe 60 Aufgaben wollen bewältigt werden. Eine echte Herausforderung. Eine andere Art der Herausforderung wartet nun mit der **längsten Rodelbahn Deutschlands** auf uns. Die ganzjährig befahrbare Bahn ist 2,8 km lang. Jeweils zu zweit nehmen wir auf den modernen Schlitten platz und drücken den Beschleunigungshebel nach vorne. Und schon gewinnt der Rodel zunehmend an Geschwindigkeit. Über Wellen, Kurven, und Brücken schraubt sich der Schienenstrang zu Tal. Uns kommt es vor, als würde der Spaß gar kein Ende mehr nehmen. Wagemutige sausen in lediglich 4 Minuten den Berg hinunter. Wir Familienduos brauchen da etwas länger. Aber nach maximal 10 Minuten heißt es auch dann leider wieder aussteigen – und vielleicht nochmals hochfahren?! Der Nervenkitzel ist zwar nicht ganz billig, aber nach einhelliger Meinung aller Familienmitglieder und den Mienen der unzähligen „Rennsportler" zu urteilen, voll und ganz seinen Preis wert.

Alle Campingutensilien werden wieder im Womo verstaut und die Reise durchs Allgäu geht weiter. Aber nur wenige Minuten darf unser Diesel arbeiten, bevor er sich im Zentrum **Immenstadts** wieder ausruhen kann. Für längere Aufenthalte und eine Bergtour auf den Mittagberg empfehlen wir den ideal gelegenen Stellplatz:

(050) Offizieller WOMO-Stellplatz: Immenstadt / Viehmarkt

GPS: N 47° 33' 42.2" E 10° 12' 31.4"   **max. WOMOs:** >10.
Ausstattung/Lage: VE/ im Ort, gebührenpflichtig.
Zufahrt: Von Bühl am Alpsee aus kommend vorbei am Kleinen Alpsee bis zum ersten Kreisverkehr, dort rechts ab, beschildert (P3 Viehmarktfeld).

Da aber die Wolken am Himmel nichts Gutes verheißen und die Stellplatzgebühr gleich für einen ganzen Tag zu entrichten ist,

Immenstadt

entschließen wir uns, einen „2 Stunden Parkplatz" in der Nähe der Fußgängerzone zu suchen. Sicherheitshalber nehmen wir schon einmal die Regenschirme mit. Wir schaffen es gerade noch bis zum Herzstück der Stadt, dem Marienplatz mit dem Rathaus und dem Renaissanceschloss. Den bunten Samstagsmarkt wollen wir eigentlich noch näher in Augenschein nehmen, doch der Himmel öffnet seine Pforten und es beginnt aus Putzkübeln zu schütten. Wir verziehen uns unter die riesigen Schirme der nahen Gaststätte und bestellen als Ausgleich ein deftiges Mittagsessen. Petrus hat aber kein Einsehen mit uns. Obwohl wir unsere Teller brav leer gegessen haben, regnet es weiter. Gerade recht, um das Museum in der alten Hofmühle zu besuchen, in der uns die Geschichte der Stadt vom Mittelalter bis zur Gegenwart anschaulich und interessant dargestellt wird. Jetzt lacht auch schon wieder die Sonne vom Himmel und am frühen Nachmittag verlassen wir nun Immenstadt. Vorbei am Bahnhof geht es in Richtung **Sonthofen**, und dann reihen wir uns für ein kurzes Stück auf der vierspurigen **B19** ein. Aber schon bald nehmen wir die Ausfahrt nach Sonthofen und halten uns an den Wegweiser nach **Bad Hindelang B 308** durch die Stadt.

Beim großen Bergsportladen „World of Outdoor" weist ein unscheinbares Schild uns nach links zur **Starzlachklamm**. Leider hat auch hier der Schilderwald Nachwuchs bekommen, und so ist dieser ideale Wanderparkplatz nur noch tagsüber legal zu benutzen.

WOMO-Wanderparkplatz: Starzlachklamm / Winkel

GPS: N 47° 31' 50.0" E 10° 17' 56.0"
Zufahrt: In Winkel nach 200m rechts auf den gebührenpflichtigen, aber sehr billigen Parkplatz.
Sonstiges: Gaststätte nebenan. Womos in der Nacht verboten!

WOMO-Wandertipp: Strazlachklamm

Zunächst geht es einige Minuten auf einer Forststraße bergauf. Doch schon bald lotst uns der Wanderwegweiser nach rechts auf einen Waldpfad. Über zahlreiche Wurzeln hinweg wandern wir wieder etwas bergab direkt zur Starzlach hinab. Ein toller „Wasserspielplatz" wartet dort auf die Kinder. Wir „Alten" packen die Picknickdecke aus und schauen dem Treiben zu. Dann sind es nicht mehr viele Schritte und wir hören schon einen Wasserfall. Der markiert den Eingang zur Klamm. Beim Klammwirt (mit günstiger Einkehrmöglichkeit) bezahlen wir den geringen Obolus und treten in eine andere Welt ein. Wir sind froh, dass wir alle griffiges und festes Schuhwerk anhaben, denn der Pfad ist ziemlich glitschig. Spektakulär hat sich der Wildbach durch den

Fels gefressen und so ein einzigartiges Szenario geschaffen. Doch so plötzlich wie das Schauspiel begann, so plötzlich ist es dann auch wieder vorbei. Unser Weg windet sich (nach links – Beschilderung „Topfen Alpe") in Serpentinen steil den Hang hinauf. Schon weit oben kommen wir an überhängenden Kletterfelsen vorbei, an denen sich spinnenähnlich ein paar wagemutige Freikletterer emporhangeln. Ein kurzes Stück geht es noch weiter aufwärts, doch dann verlassen wir den Bergwald und unser Pfad geht über in

bunt blühende Almmatten. Wer den Grüntengipfel erklimmen will, blickt von hier ziemlich ehrfurchtsvoll nach oben, müssen doch noch etliche Höhenmeter bezwungen werden (Aufstieg ca. 2h). Wir begnügen uns mit dem Erreichten, denn auch so ist der Ausblick auf die Oberstdorfer Bergwelt schon wunderbar. Auf der nahen Alpe rasten wir bei einer deftigen Brotzeit und brechen dann wieder zum Abstieg auf. Wer eine warme Mahlzeit und eine ausgedehntere Speisekarte bevorzugt, der kehrt beim Gasthof „Alpenblick" ein, an dem wir nun vorbeikommen. Gleich daneben befindet sich ein Panoramaparkplatz, der übernachtungstauglich ist (und im Anschluss an diese Wanderung aufgeführt ist).Von hier fährt auch das Erzgrubenbähnle zum Museumsdorf und der Besuchermine, die wirklich empfehlenswert ist, hinauf (geöffnet vom 1.Mai – 9. Nov, täglich von 10-18.00 Uhr, Führungen 12.45 und 14.45 Uhr).

Wir schwenken nach dem Parkplatz links auf den Wanderweg ein, der uns wieder zu unserem Stellplatz in Winkel führt. Kurz geht es nochmals im dunklen Tann bergan, dann aber stetig abwärts. Bald lassen wir das dichte Nadeldach hinter uns und gelangen auf herrliche Almwiesen mit ebenso herrlichen Ausblicken. Rasch verlieren wir an Höhe. Das letzte steile Stück noch hinab (Wanderstöcke dabei ?!!) und wir sind wieder am Ausgangspunkt und unserem Womo angelangt. Jetzt noch ein kühles Weizenbier, einen Cappuccino für meine Frau und zwei Eis für unsere Kinder – das alles gibt's gleich um die Ecke beim Seppl-Wirt.

Rund um den Grünten

(051) WOMO-Wanderparkplatz: Grünten

GPS: N 47° 32' 10.4" E 10° 18' 31.1" **max. WOMOs:** 2-3.
Ausstattung/Lage: Mülleimer, auf Beton inmitten der Berge/ außerorts.
Zufahrt: Von Winkel zur nächsten Ortschaft nach Burgberg weiter, in der Ortsmitte rechts steil hinauf zum Gasthof Alpenblick, beschildert.
Sonstiges: Die Parkplatzgebühr (gering von 7.00-20.00 Uhr) wird beim Verzehr im nahen Gasthof Alpenblick bei Vorlage der Quittung verrechnet.

Unsere Reise setzen wir fort und verlassen Winkel nach rechts. Über Burgberg gelangen wir immer geradeaus weiter nach **Agathazell** und schließlich auf die Hauptstraße, in die wir rechts gen **Kranzegg/ Wertach** einbiegen. Kranzegg ist der touristische Ausgangspunkt für Wintersport am **Grünten**. Mehrere Lifte führen an der Flanke des Berges hinauf. Die vierte Jahreszeit ist uns aber noch fern, und so kurven wir nach dem Ort die Serpentinenstraße empor.

(052) WOMO-Wanderparkplatz: Großer Wald

GPS: N 47° 35' 1.8" E 10° 22' 16.4" **max. WOMOs:** 5.
Ausstattung/Lage: Wald- und Schotterbodenplatz am Waldrand/ außerorts, sehr einsam.
Zufahrt: Nach den Serpentinen rechts im Wald, beschildert.

...der Fuchs kennt den Weg

Mehrere Brotzeitalpen stehen dem Wanderer zur Auswahl. Auch ein schöner Waldspielplatz kann auf einem gemütlichen Spaziergang in einer viertel Stunde von hier aus erreicht werden. Sportlicher eingestellte Wanderer laufen in rund 2 Stunden auf das Wertacher Hörnle hinauf (gut beschildert).

Wir wählen auf Grund unserer gestern durchgeführten Klammwanderung nur die Spielplatzversion. Die reicht uns heute allemal.

In **Wertach** starten wir unser Tagesprogramm heute mit einer alten Handwerkstradition. Gleich nach dem Kreisverkehr, der uns ins Ortszentrum führt, erblicken wir rechts die **Brunnenschnitzerei** von Manfred Gerber. Der fertigt nicht nur schön gearbeitete Holzbrunnen, sondern auch allerlei Figuren und hochwertiges Holzspielzeug. In seinem reichhaltigen Angebot findet fast jeder eine ausgefallene Geschenkidee oder eine nette Erinnerung an seinen Allgäu-Urlaub. Meister Gerber zeigt uns in seiner Werkstadt, wie der Fachmann mit Schlegel und Stemmeisen aus dem Holzrohling ein Kunstwerk entstehen lässt. Dann fahren wir noch ein Stück weiter nach Wertach hinein, sehen zu unserer linken den herausstechenden Gasthof „Olivenbauer" und biegen bald darauf in die Marktstraße ein. Vor der kleinen Grünanlage beim Maibaum [N 47° 36' 14.6" E 10° 24' 41.5"] stellen wir uns auf den Parkplatz und

lassen unser Womoheck weit in den Rasen ragen. Die Wanderschuhe werden wieder geschnürt und auf geht's zum Schießbachtobel.

WOMO-Wandertipp: Schießbachtobel

Am Brunnen vorbei laufen wir die St. Ulrich-Straße hinauf und halten uns an den Wegweiser nach rechts „Panoramaweg". Über saftige Weiden hinweg lassen wir Wertach hinter uns und erreichen nach gut einer viertel Stunde zur Freude unserer Kinder einen Spielplatz (neben dem Campingplatz). Von hier aus startet etwas versteckt der Walderlebnispfad. Über mehrere Stationen schlängelt sich der Pfad durch den Mischwald sanft bergauf. Je nach Wissens- und Experimentierdrang überqueren wir nach spätestens einer halben Stunde eine Straße, der wir nach links ein Stück folgen. Und siehe da - wir entdecken einen tollen Womostellplatz mit fester Grillstation für die Nacht. Doch zunächst wandern wir der Beschilderung folgend am Peterlesbächlein weiter entlang. Idyllisch schlängelt sich der etwas matschige Weg durch dichtes urwaldähnliches Grün aufwärts. Schließlich endet der Pfad beim „Schwäbisch-Allgäuer-Wanderweg". Dem können wir auf der Straße nach rechts zur Elleghöhe mit schönen Ausbli-

cken folgen. Dort lädt der Gasthof „Schwabenstube" zur Rast ein. Schließlich geht es auf dem Teerband über Unterelleg und der Schleifenmühle zurück zu dem Womowanderparkplatz mit Grillstation. Hier folgen wir der Straße weiter und kommen schon bald wieder zu den ersten Häusern von Wertach. Geradeaus weiter laufen wir direkt auf die Pfarrkirche zu. Linkshaltend um diese herum geht es einen kleinen Berg hinab und zu dessen Füßen finden wir die Dorfmetzgerei. Einen Steinwurf entfernt ist in der Marktstraße auch noch eine Bäckerei, und in deren Sichtweite parkt auch schon unser Womo.

Der Familienrat hat beschlossen, dass heute Abend am Stellplatz gegrillt wird. So decken wir uns beim örtlichen Metzger mit Würstchen und Fleisch ein.

(053) WOMO-Wanderparkplatz: Schießbachtobel

GPS: N 47° 36' 32.9'' E 10° 24' 35.3'' **max. WOMOs:** 1-2.
Ausstattung/Lage: Tisch & Bank, feste Grillstation/ außerorts.

Zufahrt: In Wertach zur Kirche hinauf, dann rechts nach Vorderschneid; nur wenige hundert Meter nach dem Ortsende links.

Die letzte Etappe dieser Tour führt uns nun in das von Touristen deutlich mehr frequentierte Nesselwang. Kurz hinter Wertach überqueren wir an der Ampelkreuzung die B 310 und gelangen an die Gestade des nahen **Grüntensees**:

Wertach mit Grüntenblick

> **(054) WOMO-Campingplatz-Tipp: Grüntensee**
> **GPS:** N 47° 36' 37.6" E 10° 26' 45.2"   **Öffnungszeiten:** ganzjährig.
> **Ausstattung/Lage:** Schattig, Laden, Gaststätte, Kinderspielplatz, Fußballwiese, Ver- und Entsorgung.
> **Zufahrt:** Aus Wertach heraus, über die Ampelkreuzung bei der B310, geradeaus weiter gen Nesselwang (Grüntenseestraße), dann kurz nach Seebeginn links, beschildert.
> **Sonstiges:** Rad- und Wanderwege vom Platz weg; Tretbootverleih, auch eigener Wohnmobilstellplatzbereich (günstigerer Tarif).

Der Grüntenseecampingplatz gehört mit zu den landschaftlich am schönsten gelegenen Campingplätzen im ganzen Oberallgäu. Also durchaus wert, einen Zwischenstop hier einzulegen. Wer nicht seine eigenen Fahrräder mitgenommen hat, kann sich am Campingplatz auch ein entsprechendes Gefährt ausleihen und die sanften Hügel rund um den See erstrampeln. Neu eingerichtet wartet nun auch ein offizieller Stellplatz in unmittelbarer Nähe zum Campingplatz auf uns:

> **(055) Offizieller WOMO-Wanderparkplatz: Grüntensee/Buron**
> **GPS:** N 47° 36' 38.1" E 10° 26' 56.1";
> **max. WOMOs:** >10
> **Ausstattung/Lage:** Auf Schotter, VE, Strom, WC, WLAN / außerorts.
> **Zufahrt:** Auf der B309 von Wertach in Richtung Nesselwang nach dem Campingplatz links, gegenüber dem Outdoorcenter für Kinder.

Wir biegen „um die Ecke" herum und sehen das schöne **Nesselwang** schräg unter uns. Ähnlich einer Postkartenidylle liegt der Ort vor einem umwerfenden Panorama. Lediglich die

Alpenglühen

sich ständig dahinwälzende und stinkende Blechkarawane stört diesen Eindruck etwas. Aber ganz so schlimm ist es nun nicht mehr, seit das letzte Teilstück der Nord-Süd-Transversale A7 dem Verkehr übergeben wurde. Des einen Freud, des andern Leid... Sie werden auf der nächsten Tour 5 selber sehen, wie die Autobahn ein Sahnestück Allgäu brutal zerschneidet und verschandelt. Dafür haben aber die geplagten Einwohner von Nesselwang und Umgebung endlich mehr Ruhe und der Kurort wieder sauberere Luft zum Atmen. Das ist eben der Preis unserer Mobilität.

Über eine abwärts geschwungene Rechtskurve gelangen wir in den Ort hinein und biegen bald schon rechts ab der Beschilderung zur **Alpspitzbahn** folgend.

(056) Offizieller WOMO-Wanderparkplatz: Nesselwang

GPS: N 47° 37' 11.6" E 10° 29' 51.9" **max. WOMOs:** 70.
Ausstattung/Lage: VE, Strom, WLAN/Ortsrand; gebührenpflichtig.
Zufahrt: Im Ort beschildert, zu Füßen der Alpspitzbahn.

Unser sehr zentral gelegener Ausgangspunkt animiert uns heute logischerweise erst einmal wieder zu einer Gipfeltour auf den **Edelsberg**.

WOMO-Wandertipp: Edelsberg / Alpspitz

Wir lassen es aber ruhig angehen und schweben mit dem neuerrichteten Sessellift bergan. Die alte Einser-Sesselbahn durfte als Relikt aus vergangenen Tagen, wenn auch nun gekürzt, als Zubringer zur Sommerrodelbahn weiterbestehen. Ausgeruht steigen wir bei der Bergstation aus und wandern in etwas mehr als einer halben Stunde dem Wegweiser folgend zum Gipfelkreuz auf den 1630m hohen Edelsberg hinauf. Im letzten Stück schlängelt sich der Pfad (unproblematisch!) durch das Felsgestein hindurch.

Wer möchte kann auch nach dem kurzen gemeinsamen Aufstieg (von der Bergstation weg) links ausscheren zu der etwas weiter entfernt liegenderen Alpspitze. Die ist aber 54m niedriger als das von uns angestrebte Pendant. Nach der Gipfelrast mit dem einmaligen Rundumblick wandern wir wieder zu Bergstation zurück, laufen aber an dieser vorbei und folgen dem Wegweiser zur Kappeler Alpe. Dorthin geht es auf breit angelegten Forstwegen stetig bergab. Auf der Alm wartet auf uns eine leckere Buttermilch – unbedingt probieren!

Hinter dem Gebäude stapfen wir dem Wegweiser folgend auf dem Pfad zur barocken Wallfahrtskirche Maria Trost. Jetzt erst merken wir, dass wir doch recht hoch oben waren, denn unser Weg zieht sich in die Länge. Schon seit geraumer Zeit tragen wir unsere Kinder Huckepack, als wir beim Kirchlein ankommen. Das Brunnengeplätschere weckt aber wieder Lebensgeister. Und nach einer wohlverdienten Rast geht es über den Kreuzweg hinab ins Tal zu unserer Behausung zurück. Mit mehreren Rasten und Schauen haben wir seit der Bergstation 3 Stunden gebraucht.

„Was, schon wieder laufen?" protestieren unsere Kinder. Doch wir können sie beruhigen, denn diesmal sind es weniger als eine viertel Stunde gemütlichen Spazierens zum nahen **Alpspitz-Bade-Center**. Whirlpool, Wildwasser, Strömungskanal, Sauna u.v.m. sorgen für Erholung und Abwechslung (Weg durch das Ortszentrum ist ausgeschildert bzw. kann auf der Infotafel am Womostellplatz entnommen werden).

Was wäre Bayern ohne sein Bier? Das können Bierliebhaber und die, die es vielleicht noch werden, hier in Nesselwang herausfinden und testen: Der Ort bietet da nämlich einiges. Neben gepflegter Gastlichkeit in urigen Schänken kann in der Postbrauerei das **Brauereimuseum** besucht werden: Dort erfahren Sie alles, wie aus den Naturprodukten Hopfen, Malz und Wasser ein köstliches Getränk gebraut wird - und das nach dem weltweit bekannten bayerischen Reinheitsgebot aus dem Jahre 1516. Wem das immer noch nicht reicht, nimmt an einem Bierseminar teil. Sogar ein eigener Bierwanderweg ist extra angelegt worden.

Übrigens eine prima Gelegenheit, den Womokühlschrank entsprechend zu bestücken oder ein paar Flaschen als Geschenk für die Verwandtschaft zu erstehen ?!

Nesselwang

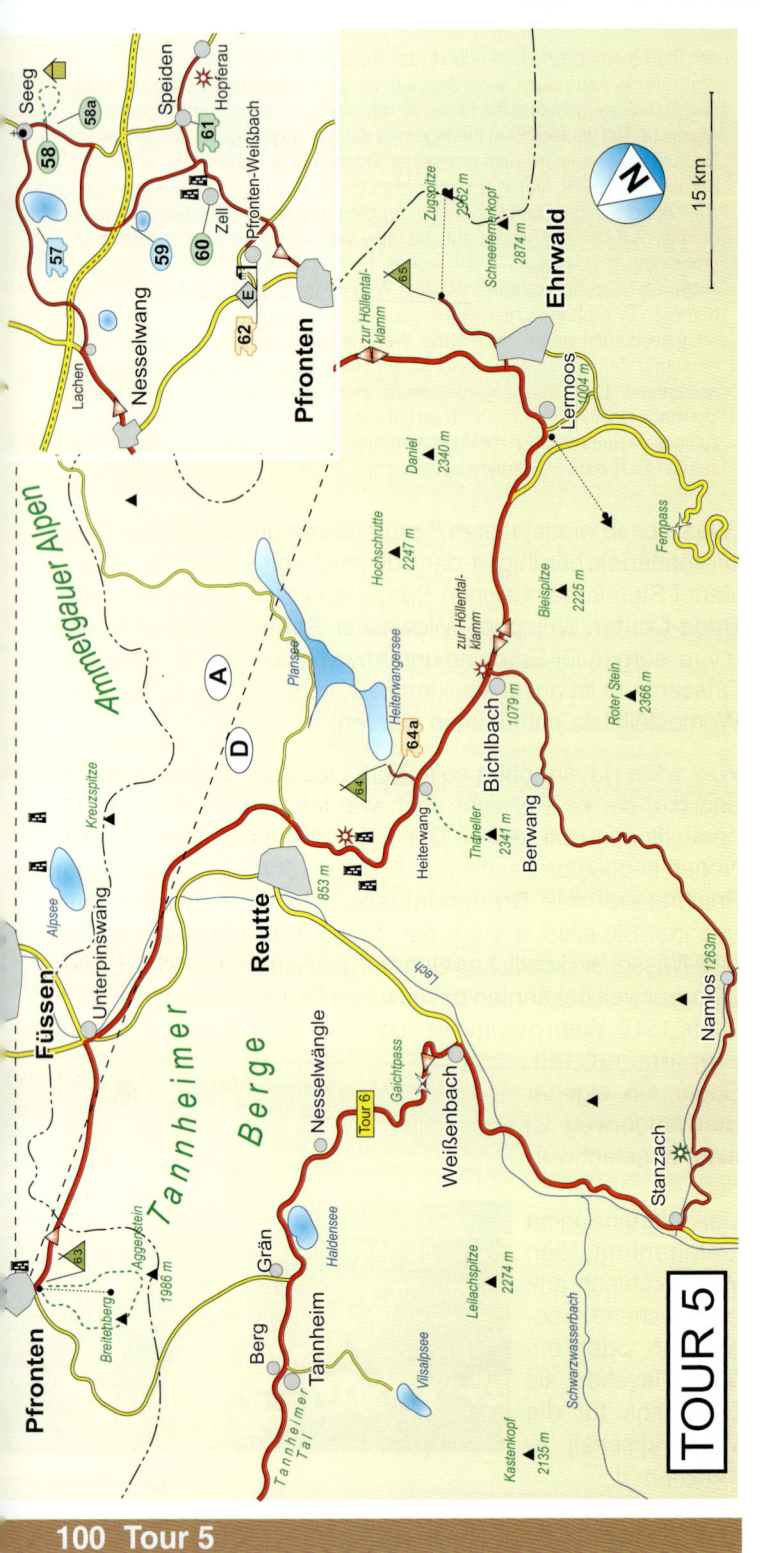

TOUR 5 (ca. 150 km / 4-5 Tage)

Seeg – Pfronten – Reutte – Ehrwahl – Berwang
Namlos – Stanzach - Lechtal

Offizielle Stellplätze:	Hopferau, Pfronten, Heiterwang
Freie Übernachtung:	Seeg, Zell
Campingplätze:	Heiderwanger See, Ehrwald, Lechtal
Ver-/Entsorgung:	Hopferau, Pfronten, Heiterwang
Baden:	Kögelweiher, Heiderwanger See, Bichlbach
Kultur:	Pfarrkirche Seeg, Pfronten
Aktivitäten:	Wandern zu den Ruinen Eisenstein und Hohenfreyberg, Wandern Pfronten, Wandern Reute, Besuch der Ruine Ehrenberg, Highline 179, Bergtour auf den Thaneller, Zugspitzbahn Garmisch mit Höllentalklamm, Kletterwald Bichlbach, Rollerfahren Bichlbach, Wandern Namlos, Wandern Lechtal
Essen:	Münchner Haus Zugspitze, Panoramarestaurant Zugspitze; Gaststätten in Namlos

Wir kehren unserem Alpspitz-Stellplatz in **Nesselwang** den Rücken und biegen im Ort rechts in die Hauptstraße ein, die wir aber gleich darauf wieder nach links verlassen.
Am **ABC-Bad** vorbei führt die Straße in Richtung **Marktoberdorf**. Im Weiler **Lachen** blinken wir nach rechts und kommen so auf die Strecke nach **Seeg**. Über saftig grüne Wiesen gleitet

Attlesee

Gipfelerlebnisse 101

unser Blick zum **Attlesee** hinab. Kurz nach dem Attlesee unterqueren wir die A7 weiter gen Seeg und erreich vor der Gemeinde wieder ein Badeparadies samt schönem Stellplatz:

(057) Offizieller WOMO-Badeplatz: Schwaltenweiher

GPS: N 47° 39' 3.5" E 10° 34' 40.3"   **max. WOMOs:** 10.
Ausstattung/Lage: Mülleimer / außerorts, in der Hauptsaison gebührenpflichtig.
Zufahrt: Rechts ab zum Schwaltenweiher, beschildert; vor dem Badeparkplatz links auf den Stellplatz. Gebühr.
Sonstiges: In der Hochsaison kostet der Zugang zur Liegewiese einen geringen Eintrittspreis. Mit Gaststätte.

Blick auf Seeg

Heute hat unser Womo frei und wir genießen die Annehmlichkeiten des Strandbades beim **Schwaltenweiher**. Den Kindern gefällt besonders das Restaurant, gibt es dort doch Eis...
Am nächsten Tag rollen wir weiter vor nach **Seeg** und erblicken oben am Hang die mausgraue Kirche. Dort hinauf wollen wir, denn der Schein trügt gewaltig.
Die Pfarrkirche St. Ulrich, die auch die „Kleine Wieskirche" genannt wird, zeigt uns Rokoko-Stil in Vollendung. Sie wurde vom Baumeister Johann Jakob Herkomer (1652-1717) entworfen, der auch die St. Mang Kirche in Füssen baute. Herkomer war der Lehrer des Dominikus Zimmermanns.

Die „Kleine Wieskirche" in Seeg

Stuck und Fresken in verschwenderischer Hülle und Fülle – wohin das Auge auch blickt. Die Gemeinde Seeg wirbt zurecht mit dem Spruch „Dem Himmel ein Stück näher". Apropos Himmel. Die Verstorbenen werden hier auf dem im Allgäu schönsten Terrassenfriedhof zur letzten Ruhe gebettet. Sehenswert! Seeg hat aber noch mehr zu bieten. Das Dorf hat sich seit einiger Zeit den Bienen verschrieben.

Zentraler Ausgangspunkt der Bienenerkundung ist das Bienenhaus mit dem Honigbären, gegenüber dem ehemaligen Dorfschulhaus (sehenswertes Heimatmuseum, Sonntags geöffnet) kurz vor dem Dorfende. Dort wird uns gezeigt, in welchen Wohnungen Bienen leben. Das heißt bei den Imkern die „Beute". Ein kleiner Laden nebenan verkauft Honig und noch andere wertvolle Bienenprodukte. Dort wird uns auch gezeigt, wie Honig

Gipfelerlebnisse 103

geerntet, geschleudert und schließlich abgefüllt wird. Eine ganz schön aufwändige Arbeit. Nichts aber im Vergleich zur Arbeit der Bienen - oder hätten Sie gewusst, dass für 1 kg Blütenhonig der Nektar von mindestens drei Millionen Blüten gesammelt werden muss. Und dabei legen die Tierchen eine Flugstrecke zurück, die dem sechsfachen der Erdumrundung

so wird Honig verarbeitet...

entspricht! Das und noch vieles mehr erfahren wir auf dem kurzweiligen Bienenlehrpfad, der beim Blumengeschäft Lotter in der Dorfmitte beginnt. Auch an die Kinder ist gedacht. Spielerisch wird unserer Familie die immense Arbeitsleistung und Fähigkeit der Immen nähergebracht. Auch eine kleine Kneippanlage nebst einem tollen Spielplatz sorgt für Abkühlung und Abwechslung.

Jetzt wird es aber wieder einmal Zeit, unseren Wanderstiefeln Auslauf zu verschaffen. Wir kehren zur Hauptstraße zurück und rollen noch ein paar Meter in Richtung Füssen / Pfronten weiter. Dann lotst uns der Wegweiser nach links zum Sportplatz und weiter zur **Alpe Beichelstein**.

(058) WOMO-Wanderparkplatz: Seeg / Sportplatz

GPS: N 47° 38' 51.6" E 10° 36' 58.3"   **max. WOMOs:** 2-3.
Ausstattung/Lage: Schotterplatz im Grünen/ außerorts.
Zufahrt: In Seeg von der Hauptstraße links ab in den Senkeleweg bis zum Sportplatz. Große Womos parken für die Wanderung hier.

Vom Sportplatz kurven wir auf dem womobreiten „Senkeleweg" über die Wiesen leicht bergan an zum Einödhof Brandstatt. Wenige Meter nach dem Einödhof parken wir dann unser Womo. Auf dem Programm steht wieder eine Panoramawanderung.

(058a) WOMO-Wanderparkplatz: Alpe Beichelstein

GPS: N 47° 37' 57.2" E 10° 36' 57.3"   **max. WOMOs:** 1-2.
Ausstattung/Lage: Schotterplatz/ außerorts.
Zufahrt: Vom Sportplatz (058) weiter zum Einödhof Brandstatt, dort gegenüber.
Sonstiges: Tipp: Nur zeitig am Morgen bzw. am Abend ist für Womos Parkraum zu ergattern!

Über einen Wirtschaftsweg wandern wir durch den schattigen Wald mäßig steil bergauf. Kurz nach dem Hof Goimenen weicht der Wald zurück und gibt eine herrliche Bergkulisse frei. Doch lohnt es sich, auch den Blick nach links auf die schafbeweideten Magerwiesen zu richten. Seltene Blumenarten, vom Knabenkraut bis zum Enzian geben sich hier ein Stelldichein. Nach gut 50 Minuten Gehzeit erreichen wir eine Weggabelung, der wir nach rechts folgen.

Vorbei an der Schautafel, die uns über die Namen der zahlreichen Gipfel am Horizont Auskunft gibt, erreichen wir 5 Minuten später die Alpe Beichelstein. Gott sei Dank hat der Wirt eine genügend große Terrasse errichtet, denn sonst hätten die ganzen Wanderer heute ein Platzproblem. Bei einer Brotzeit oder bei Café und Kuchen lässt sich das Panorama bestens genießen. Kinder findet man auf der Holzterrasse kaum, denn die haben sich nebenan bei den Streichelhasen und dem Sandelplatz versammelt. Wiederum andere Buben und Mädchen rennen freudestrahlend hinter den Ziegenmamas mit ihrem Nachwuchs her.

Dann geht es auf gleichem Wege wieder zurück zum Womo. Konditionsstarke wandern bei der Weggabelung (nach der Panoramaschautafel) rechts weiter auf dem Weg 14, später Nr.12 rund um den Senkelekopf.

Panoramaweg zur Alpe Beichelstein

Verschwitzt wie wir sind, brauchen wir jetzt noch eine Abkühlung. Also auf zum Stellplatzwechsel. Wir kurven zurück in Richtung Seeg / Sportplatz und scheren dann wieder auf die Hauptstraße links nach Füssen ein. Im Weiler Enzenstetten biegen wir rechts ab, fahren einige hundert Meter weiter bis zur nächsten Kreuzung und biegen dort links ab nach Ober- und Unterreuthen. Kurz darauf müssen wir schon wieder links abbiegen und folgen dem Schild „Schweinegg Hollen Schwarzenbach". Auf der z.T etwas schmalen, aber problemlos zu befahrenden Straße kommen wir nach einigem auf und ab zum idyllisch am Waldrand gelegenen **Kögelweiher**.

(059) WOMO-Badeplatz: Kögelweiher

GPS: N 47° 37' 16.2" E 10° 33' 7.6" **max. WOMOs:** 1-2.
Ausstattung/Lage: Betonplatz am Weiderand/ außerorts.
Zufahrt: Wie im Text beschrieben; Parkplatz am Straßenrand der kaum befahrenen Straße; gegenüber dem See.
Sonstiges: Nicht geeignet für Womos über 7m Länge; schräg einparken!

Zwar müssen wir etwas laufen, um zu der Liegewiese zu gelangen, doch scheint das Gewässer noch ein echter Geheimtipp zu sein. Um den Kögelweiher führt ein malerischer Waldweg und über Wiesen gelangt der Spaziergänger zum nahen Attlesee (beschildert - Bild am Anfang dieser Tour).

Was wäre ein Urlaub ohne echte Ritterburgen? Die wollen wir nun auf Schusters Rappen erobern. Dazu verlassen wir frisch ausgeschlafen unseren Übernachtungsplatz, und biegen mit dem Womo im Wald beim Kögelweiher links ab nach **Zell** zu den **Ruinen Eisenberg und Hohen-Freyberg** (linkshaltend über die Weiler Oberdolden und Hummel).

(060) WOMO-Wanderparkplatz: Zell

GPS: N 47° 36' 10.8" E 10° 35' 19.9" **max. WOMOs:** 2-3.
Ausstattung/Lage: Betonplatz/ im Ort.
Zufahrt: Wie beschrieben, durch den Ort Zell geradeaus hindurch, vor der Durchgangsstraße links.

Hier könnte man durchaus parken und nächtigen, wir entscheiden uns aber, noch ein paar Kilometer in Richtung Osten nach Speiden zu fahren und unsere Wanderung mit einem kulturellen Kleinod zu beginnen.

WOMO-Wandertipp: Ruinen Eisenberg und Hohen-Freyberg

Die Wallfahrtskirche Maria Hilf mit ausladendem Rokokofresken wird besucht. Dann spazieren wir nach Eisenberg. Dort beginnt der beschilderte Wanderpfad vom PKW-Parkplatz und leitet uns über Wiesen zum Wald hinauf. Dort führt der Karrenweg steil bergan und wir erreichen nach einigem Schweißvergießen die Schlossbergalm, bei der sich königlich tafeln lässt. Königlich, da das Panorama wahrhaft wie für gekrönte Häupter geschaffen scheint.
(Wer von Zell aufsteigt, folgt dem PKW-Fahrweg zur Alm). Anschließend zweigt der Wanderpfad gleich hinter der Alm links ab zu den Ruinen. Auf zwei Hügelkuppen verteilt thronen die Burgen.
Hohen-Freyberg gefällt uns fast besser – hat man von hier doch die Ruine Eisenstein vor einem malerischen Bergpanorama vor sich. Zum Womo kann, wer will, direkt zwischen den zwei Wehranlagen am Waldrand hinab nach Zell absteigen.

(061) Offizieller WOMO-Stellplatz: Beim Sepp

GPS: N 47° 36' 28" E 10° 38' 29" **max. WOMOs:** 8.
Ausstattung/Lage: VE, Strom/ Ortsrand.
Zufahrt: Von Eisenberg nach Hopferau, am Ortsende links am gen Hopfensee. Gleich darauf ausgeschildert rechts.
Sonstiges: Auch von hier Wanderung zu den Ruinen möglich; Fahrradtour zum Hopfensee oder Besuch der Sennerei Lehern. Im Winter ideales Langlaufgebiet

Burg Hohenfreyberg mit Blick auf Ruine Eisenstein

Als nächstes Ziel wollen wir die **Sennerei Lehern** besuchen. Wir fahren dazu von Eisenberg in Richtung Osten, biegen an der Kreuzung rechts ab nach Hopferau, durchfahren den Ort und sehen schon kurz darauf rechts das Gebäude der Käserei [N 47° 36' 19.2" E 10° 38' 26.1"]. Dort werden in der Sommerzeit (April- Oktober) jeden Montag, Mittwoch, Freitag und Samstag Führungen durch den Betrieb angeboten. Von diesem Angebot machen wir Gebrauch und erfahren so, wie die Rohmilch durch

Große Käseauswahl in der Sennerei Lehern

handwerkliches Können zum Edelprodukt Käse verarbeitet wird. An der Käsetheke stehen wir anschließend vor der Qual der Wahl aus unzählig verschiedenen und wohlklingenden Sorten wie z.B. Schlotfeger, Rotweinkäse, Alpenglühn, Bierkäse u.v.m. den richtigen zu finden. Aber probieren ist erlaubt und auch erwünscht - macht aber die Sache nicht gerade einfacher... Empfehlenswert ist auch die Sauerrahmbutter. Sogar von zu Hause aus können Sie online Ihren Urlaubskäse nachbestellen: www.sennerei-lehern.de

Unsere Kinder sind aber dem Thema Burgen und Ritter noch immer verhaftet. Da passt es prima, dass wir nun nach **Pfronten** kommen. Wir kehren zurück nach Eisenberg und Zell. Dann sind es nur noch ein paar Kilometer dorthin. Am Kreisel vor dem aus mehreren Ortsteilen bestehenden „Dorf", fahren wir geradeaus, den Berg hinab und folgen der abknickenden Vorfahrt nach rechts. Beim kurz darauffolgenden Parkplatz des Getränkemarktes parken wir unser Womo, laufen über die Wiese und gelangen zur hellen Freude unserer Kinder auf einen Spielplatz mit dem Thema Burgen und Ritter. Ein ganz großes Lob muss hier an dieser Stelle der Gemeindeverwaltung ausgesprochen werden. Selten haben wir einen derart netten und für Kinder erlebnisreichen Spielplatz gefunden. Weiter geht es nun ins Ortszentrum. Dazu laufen wir an der Hauptstraße die

Ritterspielplatz

paar Schritte vor bis zum beschrankten Bahnübergang und folgen links ab parallel der Bahn weiter. Nach der Brücke über einen Fluss überqueren wir die Bahngleise und spazieren rechts ab auf dem Fußweg zum Kurpark. 15 Minuten später sind wir bei den Gartenanlagen des Kurparks. Kneippbecken, ein Café und zahlreiche Sitzgelegenheiten laden zum Verweilen ein. In der Hochsaison spielt an Wochenenden sogar ein Kurorchester auf.

Familien laufen noch ein paar Minuten weiter zur Eissporthalle. Dahinter verbirgt sich nochmals ein einzigartiger **Themenspielplatz**: Piraten. Zum Übernachten suchen wir den großen Stellplatz in Pfronten Weißbach auf:

(062) Offizieller WOMO-Stellplatz: Pfronten-Weißbach

GPS: N 47° 35' 54.6" E 10° 33' 8"
max. WOMOs: 30.
Ausstattung/Lage: VE, Strom, WC, Dusche, WLAN, Gasflaschenservice, Brötchenservice/ im Ort; gebührenpflichtig.
Zufahrt: Auf der B310 nach Pfronten Weißbach, im Ort auf die B309 Kemptener Straße, dann am Ortsende rechts, beschildert (Straße „Am Wiesele"). Gebührenpflichtig.

Am nächsten Tag fahren wir wieder vor zu unserem Burgenspielplatz und starten von dort eine interessante Rundwanderung durchs Moor.

WOMO-Wandertipp: Moor-und Streuwiesenpfad Berger Moos (1h ohne Steigungen)

Wir spazieren an der Hauptstraße vor in Richtung V-Markt, kommen an einer unwiderstehlichen Eisdiele vorbei, und erreichen bald schon gegenüber dem Supermarkt den Schotterweg (beschilderter Rundweg, 2,5km lang) ins Moor. Über mehrere Stationen geht es durch das ökologisch wertvolle Feuchtgebiet. Wussten Sie, dass Moore nicht nur vielen vom aussterben bedrohten Tier- und Pflanzenarten eine einzigartige Heimat bieten, sondern dass sie auch wichtige CO_2-Speicher sind? Deswegen geben sich immer mehr Allgäuer Gemeinden große Mühe beim Renaturieren und Erhalten dieser Naturschutzgebiete. Vom Aussichtsturm haben wir dann einen Ausblick über das Feuchtgebiet und können dessen Ausmaße erkennen. Besonders der letzte Wegteil ist verträumt. Wir fühlen uns wie im Trolland und wandeln über federnde Wiesenbüschel durch den Wald.

Pfronten

Für den Nachmittag entscheiden wir uns, zum nahen **Alpenbad** hinaufzukurven. Das hat ganzjährig geöffnet und befindet sich nur wenige hundert Meter ostwärts oberhalb Pfrontens (beschildert). Neben dem Hallenbad wartet auch ein Außenbecken mit heißem Wasser und tollen Ausblicken auf uns.

Eigentlich ließen sich noch viele schöne Wandertage in Pfronten verbringen. Deswegen erwähnen wir für entsprechend Interessierte hier noch zwei landschaftlich sehr lohnende **Wandertipps**:

Zur Burgruine Falkenstein

Ruine Falkenstein

Am oberen Kreisverkehr in Pfronten (von Zell kommend) führt die Stichstraße zum Großparkplatz im Wald zu Füßen des Manzenbergs. Von dort führ der markierte Weg über Feld und Wald hinauf zu Deutschlands höchster Burgruine auf 1277m. Im Jahre 1270 wurde sie erbaut und sollte nach den Plänen König Ludwig II. einem noch imposanteren Schloss als Neuschwanstein weichen. Finanzielle Engpässe und schließlich der frühe Tod des Bayernkini machten den Plänen schnell ein Ende.

Wer den schweißtreibenden Aufstieg gemeistert hat wird mit einem herrlichen Rundumblick belohnt und kann in der Burggaststätte neben der Ruine einkehren.

Auf den Pfrontener Hausberg, den Breitenberg

Mit der Kabinenbahn oder auch zu Fuß geht es zur Bergstation hinauf. Von dort sind noch gut 400m Höhenmeter zu bezwingen, wer zur Ostlerhütte auf den 1821m hohen Breitenberggipfel hinauf möchte. Weniger anstrengend ist die Bergabwanderung in Richtung Aggenstein zur Diensthütte und von dort auf beschilderten Pfad hinab zur Reichenbachklamm (wunderschön, aber

z.T. glitschig). Am Ende der Schlucht geht es über Wiesen sanft zum Parkplatz an der Talstation zurück. Berggewohnten und ausdauernden Gehern empfehlen wir noch den Aufstieg auf den 1986m hohen Aggenstein. Im Gipfelbereich wartet dort sogar ein kurzer, aber einfacher Klettersteig auf den Gipfelstürmer.

Als Ausgangspunkt für Wander- und Bergtouren rund um den Breitenberg empfiehlt es sich, auf dem Campingplatz in Steinwurfnähe der Breitenbergbahn sein Quartier zu beziehen:

(063) WOMO-Campingplatz-Tipp: Pfronten

GPS: N 47° 33' 47.3" E 10° 34' 43.2"
offen: Mai-Sept.
Ausstattung/Lage: Schatten; Gaststätte; Ver- und Entsorgung; nächster Ort: 500 m.
Zufahrt: Kurz nach der Breitenbergbahn in Richtung Österreich rechts.

Pfronten Dorf

Viehscheid in Pfronten

Pfronten hat aber noch etwas ganz besonderes zu bieten. Ein nicht nur für Außenstehende wunderschönes Ereignis ist der zu Beginn des Septembers alljährlich stattfindende **Almabtrieb**. Mehr als 400 Rinder mit den voranschreitenden sog. Kranzkühen werden nach dem 100-tägigen Sommeraufenthalt von den 7 Pfrontner Almen wieder ins Tal getrieben. Auf dem Scheidplatz übergeben die Alphirten die Tiere dann wieder ihren Besitzern Vor allem auf den letzten Kilometern wird das Vieh von vielen Schaulustigen begleitet. Alle Kühe tragen ihre schweren Schellen (Kuhglocken), die Hirten haben ihr bestes Feiertagsgewand an, und auf dem Festplatz wird dann zum Abschluss mit Blasmusik und Bier kräftig gefeiert. Spätestens hier erfahren nichtbayerische Womourlauber, dass der Gerstensaft im 1l Krug ausgeschenkt wird (und meist zügig in den Bäuchen wieder verschwindet...).
Auch in den anderen Orten wie Nesselwang, Wertach u.a. feiert man ausgelassen dieses Ereignis. Im Internet werden die jeweiligen Termine rechtzeitig angekündigt.

Nun wechseln wir auf die österreichische Seite des Allgäus über. Die ehemalige Grenzstation ist in unmittelbarer Nähe und so befinden wir uns schnell in Tirol. Das hat leider unter allen Bundesländern eine unangenehme Besonderheit zu bieten: Das Parken und Übernachten im Womo ist außerhalb der Campingplätze bzw. privater Parkplätze streng verboten, wird überwacht und rigoros bestraft. D.h. für uns, dass wir gezwungenermaßen eben auf dem Campingplatz unser Nachtquartier aufschlagen müssen. Dafür sind als Entschädigung die Plätze, die wir gefunden haben, aber auch ausnehmend schön!

Wir zuckeln über Vils, erreichen bald schon die Umgehungsstraße auf die wir überwechseln (mautfrei), und lassen so Reutte rechts liegen, das nur wenig zu bieten hat. Unser Topziel für heute liegt hoch über **Reutte** bereits in Sichtweise vor

Kanonenkugeln auf Ehrenberg

uns: Die **Festung Ehrenberg**. Doch schon erspähen unsere Kinder und wir ein Bauwerk, das unsere Blicke weit mehr gefangen nimmt als die altehrwürdigen Gemäuer: die highline 179: Ein Fußgängerhängebrücke, die sich über das ganze Tal spannt! Doch dazu gleich mehr.

Erst einmal folgen wir den Schildern zur Festung Ehrenberg auf den gebührenpflichtigen Großparkplatz und laufen dann vor zum Ehrenbergmuseum. Mit der Geschichte von Heinrich und Maria tauchen wir in das 14. Jahrhundert der Ritter ein. Die Kinder werden vom Ritter Rüdiger durch die interessanten Stationen des Museums geleitet. Groß ist das Gelächter, als wir uns Kettenhemd anlegen, Helm aufsetzen und zum Schwerte greifen. Auch die Schuhe von damals sind nicht nur in den Augen unserer Kinder nur all zu komisch zu tragen und anzusehen. Dann geht es mit Ritter Rüdiger durch den Zauberwald hinauf zur eigentlichen Festung. Der Aufstieg wird zur Freude des Nachwuchses immer wieder durch Schatzsuchaufgaben

highline 179

Gipfelerlebnisse 113

Festung Ehrenberg

unterbrochen. Wer alle Aufgaben gelöst hat, bekommt eine kleine Überraschung, wenn er wieder unten im Museum angelangt ist. Nach gut 30 Minuten (mit „Schatzsuchunterbrechungen") sind wir endlich in der mächtigen Ruine auf gut 1100m Höhe angelangt. Der Eintritt ist frei. So genießen wir einen wundervollen Rundumblick, der aber immer wieder zu der imposanten **Hängebrücke** abschweift. Und da geht es jetzt rüber!

„Was für Pisa der schiefe Turm, für Wien der Stephansdom und für Berlin das Brandenburger Tor, ist für Reutte die highline 179, längste Tibet

Style Hängebrücke der Welt". So wirbt völlig zu recht der Flyer für dieses Wunderwerk moderner Brückenbaukunst. Die ganzjährig begehbare Brücke kann mit Rekorddaten aufwarten:
- 406 Meter lang
- 70 Tonnen Eigengewicht
- 500 Menschen können die Brücke maximal betreten

Und das ist ein Weltrekord, der ins Guiness Buch Eingang fand! Klar, dass so ein Bauwerk auch finanziert sein will (Tickets im Museum erhältlich). Die ersten paar Meter sind noch harmlos, doch dann fängt das Ding

zu wackeln an „wie ein Kuhschwanz", so würde der Allgäuer sagen. Uns wird mulmig zumute, arg tief schweift der Blick ins Bodenlose. Viele halten die Trosse fest umklammert und laufen mit wackeligen Knien auf die rettende andere Seite. Aber das Erlebnis ist schon einmalig - Indiana Jones lässt grüßen!

Voller aufwühlender Eindrücke kehren wir zum Womo zurück und brauchen eigentlich nur noch einen Übernachtungsplatz für heute. Der ist Gott sei Dank nur ein paar Autominuten entfernt. Wir folgen der Fernpassroute weiter und scheren dann rechts aus gen Heiterwang.

(064) WOMO-Campingplatz-Tipp: Fischer am See

GPS: N 47° 27' 20.7" E 10° 45' 33.2"
offen: ganzjährig.
Ausstattung/Lage: schattig; Liegewiese, Restaurant; Ver- und Entsorgung; außerorts. www.camping-heiterwangersee.at; Tel: +43/5674/5116
Zufahrt: Am Ortsende von Heiterwang links ab zum Heiterwanger See, beschildert. Dort am Ende der Straße Durchfahrt für Campinggäste erlaubt.

Ein toller Campingplatz in idyllischer Umgebung direkt am **Heiterwanger See** wartet auf uns. Genauso idyllisch liegt aber auch der Womoplatz, eingebettet in blühenden Wiesen:

(064a) Offizieller WOMO-Stellplatz: Ferienhof Sunnawirt

GPS: N 47° 26' 60" E 10° 44' 54" **max. WOMOs:** 20.
Ausstattung/Lage: VE, Strom, WC, WLAN, Restaurant, Grillstelle, Brötchenservice/ Ortsrand; gebührenpflichtig.
Zufahrt: In Heiterwang wie 064 zum See, zuvor aber links ab, beschildert.

Bootstour auf dem Heiterwanger See

Hier beschließen wir etwas länger zu bleiben und dem Nomadentrieb einhalt zu bieten. Der kühle See ist gerade recht bei schweißtreibenden Temperaturen. Auch ein Schiff lädt zur Seeerkundung ein, der aber genaussogut mit den Rädern umrundet werden kann! Für fitte Wanderer sei eine Bergtour auf den **Thaneller** empfohlen, den man vom Stellplatz aus majestätisch vor sich im Blick hat.

Womo- Wandertipp:
Thaneller 2341m

Die Bergtour auf den Thaneller startet vom Parkplatz hinter der Fernpassroute bei Heiterwang. Dazu wird die Bundesstraße unterquert und schon taucht der Wanderparkplatz am Karlift auf. Von dort geht es über Bergmischwald (Riezler Steig) zum Fels hinauf. Ausdauer und Trittsicherheit sind hier erforderlich. Nach rund 3,5 Stunden ist der Gipfel erreicht und belohnt mit einem Panoramablick.

DER Berg ruft, der höchste Deutschlands - die **Zugspitze**! Wir nähern uns ihr von der österreichischen Seite, da diese im Gegensatz zu ihrem Pendant mehr zu bieten hat. Kurz vor dem Leermoser Tunnel verlassen wir die Bundesstraße, durchqueren den gemütlichen Ort Leermoos und folgen der Beschilderung nach **Ehrwald** zur **Zugspitzbahn**. Dort zu Füßen der Talstation befindet sich unser Campingplatz für 3 Tage:

Tiroler Zugspitzbahn - ein ganz besonderes Gipfelerlebnis!

(065) WOMO-Campingplatz-Tipp:
Tiroler Zugspitz Comfort Camping

GPS: N 47° 25' 37.9'' E 10° 56' 27.8' **offen:** ganzjährig.
Ausstattung/Lage: schattig; Gaststätte; Bäderhaus; Ver- und Entsorgung; Kinderspielplatz mit Wasserpark; Minishop; im Winter direkter Zugang zu den Loipen und Zugang zum Gletscher-Skigebiet ab Ende November.
Zufahrt: In Ehrwald der Beschilderung zur Tiroler Zugspitzbahn folgen.

Nachdem unser Womo auf einem der idyllischen Plätze abgestellt wurde, geht es auch schon vor zum Kassenhäuschen der

Zugspitzbahn. Gerade schwebt eine der modernen Großraumgondeln herab. Das ist übrigend einer der Gründe für die österreichische Version der Zugspitzerkundung. Die deutsche Seite kann leider nur mit einer ziemlich alten Seilbahn aufwarten (die aber demnächst erneuert werden soll).
Dichtgedrängt stehen wir in der ausladenden Kabine, haben aber dank der Panoramaverglasung wunderbare Blicke auf die Bergwelt. Und die wird immer atemberaubender, je höher uns die Gondel bringt. Schon taucht der gigantische Felsbereich vor uns auf, in dem wir ein paar Kletterer entdecken, die in der Zugspitzwand wie Ameisen gleich aussehen. Ein letzter Stütz-

pfeiler wird überfahren und dann sind wir nach gut 7 Minuten des Schwebens auf der Bergstation angelangt. Hatten wir im Tal noch über 30 Grad Hitze, sind es hier oben schattige 12 Grad. Gut dass wir unsere Westen eingepackt haben!
Auf der Panoramaaussichtsplattform schweift unser Blick über 4 Länder und unzählige, z.T. gletscherbesetzte Gipfel hinweg. Wir wechseln am ehemaligen Zollhäuschen auf die deutsche Zugspitzseite hinüber, auf der auch das eigentliche Gipfelkreuz thront. Golden leuchtet es und belohnt die Kletterer, die den 2962m hohen Riesen bezwungen haben. Uns reicht völlig der erhabene Blick auf dieses Schauspiel, das sich auch bei einem deftigen Mittagessen vom Biertisch des Münchner Hauses aus genießen lässt. Immerhin Deutschlands höchste Gaststätte!
Bei kühlem oder schlechtem Wetter wäre auch das Panorama-Gipfelrestaurant auf österreichischer Seite lohnenswert.
Eigentlich können wir gar nicht genug bekommen vom Ausblick. Nur schweren Herzens lösen wir uns davon und besuchen das Erlebnismuseum „Faszination Zugspitze", das im Ticketpreis enthalten ist. Hier wird uns die bewegte Geschichte und die technischen Daten der Zugspitzbahn in multimedialer Art und Weise näher gebracht. Aber auch schon die Zahlen alleine sind respektheischend:

> 1924 wurde das Zugspitzbahnprojekt angegangen und nach nur 14 Monaten Bauzeit konnte die Seilbahn eingeweiht werden. Damals betrug die Fahrzeit mit der 19 Gäste fassenden Gondel noch 18 Minuten. Heute wird die 3,6km lange Strecke mit einer Geschwindigkeit von 10m/sec und 3 Stützpfeilern bewältigt. Pro Stunde können somit bis zu 730 Personen befördert werden.

Am Abend genießen wir, vor dem Womo sitzend, den Blick hinauf zur Zugspitze. Die wird noch von den letzten Sonnenstrahlen des Tages gestreichelt, während wir uns schon in der Dämmerung befinden.
Da wir uns nun einmal schon ganz in der Nähe von **Garmisch Partenkirchen** befinden, beschließen wir am nächsten Tag noch die **Höllentalklamm** zu besuchen. Der Abstecher ist absolut lohnenswert.

WOMO-Wandertipp: Höllentalklamm

Wir fahren über die Grenze nach Deutschland vor nach Garmisch. Kurz vor dem Ort weißt uns ein Schild nach Hammersbach. Dort parken wir auf dem ersten (!) Parkplatz (der zweite Parkplatz ist zu eng für Womos). In gut 1,5 Stunden wandern wir entlang des Hammersbaches im schattigen Bergwald hinauf zum Schluchteneingang. Nach der Entrichtung eines kleinen Obolus empfängt uns ein wahres Höllenspektakel. Nur gut, dass wir festes Schuhwerk und unsere Regenjacken in den Rucksack gepackt haben...

Höllentalklamm

Durch tropfnasse Tunnel, Brücken und in den Fels gehämmerte Steige geht es hinauf, während der Fluss durch die enge Schlucht tobt und uns staunen lässt. Am Ende der Klamm ist es nur noch ein kurzes Stück zur Höllentalanger Hütte, dem Ziel unserer Wanderung. Von hier aus brechen die Kletterer am Morgen zur Zugspitzbezwingung auf.
Hin und zurück waren wir gute 5 Stunden unterwegs, die aber selbst unsere Kleine mit ihren 4 Jahren fast ohne Tragen gemeistert hat.

Naturbadesee Bichlbach

Nun kehren wir von unserem Ehrwalder Zugspitzcampingplatz zurück nach **Leermoos** und fahren nordwärts bis **Bichlbach** in den Ort. Kurz vor Ortsende in Richtung **Berwang**, beim Bauhof der Gemeinde, parken wir unser Gefährt. Bichlbach hat einiges zu bieten:

Vor uns sehen wir bereits den Naturbadesee mit der Kinderraftinganlage. Doch bevor wir uns in kühlende Nass stürzen, wollen wir noch zum Kletterwald nebenan. Markus Hosp, der Besitzer der Anlage empfängt uns freundlich und kurze Zeit später schon klettern wir mit Geschirr und Helm auf dem Kopf durch den Wald. Ein sicherer Nervenkitzel und viel Spass erwarten uns (www.kletterwald-bichlbach.at).

Wer noch mehr „Action" möchte, muss Roller fahren. Mit der Bichlbacher Alm-

„Kletterchef" Markus Hosp

Sommerfrische in Berwang (oben) und Namlos

kopfbahn geht es mit dem Bergroller im Gepäck hinauf zur Hochalm. Von dort oben geht es dann mit Karacho über Berwang ins Tal hinab. Infos finden Sie unter www.almkopf.at. Am zeitigen Nachmittag brechen wir wieder auf und rollen bergwärts hinauf nach Berwang, dem schneesicheren Skiort. Jetzt im Sommer ist aber kaum etwas los hier oben. Ganz wenige Gasthöfe und Pensionen haben geöffnet. Nur Ruhe und Sommerfrische! Weiter geht es entlang herrlich blühender Bergwiesen über Rinnen nach Brand. Dort folgen wir rechts ab der Straße gen Namlos. Kurvig schlängelt sich das Teerband durch grandiose Hochgebirgswelt.

Im kleinen Weiler **Namlos** könnte man auf den ersten Blick fast meinen, die Zeit sei stehen geblieben. Herrlich alte Bauerhäuser stehen da noch in der Talenge mit dem Gotteshaus und dem davorbefindlichen Herrgottsacker im Mittelpunkt. Zwei Gaststätten sorgen für das leibliche Wohl der durchreisenden Gäste und Wandersleut. Zu denen wollen wir uns nun auch wieder zählen. Der zweite Blick auf Namlos zeigt uns nämlich, dass das Dorf sehr wohl den Anschluss an die Moderne gefunden hat.

WOMO-Wandertipp: Hängebrücke Namlos

In einer guten halben Stunde wandern wir entlang des munter dahinplätschernden Bergbaches abwärts und gelangen so zu einem Tobel, den eine 24,5 m lange Hängebrücke überspannt. Zwar ist diese Kabelbrücke nicht ganz so spannend und wackelig wie die der Festung Ehrenberg, doch der Blick in den Tobel ist sehenswert und darüber hinaus auch noch kostenlos.
Die ganze Rundwanderung dauert ca. 1,5 Stunden. Wer möchte, kann die Hängebrücke auch vom Womo aus besuchen. Bergabwärts gelangen wir zu 3 Parkplätzen, von denen aus der Tobel in wenigen Minuten erreichbar ist (große Womos steuern die zweite Parkbucht links neben der Straße an).

Langsam schlängelt sich die Straße Kehre um Kehre ins Lechtal nach Stanzach hinab. Wir genießen die Blicke in den Talboden. Überall blühende und duftende Bergwiesen.
In **Stanzach** biegen wir dann rechts ab in Richtung Reutte und fahren entlang des mäandrierenden Lechs (hier hat der Fluss noch genügend Platz und darf sich sein Bachbett selber suchen, die Gegend steht wegen der einzigartigen Flora und Fauna unter strengem Naturschutz) bis nach Weißenbach vor. Dort geht es links zum gut ausgebauten **Gaichtpass** hinauf, der ins Tannheimer Tal bringt, in dem wir einige Tage auf dem schön und zentral gelegenen Campingplatz am Haldensee verbringen wollen.

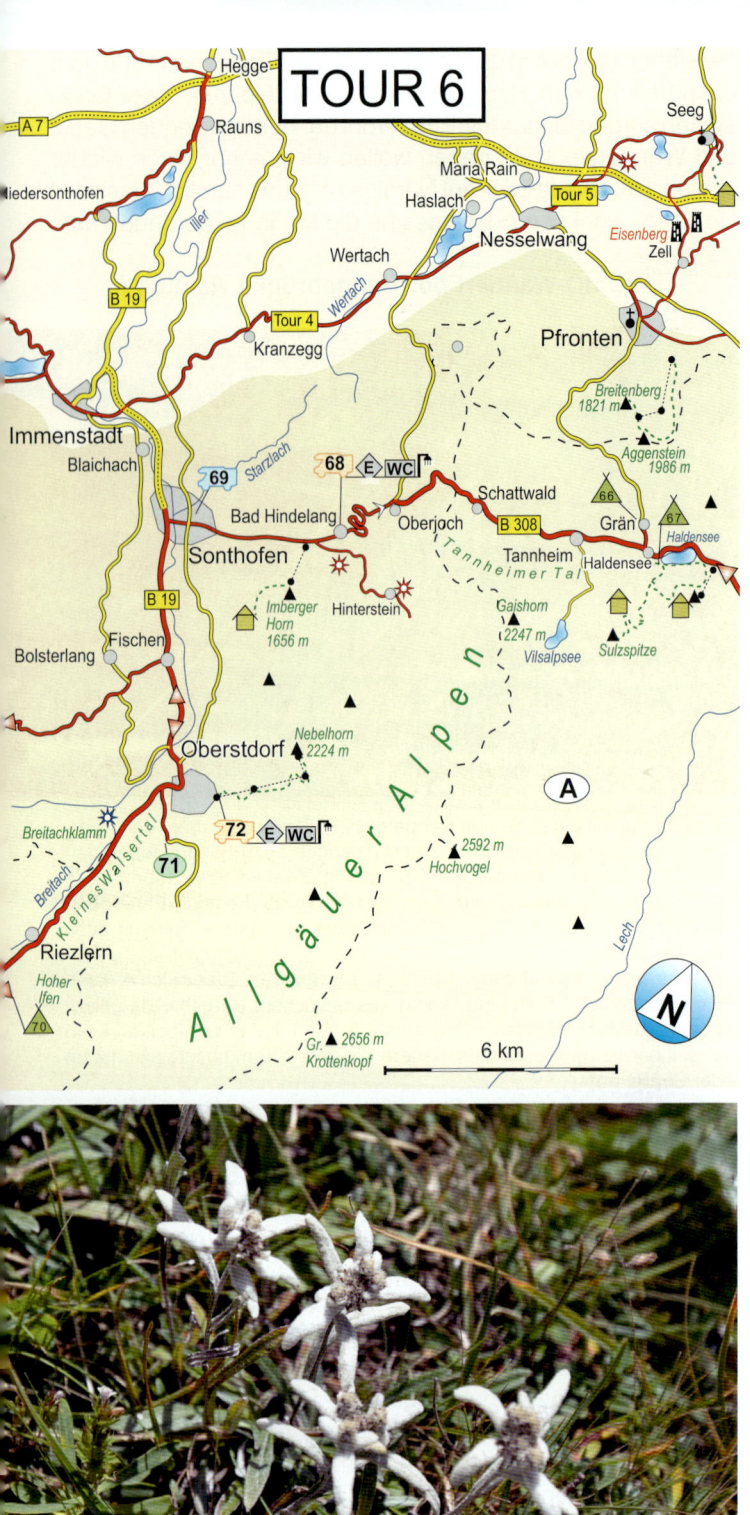

TOUR 6 (ca. 165 km / 9-10 Tage)

Tannheimer Tal – Oberjoch – Bad Hindelang – Sonthofen – Oberstdorf

Offizielle Stellplätze:	Bad Hindelang, Sonthofen, Oberstdorf
Campingplätze:	Grän und Haldensee im Tannheimer Tal, Vorderboden im Kleinwalsertal
Ver-/Entsorgung:	Bad Hindelang, Oberstdorf
Baden:	Haldensee, Wonnemar Sonthofen
Aktivitäten:	Wander zu den Almen u.a im Tannheimer Tal, Wandern in Bad Hindelang und Bike Park Hornbahn Bad Hindelang , Wandern und Bergsteigen in Oberstdorf und Kleines Walsertal;
Essen:	Bad Hindelang „Untere Mühle"

Eine Tafel begrüßt uns am Eingang des rund 1000 m Meter hoch gelegenen Tannheimer Tals, das in den zunehmend schneeärmeren Wintern noch immer ein sicherer Zufluchtsort für Skifahrer und Langläufer ist. Aber auch jetzt im Sommer bietet es eine Fülle an schönen Ausflugszielen.

Besonders im Winter ist der nachfolgend genannte Campingplatz die beste Wahl für sportlich Orientierte, die aber auch Wellness und Komfort groß schreiben:

Haldensee im Tannheimer Tal

Kleinwalsertal - das Ende der Straße

(066) WOMO-Campingplatz-Tipp: Comfort Camp Grän

GPS: N 47° 30' 35.8" E 10° 33' 19.2"   **Öffnungszeiten:** ganzjährig.
Ausstattung/Lage: Z.T. schattig/schön gelegen; Laden; Gaststätte; Ver- und Entsorgung.
Zufahrt: 300m nach Ortsbeginn von Grän rechts, beschildert.
Sonstiges: Wellness Campingplatz zum Verwöhnen: Panoramahallenbad, Sauna, Aroma-Dampfbad, Massageduschen u.v.m.
Im Winter kostenloser Skibus zu den Liften. Über 100km gespurte Loipen (Traditionell und Skater).

Wir fahren am Ufer des Haldensees entlang und scheren an dessen Ende links ein zum Campingplatz mit Strandbad.

(067) WOMO-Campingplatz-Tipp: Haldensee

GPS: N 47° 29' 26.5" E 10° 34' 6.2"   **Öffnungszeiten:** ganzjährig.
Ausstattung/Lage: Wenig Schatten; Liegewiese am See; Gaststätte; Freibad nebenan; Ver- und Entsorgung.
Zufahrt: Am Ende der Ortschaft Haldensee rechts ab in den Seewiesenweg (am Beginn des Sees) und nach wenigen hundert Metern links vor beim Freibad; beschildert.

Unser Campingplatz ist der ideale Ausgangspunkt zu einem wahren Refugium an Wander- und Bergtouren, die uns zur Auswahl stehen. Wir haben uns als Ziel die 1320 m hoch gelegene **Edenbachalpe** ausgesucht. Diese Wanderung lässt sich aber prima erweitern zu einer Bergtour mit einem 2000er Gipfeln oder zu einem ausgedehnten Almenrundweg.

WOMO-Wandertipp: Edenbachalpe/Sulzspitze/Krinnenspitze/Rote Flüh

Von unserem Campingplatz weg (dort auch gebührenpflichtiger Parkplatz) folgen wir am Schwimmbad vorbei bis zur Brücke dem Rundwanderweg um

Prachtschellen für den Almabtrieb

den Haldensee. Dann lotst uns der Wegweiser auf der Schotterstraße bergauf. Rasch gewinnen wir an Höhe und genießen eine immer prächtiger werdende Aussicht über das Tannheimer Tal. Bald schon ist die schlimmste Steigung überwunden und wir befinden uns in einem Hochtal. Noch einmal über ein paar Kehren aufwärts und rechterhand über uns erblicken wir nach

gut einer Stunde Wandern die Edenbachalpe. Leckere Frischmilch und selbstgebackener Kuchen stärken uns. Von hier lässt es sich weiter wandern: entweder geradeaus bergauf zur Sulzspitze, oder ein Stück zurück und dann rechts bergan zur Krinnenspitze (2002m), und für trittsichere und bergerfahrene Wanderer sogar der Litnisschrofen, der imposant vor der Alpe thront. Allen Gipfeln gemein ist der stets sagenhafte Rundumblick auf die Alpen!

Passionierte Bergsteiger und Klettersteiggeher finden auf den Gipfeln der unserem Campingplatz gegenüberliegenden Felswände lohnende Ziele: Zu nennen wären da der Friedberger Klettersteig zur Roten Flüh, dem Gimpel, die Köllenspitze und die Schneidspitze. Einschlägige Bergsteigerliteratur und eine vorbildliche Beschilderung weisen den Weg in die luftigen Höhen.

Des weiteren wäre da natürlich die gemütliche Wanderung zum

Friedberger Klettersteig (SG 2-3) zur Roten Flüh

Vilsalpsee zu nennen, an dessen Ende die Vilsalpe auf den Wanderer wartet. Für unseren Geschmack ist dieses Ziel aber zu überlaufen und touristisch ausgereizt.
Am Haldensee lassen sich unsere geschundenen Glieder gut erholen. Baden, auf der Liegewiese dösen, am Abend grillen - Campingleben wie es im Urlaub auch mal sein darf.

Dann brechen wir wieder auf und fahren durch das Tannheimer Tal gen **Oberjoch**. In Schattwald haben wir nochmals die Gelegenheit, den Tank mit günstigerem Diesel zu füllen und überqueren dann wieder die Grenze nach Deutschland. Überall aufgestellte Parkverbotsschilder sprechen eine deutliche Sprache. Man will uns anscheinend nicht sehen. Besonders im Winter ist hier oben die Hölle los, denn das Oberjoch ist schneesicher und damit bei vielen Busunternehmen und Skischulen ein beliebtes Ausflugsziel.
Hinter Oberjoch schraubt sich die Passstraße auf der B 308 in endlosen Kehren den Berg hinab nach **Bad Hindelang**. Um genau zu sein sind es 105 Kehren auf 7 km Länge. Damit ist die 1899 erbaute Jochstraße die längste und kurvenreichste Straße in Deutschland. Dank Servolenkung erreichen wir aber ohne große Anstrengung den Luftkurort. Etwas verschämt jedoch, da unsere Bremsen ganz schön stinken.

(068) Offizieller WOMO-Stellplatz: Bad Hindelang
GPS: N 47°29' 59.1" E 10°22'21"   **max. WOMOs:** 30.
Ausstattung/Lage: VE, Strom, WC, Dusche, WLAN, Naturschwimmbad/ am Ortsrand; gebührenpflichtig.
Zufahrt: Durch Bad Hindelang hindurch, am Ortsende im Kreisverkehr linkerhand beschildert.

Gasthof „Untere Mühle" in Bad Hindelang

Von unserem Stellplatz führt ein Fußweg parallel zur Straße ins Hintersteiner Tal. Doch keine Angst, wir wollen nicht schon wieder eine ausgedehnte Wanderung unternehmen, sondern ein nahes Kleinod besuchen: Die Obere Mühle. Die vereint eine Bio-Hofkäserei, einen Antikladen, ein Museum mit den ehemaligen Gewerken und Lebensgewohnheiten des Ostrachtals und v.a. eine exquisite Gaststube. Bei schlechtem Wetter tafelt man in der urgemütlichen und vom Kachelofen beheizten Stube. An diesem lauen Sommerabend jedoch sitzen wir inmitten auf der obstbaumdurchsetzten Wiese und tun uns schwer mit der Entscheidung, was wir aus dem verheißungsvollen Speiseplan aussuchen sollen. Vielleicht die Forellen, die im Behälter vor dem Restaurant schwimmen und auf ihr Schicksal warten, oder doch lieber das, was auf Nachbars Teller so gut aussieht. Was immer Sie auch wählen, Sie werden bestimmt nicht enttäuscht sein. Im Preis inbegriffen sind das Brot und das Schälchen mit Schmalz, das wir als Vorspeise gereicht bekommen.

Auf Nachfrage beim Besitzer, was es denn Sehenswertes in der Umgebung gibt, bekommen wir den Tipp, das **Kutschenmuseum** in Hinterstein zu besuchen.

Am nächsten Tag steuern wir unser Womo also in die Talenge und parken auf dem Großparkplatz am Ende der offiziell befahrbaren Straße. Bei der Busendhaltestelle beim Gasthof

„Grüner Hut" führt der Weg zum **Kutschenmuseum** über die Kuhweiden zum nahen Bach. Dort überqueren wir die Brücke, halten uns rechts und stehen nach 5 Minuten vor dem „etwas anderen Museum". Wir sind perblex, was uns da in dem labyrinthartigen Bretterverhau auf rund 140 Quadratmetern erwartet. Eine mystische Allgäuer Winterlandschaft mit liebevoll eingekleideten mannsgroßen Figuren und natürlich den alten Kutschen. Mit der leisen Musik, den Leichentransportschlitten aus alten Tagen und den vielen anderen skurilen Dingen, kommt bei uns schnell eine unheimliche, gruselige Stimmung auf. Aber die Neugierde ist größer, und so schlagen wir uns wacker durch die engen und niedrigen Gänge. Mit Fug und Recht lässt sich wohl behaupten, dass wir es hier mit einem der ungewöhnlichsten Privatmuseen im Freistaat zu tun haben.

Am Rande sei hier nur noch vermerkt, dass unser Parkplatz selbstverständlich auch Ausgangspunkt mehrerer herrlicher Wanderungen und Bergtouren ist. Aber leider gilt auch hier ein absolutes Übernachtungsverbot für Wohnmobile.

Deswegen bleiben wir noch in Bad Hindelang auf dem idealen Stellplatz und unternehmen noch eine schöne Bergtour mit der gegenüberliegenden **Hornbahn**.

Hornbahn

WOMO-Wandertipp: Imberger Horn/ Straußberg-Alpe

Unser Womo lassen wir auf dem Stellplatz stehen und überqueren nur die Straße. Schon stehen wir vor der modernen Achter-Kabinenbahn. Ganz bequem schweben wir in der Panoramagondel hinauf und genießen die grandioser werdende Aussicht. Unter uns schlängelt sich einer der sechs Mountainbikeparcours hinab. Schon vom bloßen Sehen wird uns ganz mulmig, wie die Biker da hinabholpern.

Von der Bergstation folgen wir der Beschilderung nach rechts auf dem breiten Schotterweg zur Straußberg Alpe. Nach gut 15 Minuten Wanderzeit erreichen wir den Aussichtspunkt „Burgschrofen" (dorthin könnten Sie auch mit einem einigermaßen geländetauglichen Kinderwagen gelangen). Noch ein paar Serpentinen auf schmaler werdendem Geröllweg empor und schon zweigt der Pfad hinauf zum Gipfel auf das Imberger Horn ab. Wer uns nicht folgen möchte, wandert um den Berg herum zur Straußberg-Alpe, die wir im Anschluss an das Gipfelerlebnis auch noch besuchen werden. Rund eine Stunde später stehen wir unter dem Gipfelkreuz und genießen den Rundumblick. Dann geht es auf gleichem Pfad hinab (Trittsicherheit erforderlich!). Anschließend wandern wir noch zur Straußberg-Alpe und belohnen uns dort mit dem köstlichen selbstgebackenen Käsekuchen der jungen Sennerin.

Wer noch konditionsstark ist, kann den 3-4 stündigen Umweg zur Bergstation nehmen oder ins Tal absteigen. Uns aber reicht es für heute und wir laufen in gut einer Stunde zurück zur Bergstation.

Wie schon in Hindelang, so hat auch **Sonthofen** nicht wirklich eine einladende Architektur vorzuweisen. Allzu stark war der Bombenhagel, der im Zweiten Weltkrieg auf den Ort niederging. Jedoch ein Spaßbad, das „Wonnemar" wartet auf uns. Heißwasserbecken, Solebecken, mehrere fetzige Rutschen und ein Wellenbecken sind geboten. Und auf dem Parkplatz des Bades in einer ruhigen, grün eingewachsenen Ecke dürfen wir auch über Nacht stehen bleiben.

(069) Offiz. WOMO-Badeplatz: Wonnemar Sonthofen

GPS: N 47°30' 12'' E 10° 16' 43'' **max. WOMOs:** 10
Ausstattung/Lage: auf Schotter, WLAN/ Ortsrand.
Zufahrt: Von Hindelang kommend durch die Stadt Sonthofen vor zur B19, dort Richtung Oberstdorf, bei der nächsten Ausfahrt ab in die Oberstdorfer Straße, beim Kreisverkehr rechts in die Freibadstraße, bis zu deren Ende, dann rechts.

So verlassen wir etwas enttäuscht bald wieder Sonthofen und reihen uns auf die B 19 gen **Oberstdorf** ein. Nicht gerade zügig geht es voran. Ein paar Ampelanlagen verhindern den Verkehrsfluss der einzigen Hauptstraße in diesem Tal. Kurz vor Oberstdorf folgen wir der B19 ins Kleinwalsertal, die auf österreichischer Seite zur 201 umbenannt ist.

Das **Kleinwalsertal** ist Deutschland zwar wirtschaftlich angeschlossen, gehört aber politisch zur Republik Österreich.

Die Straße zieht stetig bergan. Gleich beim Gasthof Walserschanz parken wir unser Womo (Gebühr), schnüren die Wan-

mächtige Breitachklamm

derstiefel und packen das Maximum an Regenzeug ein, was wir dabeihaben. Unser Ziel ist ein 5 Sterne Ausflugsziel: Die weithin berühmte, einzigartige und äußerst nasse Breitachklamm.

WOMO-Wandertipp: Breitachklamm

Vom Gasthof wandern wir auf einem recht steilen Weg in gut 10 Minuten zur Schlucht hinab. Wir sind begeistert und fasziniert. Nur wenige Meter verbleiben dem Bach um sich zwischen den Felswänden hindurchzuzwängen. Noch ist der Weg kostenfrei. Nach weiteren 15 Minuten erreichen wir das Kassenhäuschen und bezahlen den geringen Eintritt ( ). Hat es bisher nur von den Granitwänden getropft, so ändert sich dies jetzt fast schlagartig. Die Klamm steigert sich nun zu einem wahren Hölleninferno. Die Schlucht wird an manchen Stellen so eng, dass wir den Himmel fast nicht mehr sehen können. Es donnert, röhrt und rauscht – ein Fortissimo der Naturgewalten. Gut dass wir regendichte Kleidung anhaben. Manche „Turnschuhtouristen" triefen nur so vor Nässe...
Am zweiten Kassenhäuschen endet der schaurig schöne Spuk fast urplötzlich und dahinter mutiert der Bach zu einem harmlos dahinplätschernden Gewässer.
Deswegen kehren wir auf dem gleichen Weg zurück und genießen nochmals das Schauspiel.

In **Riezlern** geht es hoch her. Auf dem Parkplatz P5 (Gebühr) ist aber genug Platz für Womos und Busse.
Wir spazieren an der Kanzelwandbahn vorbei und kommen zum Walsermuseum, das sich gegenüber der Kirche befindet. Dort wird uns Geschichte und Brauchtum der Walser auf anschauliche Art und Weise näher gebracht. Besonders gefällt uns die nachgebaute Wal-serstube.
Eigentlich wollten wir ja auf dem nahen Campingplatz, der landschaftlich wirklich schön liegt, für einige Tage bleiben. Doch der Inhaber empfängt uns derart unverschämt, dass wir dem Ort schnell den Rücken kehren.
So fahren wir noch ein Stück weiter und

fesche Walsertracht

finden nach **Mittelberg** einen besonders schön gelegenen Naturplatz:

(070) WOMO-Campingplatz-Tipp: Vorderboden

GPS: N 47° 18' 44.1" E 10° 08' 2.3" **Öffnungszeiten:** Juni-Okt.
Ausstattung/Lage: Z.T. schattig/ schön gelegener Naturplatz.
Zufahrt: Fast am Talende kurz vor Baad, links an der Breitach.

In **Baad**, am Ende des Tales, das vom beeindruckenden 2533 m hohen Widderstein überragt wird, hört unsere Straße auf. Einige schöne alte Walserhäuser prägen das Erscheinungsbild des Weilers. Apropos prägen: Das rechterhand herausragende Hochplateau des **Hohen Ifen** prägt weite Teile des Kleinwalsertals. Und diesen markanten und bizarren Felsaufbau wollen wir, sofern Sie Lust haben, mit Ihnen besteigen.

WOMO-Wandertipp: Hoher Ifen

Der 2229m Hohe Ifen hebt sich deutlich aufgrund seiner markanten Form von den anderen Gipfeln ab. Einem Schiffsbug gleich ragt er aus der Masse der übrigen Berge heraus. Von Riezlern aus führt die Straße zum Sessellift hinauf. Von der rund 1600m hochgelegenen Bergstation folgen wir dem gut ausgeschilderten Weg in Serpentinen hinauf zur Ifenmulde. Rechtsseitig geht es weiter aufwärts in felsiger werdendem Gelände bis zur Wegverzweigung an der Ifenmauer. Wir halten uns links und folgen dem Steig durch ein Geröllfeld hinauf zu einem Einschnitt, der uns den Weg zum Gipfelplateau frei gibt. Ein Stück weit geht es drahtseilgesichert nach oben und schon sind wir auf der

schräg ansteigenden Gipfelwiese, die am Gipfelkreuz und dem dahinter befindlichen Steilabfall abrupt endet.

Der „Normalbergsteiger" kehrt auf dem gleichen Weg zurück. Konditionsstarke und trittsichere Alpinisten jedoch steigen an der Ifenmauer geradeaus der gelben Wandermarkierung folgend über das „Gottesackerplateau", ein zerklüftetes und hoch interessantes Karstgelände, zur Tal-station ab. Hier noch kurz die genaue Wegbeschreibung für den „Schlenker": Auf dem gerade erwähnten gelb markierten Steig zur Bergadlerhütte hinauf. Von dort auf das Gottesackerplateau. Rechtshaltend über die verfallene Alpe zur Jagdhütte Schneiderküren-Alpe (mit rekonstruiertem steinzeitlichen Lagerplatz), dann auf der Forststraße nach Unterwäldele. Dort wandern wir auf der schmalen Forsttrasse rechts nach Oberwäldele und schließlich zurück zum Ausgangspunkt an der Talstation des Hohen Ifen.

Ohne den geschilderten Umweg beträgt die Gesamtgehzeit um die 4,5 Stunden. Der Umweg schlägt nochmals mit gut 2 Stunden zu Buche. Deswegen ist bei dieser Tour auch unbedingt auf eine stabile Wetterlage zu achten!

Passionierte Wanderer und Bergsteiger können im Kleinwalsertal gern mehrere Wochen verbringen, ohne dass ihnen die zu besteigenden Gipfel ausgehen würden. Uns reicht aber der Einblick in diese Region der Allgäuer Alpen und wir kehren nach Oberstdorf zurück, das wir natürlich auch noch besuchen wollen.

Leider ist die Region um Oberstdorf nur so gespickt von Womo-Verbotsschildern. Eine kostenfreie Möglichkeit abseits des Rummels haben wir für Sie entdeckt:

(071) WOMO-Wanderparkplatz: Höllwieslift

GPS: N 47° 23' 27.1" E 10° 15' 56.8" **max. WOMOs:** 1-2.
Ausstattung/Lage: Auf Waldboden/ außerorts, sehr einsam.
Zufahrt: Vom Walsertal aus auf der B19 in Richtung Oberstdorf, noch vor dem Kreisverkehr rechts hinab in Richtung Oberstdorf. Vor dem Fluss Stillach rechts in die Stillachstraße (in Richtung Freibergsee), vor bis zum rechterhand gelegenen Höllwieslift. Gleich nach der Straße am Waldbeginn (nicht auf dem eigentlichen Liftparkplatz- dort Übernachtungsverbot!).
Sonstiges: Wanderung zum nahegelegenen Freibergsee.

Da wir aber direkt in den Ort wollen und auch noch ein Besuch des Nebelhorns geplant ist, suchen wir den sehr zentral gelegenen Stellplatz von **Oberstdorf** auf.

(072) Offizieller WOMO-Stellplatz: Oberstdorf

GPS: N 47° 24' 29.3" E 10° 17' 10.1" **max. WOMOs:** 100.
Ausstattung/Lage: VE, Strom, WC, Dusche, WLAN, Waschmaschine, Trockner/ im Ort. Gebühr.
Zufahrt: Am Kreisverkehr am Ortsbeginn links, gleich wieder rechts in die Alpgaustraße, vor bis zur T-Kreuzung, dort links und der Straße folgen in die Hermann-von-Barth-Str., mit Womosymbol beschildert.

Wer etwas außerhalb des Trubels die Ruhe sucht oder im Winter direkt an der Loipe sein will wählt folgende Alternative:

(072a) Offizieller WOMO-Stellplatz: Oberstdorf Rubi Camp

GPS: N 47° 25' 26" E 10° 16' 43" **max. WOMOs:** 30.
Ausstattung/Lage: VE, Strom, WC, Dusche, WLAN/Ortsrand. Gebühr.
Zufahrt: Am zweiten Kreisverkehrvon Oberstdorf links, dann beschildert.

Nur wenige hundert Meter sind es von unserem Stellplatz zur Fußgängerzone. Die ist deutlich vom Tourismus geprägt, hat sich aber noch weitgehend ihren alpenländischen Charme mit zahlreichen bunt bemalten Häusern bewahren können.

Tags darauf springen wir zeitig aus den Womofedern und laufen die paar hundert Meter vor zur **Nebelhornbahn**. Obwohl

Nebelhorn Rundblick

wir wirklich zeitig dran sind, hat sich schon eine Traube an „passiven Gipfelstürmern" angesammelt. Die vorhandenen Absperrpylonen deuten aber darauf hin, dass der Ansturm noch deutlich zunehmen wird, und damit auch die Wartezeit. Das Vergnügen erscheint uns zwar auf den ersten Blick nicht gerade günstig, doch je höher wir dann in der modernen Großraumgondel schweben, desto mehr sind wir vom Gegenwert unseres bezahlten Fahrpreises überzeugt. Nach 3 Sektionen stehen wir in 2224 m Höhe an der Bergstation direkt unter dem Gipfelkreuz, und uns (obwohl wirklich berggewohnt) verschlägt es den Atem. Ein sagenhaftes Panorama haben wir da vor uns: Über 400 Gipfel – von der Zugspitze im Osten bis zu den Schweizer Alpen im Westen.

Kletterer finden im nahen Hindelanger Klettersteig ihr Refugium, Wanderer laufen abwärts über die Sektionen der Bergbahn und besteigen diese nach Belieben.

Deswegen kann bei der Talstation das Gondelticket auch nach Sektionen gestaffelt gekauft werden (z.B. komplette Bergfahrt, Rückfahrt erst ab der Mittelstation usw.).

Noch ein Wort zum Winter: Auf die Brettlfans wartet hier am Nebelhorn die längste Skiabfahrt Deutschlands mit 7,5 km Länge.

Oberstdorf ist auch einer der 4 Austragungsorte der jährlich stattfindenden Vier-Schanzen-Tournee. Von der Großartigkeit der Schanze können Sie sich übrigens selbst ein Bild machen und mit dem Lift ganz oben hinauf fahren. Dann haben Sie den gleichen Ausblick wie die Sportathleten, mit dem kleinen Unterschied, dass Ihnen Gott sei Dank der Sprung in die Tiefe erspart bleibt...

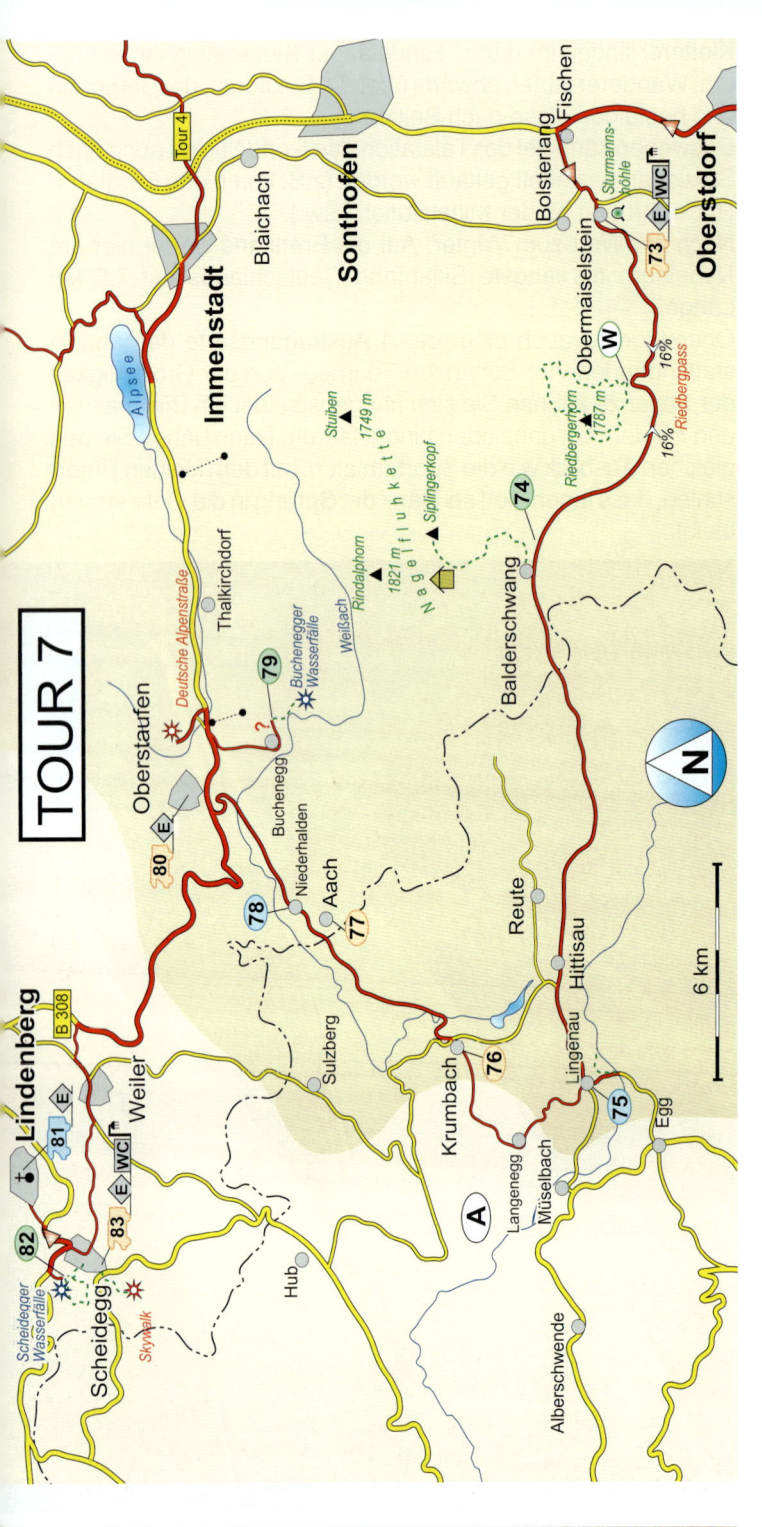

TOUR 7 (ca. 150 km / 4-5 Tage)

Fischen – Balderschwang – Lingenau -Oberstaufen – Scheidegg – Lindenberg

Offizielle Stellplätze:	Obermaiselstein, Balderschwang, Oberstaufen, Steibis, Lindenberg, Scheidegg,
Freie Übernachtung:	Lingenau, Krumbach, Aach, Niederhalden,
Ver-/Entsorgung:	Obermaiselstein, Balderschwang, Steibis, Scheidegg, Lindenberg
Baden:	Balderschwang, Niederhalden, Lindenberg
Kultur:	Scheidegg, Lindenberg
Aktivitäten:	Wandern auf das Riedberger Horn, Siplingerkopf, Lingenau, Scheidegg, Lindenberg; Besichtigung der Sturmannshöhle bei Obermaiselstein. Lingenau „High 5", Skywalk Scheidegg
Essen:	Scheidegg

Mit einem lachenden und einem weinenden Auge verlassen wir **Oberstdorf**. Zum Einen sind wir froh, dem doch stellenweise recht argen Rummel zu entfliehen, zum Anderen finden wir es aber schade, die einzigartige Hochgebirgslandschaft verlassen zu müssen. Es wollen aber noch schließlich weitere lohnenswerte Urlaubsziele angefahren werden. Auf der B 19 geht es nun wieder zurück in Richtung **Sonthofen**. In Fischen biegen wir an der Ampelkreuzung links ab und fahren nach **Obermaiselstein**.

(073) Offizieller WOMO-Stellplatz: Obermaiselstein Rieder Wiesen

Position: N 47° 26' 38" E 10° 14' 36"   **max. WOMOs:** 24.
Ausstattung/Lage: VE, Strom, Dusche, WLAN/ Ortsrand; gebührenpflichtig.
Zufahrt: Durch Obermaiselstein hindurch, nach Ortsende rechts (am Goldbach 3).
Sonstiges: Im Winter beste Langlaufmöglichkeiten.

Im Ort folgen wir der Beschilderung zur **Sturmanns Höhle**, der einzigen begehbaren Höhle im Allgäu. Auf dem Parkplatz beim „Haus des Gastes" neben dem Touristenbüro stellen wir unser Womo ab und laufen in rund 30 Minuten zum Kassenhäuschen am Fuße des Schwarzenberges (kleine Womos können ein Stück weit bis zum Schotterparkplatz auf halbem Wege hoch-

fahren). Alle halbe Stunde werden Führungen angeboten. Gleich einem Adlerhorst thront der Höhleneingang oben am Berg. Unser Führer Matthias Brand nimmt unsere Gruppe in Empfang und leitet uns in den Berg. Jetzt heißt es Kopf einziehen, bücken und windschief am Fels entlangtrippeln. Mystische Gesteinsformationen begegnen uns: Drachentor, Höhlenrachen, Höhlenkessel. Entdecken Sie auch den versteinerten „Drachen"? 175 Stufen steigen wir in die Tiefe, bis neben uns der gurgelnde Höhlenbach vorbeischießt. Kurz darauf am kleinen Höhlensee ist die tiefste Stelle erreicht und wir steigen wieder auf gleichem Wege nach oben. Ziehen Sie sich auf jeden Fall warm an, denn auch im Sommer liegt die Temperatur in der Höhle bei kühlen maximal 8 Grad Celsius. Auch festes Schuhwerk ist nötig! Weitere Informationen erhalten Sie auch unter:
www.obermaiselstein.de/hoehle.

Jetzt wird unser Womo mal wieder richtig gefordert. Alle 145 PS dürfen Höchstleistung erbringen. Es geht auf den 1420 m hohen **Riedbergpass** hinauf, der Deutschlands höchste Passstraße ist. Bis zu 16% Steigung müssen überwunden werden. Wir kommen über den 2. Gang kaum noch hinaus. Endlos zieht sich die Straße in den Himmel, obwohl es eigentlich „nur" 4 km sind. Dann aber ist es plötzlich geschafft und ein kleines Schild verkündet uns, dass wir die Passhöhe erreicht haben.

Damit verlassen wir das Oberstdorfer Tal endgültig und gelangen ab jetzt wieder in einen touristisch ruhigen Teil des Allgäus.
Gleich hinter dem

Scheitelpunkt der Bergstraße folgen wir der Sackgasse hinauf zum Großparkplatz bei der Grasgehrenalpe und den Liftanlagen. Im schneesicheren Winter ist Parkraum Mangelware. Dicht drängen sich dann Auto an Auto. Doch nun im Sommer herrscht fast gähnende Leere. Eigentlich ein wunderbarer Platz zum Nächtigen, wären da nur nicht die hässlichen Blechtafeln, die eine ziemlich deutliche Sprache in Bezug auf Wohnmobile sprechen...

Trotzdem stellen wir erst einmal unser Gefährt ab und schnüren wieder die Wanderstiefel. Ziel ist der vor uns aufragende Riedbergerhorngipfel.

WOMO-Wandertipp: Riedbergerhorn / Großer Ochsenkopf

Um auf den 1787m hohen Grasgipfel zu gelangen, müssen nur 340 Höhenmeter überwunden werden. Das schaffen auch unsere Kinder wieder. Wir folgen dem ausgeschilderten Alpweg über die wunderbar blühenden Bergwiesen aufwärts. Den Schlepplift zu unserer Rechten steigt der Pfad langsam steiler werdend hinauf zu einem Sattel. Dort halten wir auf den Grat zu und wandern beschwingt über den grasigen Bergrücken hinauf zum Gipfelkreuz. Für einen von unten nicht gerade sonderlich imposanten „größeren Hügel", haben wir aber eine stattlich Rundumsicht ins Illertal und die Berge um Balderschwang. Nach der Rast folgen wir auf der anderen bergseite dem Weg hinab bis zu den ersten Bäumen an einem Bergsattel. Dort halten wir uns rechts und gelangen so über zahlreiche Kehren zum Womo zurück (Zusammen rund 2,5 – 3 h Gehzeit).

Wer noch nicht zurückkehren möchte, weitet die Wanderung zum schräg gegenüberliegenden Großen Ochsenkopf (1662 m) aus. Dazu einfach beim Bergsattel der Beschilderung geradeaus weiter folgen. Über ein kleines Hochmoor hinweg geht es zum nächsten Gipfel hinauf. Dann steil über die Grasflanke hinab und durch anschließend lichten Wald zum Berghaus Schwaben. Von dort auf gut ausgeschildertem Weg zurück zum Ausgangspunkt (Gesamtgehzeit rund 4,5 Stunden).

Im Winter, so eng es parkplatzmäßig auch zugehen mag, finden Sie genügend Schnee, um über breite Hänge abwärts schwingen zu können. Besonders Tourengeher schätzen die Hänge des **Riedberger Horns**, ist der Aufstieg doch nicht allzu lang und die Lawinengefahr auf Grund der fehlenden Höhe und Exponiertheit nicht zu groß.

Für heute ist es jedoch genug und wir begeben uns zu unserem Übernachtungsplatz nach **Balderschwang**, der höchstgelegenen Gemeinde Bayerns. Der Ort konnte Gott sei Dank seine liebenswerte Ursprünglichkeit weitgehend erhalten, da er von „Bettenburgen" und Hotelkomplexen verschont blieb.

(074) Offizieller WOMO-Wanderparkplatz: Schwabenhof

GPS: N 47° 26' 38" E 10° 14' 36"
max. WOMOs: >10.
Ausstattung/Lage: VE, Strom, Dusche, WLAN, Gasthof/ Ortsrand; gebührenpflichtig
Zufahrt: Kurz nach der Riederberger-hornbahn links.
Sonstiges: www.schwabenhof.com; Im Winter führt die 45km lange Loipe direkt am Stellplatz vorbei. Übernachtungspakete buchbar mit freiem Abendessen oder Buffet u.ä.

Im Winter ist der Schwabenhof der ideale Ausgangspunkt für die **schneesicheren Loipen**, die das ganze Tal durchziehen und garantiert keine Langeweile aufkommen lassen. Natürlich kommen die Skifahrer rund um den Ort voll und ganz auf ihre Kosten – und das fast vor der „Womohaustür". 10 Liftanlagen mit über 30 Pistenkilometern, vom Übungshang bis hin zur internationalen Rennstrecke sind vorhanden.
Doch zurück zum Sommer. Balderschwang garantiert Ruhe, Erholung und frische Bergluft.
Apropos frische Bergluft - die kann ungehindert in unsere Lungen strömen, wenn Sie mit uns den Aussichtsgipfel des **Siplingerkopfes** besteigen.

WOMO-Wandertipp: Sipplingerkopf

uralte Eibe

Beim holzgetäfelten Hof „Bin schwarza Stürer" (bei der Unteren Balderschwanger Alpe; Parkmöglichkeit direkt am Straßenrand gegen günstige Gebühr) wandern wir auf dem geteerten Wirtschaftweg aufwärts. Nach rund 15 Minuten erreichen wir ein besonderes Naturphänomen: Die uralte (2000 bis 4000 Jahre) zweistämmige Eibe, die wir linkerhand schon von weitem erblicken.
Weiter geht es z.T. steil bergwärts. Mit jedem vergossenen Schweißtropfen und erklommenen Höhenmeter tauchen mehr „Zacken" vor unserem tollen Panorama auf. Die idyllisch in bunte Bergwiesen eingebettete Obere Socher-Alpe lassen wir links liegen und wandern zur Alpe Oberbalderschwang hinauf. Dort begrüßt uns „Willi" der Ziegenbock. Nach einer kurzen Rast und einer Plauderei mit den Hirten kehren wir ein kurzes Stück zurück und halten uns dann links hinauf zum beschilderten Steig (Trittsicherheit und Bergschuhe ab hier unbedingt erfor-

Zwei waschechte Allgäuer Sennen bei der Rast

derlich!). Der Wegmarkierung und dem Wegweiser folgend geht es dann zum Gipfel (1746 m) weiter hinauf. Ein phantastisches Panorama belohnt uns für die Mühen des Aufstiegs. Auf dem gleichen Pfad kehren wir ins Tal zurück. Fast 4,5 Stunden Gesamtgehzeit haben wir gebraucht. Flotte Wanderer ohne Kinder (die haben wir in der Tragekraxe z.T. schleppen dürfen) schaffen die Tour auch schneller. Da die Alphütten auf dieser Tour nicht (mehr) bewirtschaftet sind, ist unbedingt auf ausreichend Getränke im Rucksack zu denken!

Heute protestieren unsere Kinder. „Wir wollen baden!" Recht haben sie, denn das Wetter lädt dazu richtig ein. Wir spazieren, ausgerüstet mit Badeutensilien und Picknickdecke, ins Orts-

Glückliche Kühe auf den Almen um Balderschwang

zentrum. Dort empfängt uns der Badeweiher und eine Liegewiese neben dem Flüsschen Bolgenach, in dem größere Kinder auch nach Herzenslust planschen und toben.
Relativ bald hinter Balderschwang überqueren wir wieder einmal die Grenze und fahren auf der österreichischen Seite des Hochtals bis nach **Hittisau**. Der liebliche Ort weist schon die typischen baulichen Charakterzüge des Westallgäus sowie des Bodenseeraumes auf: **Holzgetäfelte Häuser**. In kulinarischer Hinsicht wartet am Ortsanfang linkerhand eine Sennerei mit einem vielfältigen Käseangebot auf Kunden.

Lingenauer Hochbrücke

Auf der ´205´ geht es über weit geschwungene Kurven in das nahe Nachbarsdorf **Lingenau**. Der Ortskern mit seinen z.T. recht schmucken Häusern, hat jedoch nichts besonderes zu bieten. Das ist aber noch lange kein Grund, Lingenau nicht eines Besuches zu würdigen. Hier sind noch die Spuren eines erfolgreichen Mannes von Weltruhm zu bewundern: Alois Negrelli.
Der österreichische Ingenieur war Planer und ab 1857 technischer Direktor des Suezkanals. Rund zwei Jahrzehnte vor dem Mammutprojekt, nämlich 1834, erbaute er die nur unweit von Lingenau entfernte Gschwendtobelbrücke. Überhaupt ist

Lingenau ein wahres Brückendorf der Superlative: Neben der imposanten **Gschwendtobelbrücke** aus Holz steht nur wenige hundert Meter flussabwärts die **Lingenauer Hochbrücke** aus Stahlbeton mit einer Länge von 370 m und einer Bogenspannweite von sage und schreibe 210m. Erbaut wurde dieses Meisterwerk von 1964 bis 1968. Wer nun meint, das wäre es schon, hat sich getäuscht. Als letztes wartet noch die **Lingenauer Hängebrücke** mit wackeligen 57 m Länge auf den Wandersmann bzw. auf die Wandersfrau. Wir wollen mit Ihnen zur ältesten und wohl auch schönsten der drei Brückenbauwerke wandern.

WOMO-Wandertipp: Gschwendtobelbrücke

Im Ortskern bei der Kirche biegen wir links ab und fahren vor bis zur Lingenauer Hochbrücke. Die dient nicht nur dem Straßenverkehr sondern ist Absprungsplattform für Bungeespringer. Wir parken unser Womo bei der Brücke (wenig Parkraum!) und sehen mit gemischten Gefühlen den mutigen Springern zu, wie sie sich kopfüber in die Tiefe stürzen. Wenn Sie das auch machen wollen, oder lieber ein Stockwerk tiefer mit dem Boot zum Rafting gehen wollen, dann wenden Sie sich am besten an den Eventveranstalter „High 5" von Lingenau: www.outdoor.at

Wir packen unseren Rucksack mit allen Picknickutensilien und Badesachen voll und laufen vor der Betonbrücke den Schotterweg links in den Wald hinab. Wer möchte, kann den Abstecher auch mit dem Womo machen, Parkraum ist, wenn auch begrenzt, vorhanden. Nach 15 Minuten stehen wir im Talgrund vor dem Meisterwerk Negrellis und namloser Zimmermannsleute. Holzbaukunst in Vollendung. Von der Brücke aus erspähen wir tolle Badeplätze und Gumpen, die zum Abkühlen einladen. Genau das richtige für so einen heißen Tag.

schönste Badegumpen

Wem nicht der Sinn nach Baden in Gebirgsbächen steht und ein „richtiges" Schwimmbad mit lauschigeren Temperaturen bevorzugt, dem kann geholfen werden:
Dazu fahren wir auf der 205 noch ein kurzes Stück weiter und biegen dann rechts ab gen Langenegg und Krumbach.

(075) WOMO-Badeplatz: Lingenau / Quellenbad
GPS: N 47° 26' 57.2" E 9° 54' 43.3"　　　**max. WOMOs:** 2-3.
Ausstattung/Lage: Auf Beton/ Ortsrand.
Zufahrt: Wie beschrieben. Nach dem Abzweig gleich rechts.

Kirchdorfer Schönheit

Über den kleinen Ort **Kirchdorf**, der uns mit einem wirklich wunderschönen bemalten alten Haus begeistert, setzen wir unsere Reise fort. Uns fällt auf, dass die Vorarlberger ein Händchen für Baukunst haben. Nicht nur Brücken können sie bauen, sondern auch prächtige holzgetäfelte (und bemalte) Bauernhäuser - und jetzt kommt das Besondere: Neben alten Gebäuden stehen, ohne dass es stören würde, z.T. holzgetäfelte hypermoderne kubistische Häuser im Bauhausstil. Wir sind verblüfft, wie gut das mit der Alpenlandschaft harmoniert. In **Krumbach** wartet wieder ein ruhiger Stellplatz auf uns.

(076) WOMO-Stellplatz: Krumbach
GPS: N 47° 29' 1.1"   E 9° 56' 5.5"   **max. WOMOs:** 2-3.
Ausstattung/Lage: Bänke, großer Spielplatz/ im Ort.
Zufahrt: An der T-Kreuzung bei der Kirche links und gleich nach dem Spar-Markt wieder rechts ab.

Krumbach ist wie so viele Gebirgsorte logischerweise wieder idealer Ausgangspunkt für mehrere schöne Wanderungen. Das gleich neben unserem Stellplatz befindliche Touristenbüro hat hier jede Menge Infomaterial zu bieten. Uns zieht es aber weiter. In Richtung **Oberstaufen** erreichen wir vor dem Ort Aach die Grenze.

(077) WOMO-Stellplatz: Aach
GPS: N 47°31'13.1"   E 9° 58' 14.6"   **max. WOMOs:** 1-2.
Ausstattung/Lage: Auf Rasengittersteinen/ im Ort.
Zufahrt: Nach der Kirche rechts hinauf beim alten Friedhof.

Noch ein kurzes Stück weiter wartet ein kleiner und idyllischer Badeplatz an der **Weißach** auf uns.

(078) WOMO-Badeplatz: Niederhalden

Position: N 47° 32' 15.5" E 9° 59' 53.6"
max. WOMOs: 1-2.
Ausstattung/Lage: Waldboden/ am Waldrand, sehr einsam.
Zufahrt: Nach Aach links ab gen Niederhalden (Hinweisschild), für Womos ist die Brücke mit 2 m lichter Höhe aber nicht passierbar. Kurz vor der Brücke bei der Bank am Fichtenwäldchen auf der Straßenausbuchtung. Beim Wenden etwas mühsames und öfteres Reversieren nötig.

Wir packen die Badesachen aus, springen in die kühlen Fluten und lassen die Seele baumeln. Eine kleine Warnung sei hier aber noch ausgesprochen. Wer nicht sicher ist beim Reversieren mit dem Womo, der lässt von diesem Stellplatz besser die Finger weg. Denn einfach so umkehren geht leider nicht. Mehrmaliges Rangieren ist angesagt!

Tags darauf wollen wir beim „nassen Element" bleiben und nun die **Buchenegger Wasserfälle** bei **Oberstaufen** erwandern. Vorab aber nochmals ein wichtiger Hinweis: Wer ein überdimensional großes Womo sein Eigen nennt, oder wer sich vor etwas schmalen Straßen scheut, sollte diesen Ausflug nicht mitmachen. Auch empfiehlt sich der Parkplätze und des Gegenverkehrs wegen, zu sehr früher oder später Tageszeit aufzubrechen.

Wir fahren auf der **B 308** ein kurzes Stück in Richtung Immenstadt, und biegen gleich nach dem Hündle-Lift links auf die Straße in Richtung Isny ab. Modelleisenbahnfreunde rollen noch ein paar Meter weiter und besuchen rechterhand die „**Miniwelt Oberstaufen**". 140 Züge mit 1600 Waggons fahren auf 1,8 km (!!) Gleislänge durch bekannte deutsche Landschaften. Diese Zahlen sprechen für sich - und da kommt bei jedem Zuschauer Begeisterung für dieses typische Jungen- und

Buchenegger Wasserfälle

Steil bergauf ins Oberallgäu 147

Männerspielzeug auf. Gleich nach dem Abbiegen müssen wir dem schmalen Teerband wieder links (die Besucher des Eisenbahneldorados biegen demzufolge rechts) hinauf zum Weiler **Buchenegg** folgen. Mit Ausweichmöglichkeiten geht es kurvenreich bergwärts. Vor unübersichtlichen Kurven wird zur hellen Freude unserer Kinder das Doppeltonhorn unseres Womos betätigt. Doch Gegenverkehr ist zu dieser späten Stunde keiner mehr unterwegs. Am Ortsbeginn von Buchenegg können Womos rechterhand beim Stadel parken und den Weg rechts durch den Ort einschlagen. Wir wagen uns auf besagtem schmalen Teerband weiter und fahren zwischen den eingezäunten Kuhweiden dem Endpunkt der Straße entgegen. Dann heißt es Gas geben. Ein kurzes steiles Stück durch etliche Schlaglöcher hindurch (halten und anfahren wegen fehlender Traktion kaum möglich – v.a. bei frontgetriebenen Womos) und schon sind wir am kleinen Parkplatz angelangt, der uns ganz alleine gehört, traumhafte Ruhe verspricht und in ebenso traumhafter Umgebung liegt.

(079) WOMO-Wanderparkplatz: Buchenegger Wasserfälle

GPS: N 47° 31' 58.0" E 10° 02' 46.1" **max. WOMOs:** 1-2.
Ausstattung/Lage: Schotterparkplatz/ außerorts.
Zufahrt: Wie im Text beschrieben. Nochmal: Dieser Parkplatz kann nur in den frühen und späten Stunden des Tages (kein Gegenverkehr) angefahren werden. Auch ist er ungeeignet für Womos über 7m Länge! Zum Wenden muss mehrmals reversiert werden.

WOMO-Wandertipp: Buchenegger Wasserfälle

Von unserem Parkplatz aus laufen wir rechterhand in einer halben Stunde durch den Buchenwald hinab und gelangen dann direkt zu Füßen der in zwei Kaskaden hinabstürzenden Buchenegger Wasserfälle. Schnell ziehen wir unsere Badesachen an und springen ins kühle Nass der Weißach, die sich nach dem Spektakel in einen glasklaren, grünlich schimmernden großen Gumpen ergießt Die Erfrischung hebt leider nicht lange an, denn der Rückweg zum Womo wird wieder schweißtreibend...

Jetzt wollen wir nach **Oberstaufen** zum gemütlichen Bummel und Kaffeegenuss. Auf dem **offiziellen Stellplatz** des Ortes ließe sich kostenlos nächtigen, doch gefällt uns der Platz nicht sonderlich:

„Zweckstellplatz" **080: GPS: N 47° 33' 30.5" E 10° 1' 6.2" Zufahrt:** Von der B308 rechts in den Ort. Beim Bahnhof links vor zum Kirchplatz, weiter geradeaus, dann rechts in die Rothenfelsstraße, die in die Lindauer Str. übergeht. Ab dann erste Straße rechts (Argenstraße).

In wenigen Minuten laufen wir zurück zum Ortskern und schlendern durch die Fußgängerzone. Unser Ziel ist das „**Blaue Haus**" in der Hochgratstraße, nur einen Steinwurf vom Kirchplatz entfernt. Das urgemütliche Café mit Rosengarten und Trödelladen lässt uns Kaffee und Kuchen gleich doppelt so gut munden. Oberstaufen hat aber noch viel mehr zu bieten: gehobene Gastronomie, das Erlebnisbad Aquaria, ein Heimatmuseum und noch vieles mehr. Im freundlichen Touristenbüro, wo Sie mit dem bayerischen „Du" angesprochen werden, erfahren Sie alles weitere.

Oberstaufen lassen wir hinter uns und fahren zum Nächtigen nach Steibis hinüber, wo ein landschaftlich reizvoller Stellplatz auf uns wartet:

(080a) Offizieller WOMO-Wanderparkplatz: Steibis

GPS: N 47° 31' 37" E 10° 01' 39"
max. WOMOs: 32.
Ausstattung/Lage: VE, Strom, WLAN/Ortsrand.
Zufahrt: Von Oberstaufen zurück in Richung Balderschwang, jedoch schon gleich nach dem Weiler Weißach links ab und in einigen Kehren hinauf nach Steibis.

Sonstiges: Noch einige Kilometer weiter auf der Straße und man kommt zum großen Parkplatz (Übernachtungsverbot!) der Hochgratbahn. Herrliches Wanderrevier mit großartigen Ausblicken!

Am Hochgrat

Nun geht es auf der **Deutschen Alpenstraße** (B308) ins Paradies. Dies irdische Paradies ist ein Aussichtsparkplatz mit fast himmlischen Blicken auf die Bergwelt. Wäre da nur nicht der ständig dahinrauschende Schwerlastverkehr und das Knattern der zig Motorräder. Auf weit ausladende Kurven zieht sich die Bundesstraße über sanft geschwungene Bergkuppen gen

Lindau. Doch soweit wollen wir (noch) gar nicht. Über **Böserscheidegg** (aha – die Kommissar Kluftinger Fans kennen den Ort als Teil der Krimihandlung) gelangen wir nach Scheidegg. Am Kreisverkehr fahren wir aber nicht in den Ort hinein, sondern biegen erst einmal rechts ab gen **Lindenberg**.
Auf der B 308 Ortsmitte fahren wir fast bis zur Ortsmitte, wo uns das Womosymbol zum Stellplatz links ab lotst.

(081) Offizieller WOMO-Badeplatz: Lindenberg Waldsee

GPS: N 47° 36' 3" E 09° 52'34" max. **WOMOs:** >10.
Ausstattung/Lage: VE, Strom/ Ortsrand.
Zufahrt: Von Scheidegg kommend auf der Hauptstraße in den Ort, dann der Beschilderung (Womosymbol) links in die Au-Straße. An deren Ende großer Parkplatz im Grünen. Nur 3 Minuten entfernt befindet sich der idyllische Waldsee.
Sonstiges: Ca. 10 Min zu Fuß in die Innenstadt.

Unser Parkplatz befindet sich im Grünen am Rande der Ortschaft. Bevor wir uns aber zum Ortskern aufmachen, springen wir erst einmal ins kühle Nass des gleich um die Ecke befindlichen Waldsees. Dann gelangen wir in einem gut 10 minütigem Spaziergang ins Zentrum. Hier geht es zwar nicht ganz so gemütlich wie im benachbarten **Scheidegg** zu, doch Hektik kennt die ebenso sonnenverwöhnte Gemeinde auch nicht.
Wir besuchen die barocke St. Peter und Paul Kirche. Wieder stellen wir Parallelen zu Scheidegg fest. Ebenso wie die St. Gallus Kirche wurde auch diesem Gotteshaus der Kunststil erst viel später außerhalb der nachgeahmten Epoche verpasst. Der Kenner sieht den Jugendstil bereits durchschimmern. Nichts desto Trotz ein sehenswertes sakrales Gebäude. Kunst ganz anderer Art zeigt das Hutmuseum (Brennterwinkel 4, Mi. 15-17.30 und So. 10.00 - 12.00). In alle Herren Länder wurde die modische „Strohbedeckung" aus sage und schreibe 34 Hutfabriken Lindenbergs geliefert. Doch diese glorreichen Zeiten sind schon lange vorbei.
Von unserem Parkplatz führt ein ausgeschilderter, kurzer Wanderweg zum beliebten „**Waldsee**", der mit Liegewiese und warmen Wasser (Moorsee) Urlauber wie Einheimische gleichermaßen lockt.

Im Winter, wenn die Wasseroberfläche zugefroren ist, lädt die blanke Eisfläche zum Schlittschuhlaufen und Eisstockschießen ein. Dann geht es fast so hoch her wie jetzt im Sommer. Aber auch im Herbst mit seinen leuchtenden Farben und der damit einhergehenden Ruhe und Beschaulichkeit lohnt sich die Wanderung zum Waldsee. Nun rollen wir das kurze Stück zurück zum Kreisverkehr von **Scheidegg** und biegen dort rechts ab. Nur ein kurzes Stück folgen wir der Deutschen Alpenstraße, kommen an dem kleinen Reptilienzoo (linkerhand) vorbei und erreichen auch schon unser nächstes Ziel, die Scheidegger Wasserfälle.

(082) WOMO-Wanderparkplatz: Scheidegger Wasserfälle

GPS: N 47° 35' 27.9" E 09° 50'29.1" **max. WOMOs:** 2.
Ausstattung/Lage: Im Grünen, auf Beton/ außerorts.
Zufahrt: Gleich nach dem kleinen Reptilienzoo zweigt links der Fahrweg zu dem einzigartigen Naturschauspiel ab (beschildert).

Nur wenige Schritte sind es hinab zum Kassenhäuschen. Gleich dahinter befinden sich für Familien zwei wirksame Bremsen – ein überaus interessanter Wasserspielplatz, und ein kleiner Streichelzoo. Irgendwann können wir unsere Kinder dann doch von dem gleich auf sie wartenden Naturerlebnis überzeugen.

Wie neuerdings beim amerikanischen Grand Canyon, so erstreckt sich auch hier eine, wenn auch wesentlich kleinerere, Panoramarampe über den gähnenden Abgrund. Von dieser schauen wir ehrfurchtsvoll in die Tiefe zu den brodelnden Wassern. In 2 riesigen Kaskaden stürzt der ansonsten so harmlos wirkende Rickenbach 40m nach unten.

Auf dem gegenüberliegenden Weg Nr. 2 haben wir dann vom Aussichtspunkt nochmals wunderbare Blicke hinüber zum Naturschauspiel.

Für heute ist es genug und wir lassen uns vom Rauschen des Wassers in den Schlaf wiegen.

WOMO-Wandertipp: Scheidegg

Am nächsten Tag lassen wir unser Fahrzeug stehen. Wir folgen der Sackgassenstraße zu Fuß rechts durch den Fichtenwald und erreichen kurz darauf eine Weggabelung an der Brücke über den Rickenbach. Hier lässt es sich auch prima und ungefährlich im seichten Wasser planschen und abkühlen. Das brauchen wir aber heute Morgen noch nicht und so entscheiden wir uns, dem großen Kneipp-Rundwanderweg zu folgen. Wir merken uns für den Nachmittag den Abzweig links hinauf durch den Wald nach Scheidegg. Über dicht mit Äpfeln behangenen Streuobstwiesen nebst genüsslich fressenden Kühen geht es gut beschildert zum Ort hinauf. (1/2 Stunde einfach).

Der **Kneipp-Weg** bietet nicht nur schöne Landschaft, sondern auf Infotafeln auch jede Menge Witze, Sprüche, Anekdoten und Gesundheitstipps- und Empfehlungen, getreu dem Motto: „Lachen ist gesund":

> Die Eheleute, beide 60, feiern ihren 35. Hochzeitstag. Zum Fest erscheint eine gute Fee und gewährt beiden je einen Wunsch. Die Frau überlegt kurz und wünscht sich eine Weltreise – schwupp und schon hält sie 2 Karten für eine Kreuzfahrt in der Hand.
> Nun fragt die Fee den Mann nach seinem Wunsch. „Ich möchte eine Frau die 30 Jahre jünger ist als ich". Da schwingt die Fee ihren Zauberstab und schwups ist der Mann 90.

Nach der Mittagsruhe spazieren wir wie beschrieben (vgl. Womowandertipp) den Hang nach Scheidegg hinauf. Der heilklimatische **Kneipp-Kurort** verwöhnt seine Gäste mit sage und schreibe rund 2000 Sonnenstunden im Jahr. Davon profitieren auch wir heute. Uns gefällt er durch die Gemütlichkeit, die von den holzgetäfelten Häusern ausgeht. Vor allem das mit Perlagonien verzierte Rathaus gehört zu dieser schönen Art von Bauwerken.

Auch die St. Gallus-Kirche mit ihrer vermeintlichen Rokokoausstattung (die jedoch erst viel später diesem Stil nachempfunden wurde) passt in die Verträumtheit Scheideggs.

Die Gemeinde hat übrigens auch einen eigenen Stellplatz am Rande des Ortes, den wir nun ansteuern:

(083) Offizieller WOMO-Stellplatz: Scheidegg

GPS: N 47° 34' 21" E 09° 50' 41"
max. WOMOs: 22.
Ausstattung/Lage: VE, Strom, Dusche, WLAN/ Ortsrand; gebührenpflichtig.
Zufahrt: In Scheidegg ins Zentrum, dann links hinauf in die Prinzregent-Luitpold-Straße; an deren Ende, kurz vor dem Wald rechts.
Sonstiges: Vom Stellplatz für fitte Wanderer in rund 3 Stunden zum Pfänder mit Bodenseeblick, ausgeschildert

WOMO-Wandertipp: Skywalk

Wir wollen heute den neuerrichteten Baumwipfelpfad „Skywalk" besuchen. Von unserem Stellplatz aus wandern wir ein kurzes Stück entlang der Straße am Wald entlang. Schon zweigt der Wanderpfad zum Skywalk rechts ab.. Abwechslungsreich geht es in rund 45 Minuten sanft bergan, immer dem Bächlein folgend, und dann sehen wir das küh-

ne Stahlkonstrukt. Einzigartige Ausblicke tun sich uns hoch oben bei den Tannenspitzen auf - der Blick schweift bis zum Bodensee, bei gutem Wetter sogar bis in die schneebedeckten Schweizer Berge und den Schwazwald. Für wagemutige „Indiana Jones" Anhänger geht es auf wackeligen Hängebrücken mit viel Nervenkitzel hinab. Alle anderen (auch Rollstuhlfahrer und Kinderwagenschieber) gelangen mit dem Lift problemlos wieder ins Parterre. Aber noch mehr ist geboten: Ein phantasievoller Abenteuerspielplatz, Barfußpfad, Walderlebnispfad, Biergarten... Einen halben Tag oder besser noch mehr sollten Sie auf jeden Fall für diesen Ausflug einplanen. Wer will, kann auch mit dem Womo zum Skywalk vorfahren. Ein kleiner Restanstieg aber bleibt!

Nervenkitzel...

TOUR 8 (ca. 100 km / 3-4 Tage)

Möggers - Pfänder - Bregenz - Scheffau- Weiler

Offizielle Stellplätze:	Bregenz
Freie Übernachtung:	Möggers, Pfänder, Scheffau
Ver-/Entsorgung:	Bregenz
Baden:	Bodensee
Kultur:	Bregenz
Aktivitäten:	Walderlebnispad in Möggers, Alpenzoo am Pfänder, Bootsfahrt auf dem Bodensee, Wandern in Weiler
Essen:	Jausenstation Fesslerhof, Panoramarestaurant am Pfänder, Deuringschlössle in Bregenz

Das mit den rund 2000 Sonnenstunden im Jahr scheint in Bezug auf Scheidegg bei uns schon zu stimmen. Derart motiviert kommen wir uns fast schon vor wie im Süden. Und genau in diese südlichen Gefilde, nämlich zum **Bodensee** hinab, dahin wollen wir nun mit Ihnen. Doch bis zu dem mediterranen Flair müssen wir noch einige Kilometer und Kurven bewältigen. Durch **Scheidegg** geht es geradeaus bis ins österreichische Weienried. Kurz danach wartet ein ruhiger Wanderparkplatz auf uns:

(084) WOMO-Wanderparkplatz: Möggers

GPS: N 47° 34' 42.0" E 9° 48' 12.9"   **max. WOMOs:** 2-3.
Ausstattung/Lage: Auf Waldboden/ außerorts, sehr einsam.
Zufahrt: Auf der Staatsstraße 2378, nach dem Weiler Ruckstieg nächster womobreiter geteerter Weg rechts zum Waldlehrpfad (beschildert), gleich nach dem Sägewerk links auf Schotter und Rasen.

WOMO-Wandertipp: Walderlebnispad Möggers

Unsere Bergschuhe werden hervorgeholt und wir wandern hinab in den wilden Schluchtenwald, der an vielen Stellen an einen Urwald erinnert. Ähnlich wie im Dschungel können sich nun kleine und große Tarzans an der Liane, pardon Seil, über den Abgrund schwingen. Zahlreiche kleine Wasserfälle stürzen über Molassegestein herab. Mehrere Erlebnisstationen und Natur pur sorgen für Kurzweil in unserer Familie. Schnell sind 2,5 Stunden vorbei, wobei sich der Walderlebnispfad auch in rund einer Stunde weniger durchwandern ließe.

Mit dem Womo geht es nun auf der Staatsstraße 2378 in den Wald, durch den sich das Teerband konsequent in vielen Kurven und Kehren den Hang hinabschraubt. Viel bremsen,

kurbeln und schalten sind nun angesagt. In **Leutenhofen** biegen wir an der T-Kreuzung links ab gen **Hörbranz**. Links und rechts der Straße dominieren nun weitflächige Apfelbaum streuobstwiesen das Landschaftsbild. Ein untrügliches Zeichen, dass der **Bodensee** mit seinem milden Klima nun nicht mehr fern ist. In Hörbranz erhaschen wir dann schon die ersten Blicke auf den See. Lassen Sie sich (noch) nicht aus der Ruhe bringen, denn das Panorama wird noch viel viel besser! In Hörbranz überqueren wir die Autobahn, die in den mautpflichtigen Pfändertunnel führt, und erreichen nun **Lochau**. Genau in der Stadtmitte zweigt links bei der Kirche die beschilderte Straße zum **Pfänderberg** hinauf ab. Nun muss die Maschine wieder Höchstleistung bringen und der Fahrer unablässig das Womo Kehre um Kehre hinaufschrauben. Gut lachen hat jetzt meine Beifahrerin. Für sie eröffnet sich ein zunehmend fantastischeres Panorama. Gelegentliches Halten, Schauen und Staunen muss da schon drin sein. Doch keine Angst, Ihnen geht die Aussicht nicht verloren, und am Gipfel wird sie noch viel besser sein.

Endlich ist es geschafft und wir erreichen den gebührenpflichtigen Großparkplatz, den wir aber rechts liegen lassen. Wir fahren noch ein kurzes Stück weiter durch den Wald vor zur Seilbahn Bergstation auf rund 1000m ü.N.N., vor der ein

kostenloser Parkplatz auf den (Restaurant) Besucher wartet.

Bevor wir uns dem Panorama zuwenden dürfen, haben unsere Kinder längst den Spielplatz vor der Womohaustüre erspäht und damit den Programmablauf für die nächste halbe Stunde festgelegt. Doch dann endlich blicken wir auf den Bodensee und die ihn umgebende Bergwelt. Ein wahrhaft atemberaubender Rundumblick.

Dominierend ist die Bergwelt des **Schweizer Säntismassivs**, der **Rheinzufluss**, das Stadtgewirr von **Bregenz** und nicht allzu weit entfernt am Himmel sehen wir das Markenzeichen des Bodensees seit über 100 Jahren: der Zeppelin.

Neben dem einzigartigen Panorama ist hier oben aber noch viel mehr geboten. Etwas Zeitkoordination ist aber unter Umständen vorab schon wichtig. Denn die nur ein paar Gehminuten entfernte **Adlerwarte** hat leider nur zwei 35-minütige Vorführungen im Programm: Um 11.00 und um 14.30 Uhr (vom 1. Mai bis 4. Oktober).

Auf dem Weg zur **Greifvogelschau** befinden wir uns bereits auf dem kleinen Rundspazierpfad des kostenlosen **Alpenzoos**. Der startet kinderfreundlich mit dem Kaninchengehege. Gegenüber stehen aber schon einige mächtige Exemplare des Alpensteinbocks. Ein imposanter Anblick hier mitten im Gebirge. Nicht weniger imposant sind die nur unweit entfernten Hirsche. Nun aber auf zur Adlerwarte. Wir zahlen den preiswerten Obolus und nehmen dann auf der Tribüne platz. Wenig später erscheint auch schon ein Falkner mit einem herrlichen Steinadler auf dem Arm. Majestätisch erhebt sich der König der Lüfte, zieht seine Bahnen und kehrt dann, angelockt durch die Beute, zurück zu seinem Herr und Meister. Wir bekommen auch noch Milan, Falke, Uhu und noch einige andere Großraubvögel in Aktion zu Gesicht. Auf jeden Fall ein sehenswertes Spektakel.

Die Womomannschaft ist von derart vielen Reizen geschafft. Nur gut, dass sich unser nächster Übernachtungsplatz wenige Minuten entfernt befindet.

(085) WOMO-Stellplatz: Pfänder/ Moos

GPS: N 47° 31' 4.1" E 9° 47' 14.3" **max. WOMOs:** 1-2.
Ausstattung/Lage: Sitzbank/ am Waldrand.
Zufahrt: Zurück zum Großparkplatz und dort rechts ab gen Jungholz. Nur wenige hundert Meter später, nach dem Bauernhof am Waldbeginn rechts kleiner Platz mit schöner Fernsicht.

Am nächsten Vormittag rollen wir vor nach **Jungholz**. Gleich zu Beginn des Dorfes besuchen wir die linkerhand gelegene alteingesessene **Sennerei**. Der seit 1938 bestehende Betrieb hat seine Pforten für den Besucher das ganze Jahr jeden Tag (Ausnahmen sind Fest- und Feiertage) geöffnet. Natürlich darf zugeschaut werden, wie aus dem Biorohstoff Milch riesige Käselaibe werden. Rund 900000 Liter beste silofreie Rohmilch verarbeitet die Sennerei pro Jahr.

An der Theke erstehen wir mehrere Köstlichkeiten, füllen damit unseren Kühlschrank und fahren dann ein Stück weiter. Wir wollen bei den Delikatessen der Region bleiben, und da bietet sich ein Abstecher zum nahen **Fesslerhof** geradezu an. Durch Wald und Wiesen geht es abwechslungsreich mit schönstem Bergpanorama weiter zum Weiler Hinteregg. Noch gewinnt unser Sträßchen an Höhe, doch schon bald geht es stetig bergab und wir kommen zum beschilderten Abzweig zum Fesslerhof (**Schüssellehen**). Leider ist dieser Abstecher nur für Womos bis zu einer maximalen Länge von ca. 7 m zu empfehlen. Für längere Fahrzeuge wird der Fahrweg zu riskant. Nur wenige Minuten geht es auf dem schmalen Teerband bergan und dann erreichen wir die **Jausenstation** (GPS: N 47° 32' 41.9" E 9° 47' 50.3").

Auf der Sonnenterrasse des Metzgerbetriebes bietet uns die Speisekarte eine Auswahl an selbstgemachten und köstlichen Wurst- und Fleischwaren an. Doch das beste hier oben ist der wunderbare Ausblick auf das Bodenseepanorama.

Der Fesslerwirt lässt Sie übrigens (wenn Sie sein Gast waren) auf Nachfrage auch eine Nacht auf seinem Parkplatz stehen. Wir wollen aber heute noch **Bregenz** erreichen. So kurven wir bis zum Abzweig zurück und fahren rechts weiter den Berg hinab. Schon bald kommen wir mitten im Bergwald an eine T-Kreuzung, an der wir links abbiegen. Kurvig geht es weiter und wir verlieren weiter an Höhe. Nach dem Verlassen des Bergwaldes kommen wir in die Gemeinde Eichenberg mit, wie sollte es auch anders sein, wieder schönen Ausblicken. Diese haben wohl u.a. dazu geführt, dass sich mehrere Womofahrer hier zur

Nachtruhe gebettet haben - die Folge können wir unschwer an den zahlreichen Verbotstafeln erkennen.

Weiter fahren wir bergab und erreichen mit stinkenden Bremsen wieder Lochau. Dort halten wir uns über die Kreuzung hinweg geradeaus direkt auf den **See** zu. Jetzt ist Geduld gefragt. Bevor wir uns auf die '190', die Bundesstraße direkt am Seeufer einreihen dürfen, geht es nur stoßweise voran. Eine Ampelanlage versucht den nicht gerade geringen Verkehrsfluss mehr oder weniger erfolgreich zu bewältigen. In Bregenz sieht es dann leider auch nicht wesentlich besser aus. Zu viele Ampelanlagen behindern den Verkehrsfluss. Leider sind da die Bregenzer Stadtväter nicht ganz unschuldig. Hätten sie doch eine sinnvolle Stadtumfahrung mit dem **Pfändertunnel** in der Hand – der ist aber bekannterweise mit dem „Pickerl" voll mautpflichtig. Und da sehen viele Urlauber und Einheimische zu Recht nicht ein, warum sie dieser Wegelagerei Vorschub leisten sollen...

Apropos Kosten: Im ganzen Stadtgebiet muss beim Abstellen des Womos ein Parkschein gelöst werden, auch wenn am Straßenrand kein Schild extra darauf hinweist. Irgendwo steht alle paar hundert Meter immer ein Automat und wartet auf Ihren Münzeinwurf. Trotz des Verkehrsgewimmels findet sich meist ein Platz für ihr Womo. Empfehlen könne wir Ihnen da z.B. die sehr zentral gelegene Schillerstraße, die Sie gleich beim ersten Kreisverkehr von Bregenz links ab erreichen.

Da wir aber ein paar Tage am See verweilen wollen zum Baden, Campen und Stadtbesichtigen, suchen wir den sehr empfehlenswerten Campingplatz auf.

Radweg rund um Bregenzer Bucht

Bis zum Schwäbischen Meer

(086) WOMO-Campingplatz-Tipp: Camping Mexico

GPS: N 47° 30' 17.6" E 9° 42' 50.5"   **Öffnungszeiten:** Mai-Okt.
Ausstattung/Lage: schattig/ am See ; Gaststätte; Ver- und Entsorgung; Mietkanus.
Günstige Tarife für Womos auf Rasengittersteinen.
Zufahrt: auf der Bodenseeuferstraße durchs Zentrum in Richtung Schweiz, nach dem Bahnhof bei der nächsten Ampel (große Kreuzung) links abbiegen und der Beschilderung zum Hechtweg 4 folgen.
Bei Überfüllung: Camping Weiß und Seecamping Bregenz gegenüber.

Alternativ wären auch zwei neue Stellplätze für Womos zu empfehlen, die ganzjährig anfahrbar sind:

(087) Offizieller WOMO-Stellplatz: Gasthof Sternen

GPS: N 47° 29' 04" E 9° 41' 14"   **max. WOMOs:** 8.
Ausstattung/Lage: Frischwasser/im Ort.
Zufahrt: Durch Bregenz hindurch in Richtung St. Margrethen auf der L202, nach dem Überqueren des Bregenzer Ach Flusses im Ortsteil Hard rechts ab in die „Alte Straße", dieser bis zur T-Kreuzung folgen, links ab in die „Landstraße", kurz darauf gleich links.

(088) Offiz. WOMO-Stellplatz: Bregenz Auhafendamm

GPS: N 47° 30' 06" E 9° 41' 23"   **max. WOMOs:** 10.
Ausstattung/Lage: Schwimmbad nebenan/Ortsrand, am See.
Zufahrt: Durch Bregenz hindurch in Richtung St. Margrethen auf der L202, nach dem Überqueren des Bregenzer Ach Flusses im Ortsteil Hard rechts ab in die Hofsteigstraße, dann rechts in die Kirchstraße zum Yachthafen.

Bregenz ist weit über die Landesgrenze hinaus bekannt. Grund ist die größte **Seebühne** der Welt, auf der alljährlich die Bregenzer Festspiele stattfinden. Hunderttausende besuchen die modern inszenierten Opernaufführungen im Sommer vor einer traumhaften Seekulisse. Dieser Genuss bleibt uns aber der Kinder wegen verwehrt - man kann eben nicht alles haben. Aber auch so genießen wir den Seeaufenthalt. Am nächsten Tag nehmen wir unsere Fahrräder vom Womoheckträger und radeln gemütlich durch die Grünanlagen auf der Uferpromenade zum Stadtzentrum vor. Schon nach wenigen Minuten kommen wir am Festspielhaus mit der daran angeschlossenen Seebühne vorbei. Wir bestaunen von Ferne das extravagante Bühnenbild. Weiter geht es durch den Park vor in Richtung Hauptbahnhof. Kurz davor sehen wir einen Fahrradverleih. Gut für all diejenigen, die ohne „Heckgepäck" angereist sind.
An der Hafenanlage liegt die „Sonnenkönigin", ein futuristisch gestaltetes Charterschiff vor Anker. Ein echter Blickfang. Wir aber wollen ganz bodenständig mit einem der 7 Dampfer der „Vorarlberg Lines" eine Seerundfahrt unternehmen. Rund 1 Stunde dauert die Fahrt durch die Bregenzer Bucht.

Altstadttor in der Oberstadt

Alle weiteren Fahrten, Preise u.ä. erfahren Sie im Internet unter www.vorarlberg-lines.at. Wer einen nostalgischen Badegenuss sucht, findet diesen nur unweit an der Uferpromenade entfernt: Das hölzerne Stadtbad „Mili" auf Stelzen ist über 100 Jahre alt und lädt den Besucher zum Sprung in das kühle Nass ein.

Jetzt begeben wir uns aber ins Stadtgewimmel. Die Räder lassen wir dazu am Ufer stehen, und laufen ein kurzes Stück auf der Bahnhofsstraße ins Geschäftszentrum der Landeshauptstadt. Dann biegen wir rechts ein und erreichen schon kurz darauf die Kaiserstraße, in der sich die Einkaufsmeile von

Das „Mili" in Bregenz - baden wie vor 100 Jahren

Bis zum Schwäbischen Meer

Bregenz befindet. Die durchbummeln wir aufwärts und erreichen den Leutbühel, einen quirligen Platz. Wirklich schön können wir das Sammelsurium an Hausfassaden hier nicht unbedingt nennen. Zu störend wirken die Betoneinschübe zwischen älteren Gebäuden. Doch der Blick den Hang hinauf ist da schon deutlich vielversprechender. Die vor uns befindliche Kirchstraße hat mit der Hausnummer 29 eine besondere Kuriosität zu bieten. Hier befindet sich mit 57cm die wohl schmälste Hausfassade der Welt. Wie sich darin wohl wohnen lässt?
Wir spazieren aber nun wieder ein kurzes Stück die Kirchstraße zurück und biegen dann rechts ein in die Amtstorstraße. die uns in einem weitgeschwungenen Bogen hinauf zur romantischen Oberstadt bringt. Hoch über den Dächern der pulsierenden Geschäftsstadt tauchen wir ein in einen Ort der Ruhe und Vergangenheit. Ein Haus schöner als das andere sind hier eng aneinandergereiht. Ein kulinarischer Verwöhnleckerbissen befindet sich in der nordwestlichen Ecke der **Oberstadt**. Das Deuringschlössle wartet mit einem bezahlbaren, aber erlesenem Restaurant und Gartenbewirtschaftung auf uns. Wir finden – ein Luxus den man sich im Urlaub ruhig einmal gönnen darf. Durch den Martinsturm mit seinem mächtigen mittelalterlichen Stadttor laufen wir auf Kopfsteinpflaster wieder steil bergab und tauchen damit wieder in den hektischen Alltag ein. Doch ganz so alltäglich wollen wir unseren Stadtrundgang nicht ausklingen lassen. Auf der Rathausstraße schlendern wir nach rechts in die mit vielen schönen Restaurants besetzte Kornmarktstraße. Und schon befinden wir uns vor dem nicht zu übersehenden gläsernen Kubus, dem Kunsthaus. Zeitgenössische Kunst, Architektur und Design warten in dem modernen Bauwerk auf uns, das das Himmelslicht geschickt einfängt und damit sein Inneres erhellt.

Gut, dass wir uns auf dem Campingplatz eingebucht haben, denn wir wären heute zu müde, um noch ein paar Kilometer mit dem Womo zu einem passenden Stellplatz zu fahren. So packen wir nur die Campingsachen aus, ziehen die Badehose an und lassen es gut sein...

Wem unser Abstecher an den Bodensee nun aber zu wenig ist und wer noch länger an den Gestaden des „Schwäbischen Meeres" verweilen möchte, den verweisen wir auf den Womo-Band 16 „Mit dem Wohnmobil durch den Schwarzwald". In den Touren 7, 8 und 9 haben die Autoren Uwe und Martina Konrad viele Stellplätze rund um den See inklusive abwechslungsreicher Aktivitäten beschrieben. Oder sind Ihnen vielleicht unsere Allgäuer Gipfel noch zu niedrig? Dann sind Sie mit den Womoführern Band 50 und 51 in der Schweiz mit seinen Gletschergipfeln bestens beraten.

Für uns wird es leider wieder Zeit, unser Womo in Bewegung zu setzen. So wie wir kamen, kehren wir zum Hauptbahnhof (Seestraße) zurück und biegen dort rechts ab in die Montfortstraße. Der folgen wir bis zur T-Kreuzung und biegen dort rechts ab in die Römerstraße. Ein gutes Stück fahren wir nun stadtauswärts und biegen dann an der großen Ampelkreuzung links ab in die Josef-Huter-Straße. Schließlich zweigt links die Langener Straße nach **Weiler** im Allgäu ab. Stetig geht es nun bergan. Wir halten uns aber brav an das Tempolimit von 50 km/h, was sich nur wenig später als gute Entscheidung herausstellt. Am Straßenrand parkt ein VW-Bus mit getönten Scheiben und macht „Andenkenfotos". In Österreich ein nicht gerade seltener Anblick. Auch Radarpistolen werden von der Gendarmerie gerne eingesetzt. Also Fuß vom Gas, sonst Geldbeutel auf.

Kurz hinter dem Weiler Hub überqueren wir die Grenze und biegen bei Neuhaus links ab nach **Scheffau**. Kurzzeitig geht es steil aufwärts und schon befinden wir uns in dem kleinen sympathischen Luftkurort Scheffau. Unser Orientierungspunkt ist der linkerhand befindliche Maibaum, der Mittelpunkt des Ortes. Dort befindet sich auch eine Kneippanlage für die Besucher. Wir parken unser Gefährt und unternehmen einen kleinen Spaziergang durch das malerische Dörfchen. Zahlreiche Rosenstöcke und andere Rank-

Weiler Marktplatz

gewächse verzieren die wunderschön bemalten Schindelhäuser. Ein Ort der Ruhe und Entspannung. Zum Glück finden wir auch einen Stellplatz am Ortsrand von Scheffau:

(087) WOMO-Stellplatz: Scheffau

GPS: N 47° 32' 31.9" E 9° 51' 40.9" **max. WOMOs:** 2-3.
Ausstattung/Lage: Schotter und Wiese/ am Ortsrand.
Zufahrt: Am Maibaum vorbei schräg rechts den Hang zum Sportplatz hinauf. Dort vor dem Fußballfeld auf Schotter; ringsum Weiden und Wald mit schönen Weitblicken.

Wie es sich für einen Kurort gehört, so verbringen wir eine ruhige Nacht in gesunder Luft. Die müssen wir aber leider kurzzeitig verpesten, um weiter nach Weiler zu gelangen. Es geht zurück nach **Neuhaus** und dort links auf die Staatsstraße 2001. Vorbei an Wald und Wiesen kommen wir so nach **Weiler**. Bis zur Kirche fahren wir vor und parken dort in einer Seitenstraße unser Wohnmobil. Bevor die Wanderstiefel wieder geschnürt werden, wollen wir aber eine kurze Ortsbesichtigung unternehmen. Alles Sehenswerte und Interessante ist um den Kirchplatz gruppiert, auf dem der Maibaum steht. Zuerst betreten wir vom Friedhof aus durch das Nebenportal die Pfarrkirche **St. Blasius**. Der klassizistische Saalbau gefällt mit einer nicht überladenen Freskendecke. Wir sind neben einer Oma mit ihrem Enkel die einzigen Besucher hier. Gleichzeitig verlassen wir das Gotteshaus. Die Frau merkt, dass wir Urlauber sind und frägt uns, ob wir das „Engele" kennen. Da erst sehen wir den Glaskasten im Eingangsbereich, in dem die Pfarrkirche en miniatur aus Holz liebevoll nachgebaut wurde. Der kleine Bub schmeißt 10 Cent ein und ein Engel erscheint, der die Glocken läutet. Ein reizendes Schauspiel, das nicht nur Kinder verzückt lächeln lässt... Reizend gestaltet ist auch das dem Gotteshaus gegenüber befindliche **Heimatmuseum**, das unbedingt einen Abstecher verdient hat. Dort sehen und erfahren wir, wie die Bevölkerung in früheren Generationen lebte - Wohnstuben,

Kornhaus mit Museum

Trachten u.v.m geben ein buntes Zeugnis dieser längst vergangenen Zeiten. Auch das daneben befindliche **Kornhaus** widmet sich dem bäuerlichen Alltag mit vielen heute fast unbekannten Gegenständen. Jetzt aber kehren wir zum Womo zurück, schnüren wieder die Wanderstiefel und packen den Rucksack mit Proviant voll. Ziel ist die nahe **Hausbachklamm**.

WOMO-Wandertipp: Hausbachklamm

Gegenüber der Kirche gibt uns der Wegweiser die Richtung zur Hausbachklamm vor. Gerade 5 Minuten sind es, bis wir die Gemeinde hinter uns lassen und den munter dahinplätschernden Hausbach erreichen. Rechts kommen wir gleich bei der Lourdesgrotte vorbei, die 1890 zu Ehren der Mutter Gottes errichtet wurde. Immer schattiger und wilder wird das uns umgebende grüne Dickicht. Erste Wasserfälle und Wehre säumen unseren Pfad. Allmählich wird

es für den Bach immer enger und damit für uns wildromantisch. Beeindruckend, wie das Gewässer sich seinen Weg durch den Fels sucht.

Weiter wandern wir sachte bergan bis zur sog. Trogener Brücke, bei der uns ein Familiengrillplatz empfängt. Wir packen unsere mitgebrachten Würstchen aus, sammeln Holz und entzünden ein kleines Lagerfeuer. Bis genügend Glut vorhanden ist, spielen die Kinder am seichten Kiesbett des Hausbaches. Nach der Malzeit wartet noch etwas weiter bachaufwärts ein Spielhaus und eine abenteuerliche Seilrutsche auf kleine und großes Entdecker.

Wer noch genügend Kondition und Zeit hat, wandert dem beschilderten Pfad folgend weiter ins Wildrosenmoos. Die Tour lässt sich als Rundweg mit bis zu 14 Stunden ausbauen. Das ist aber natürlich nur etwas für ganz Hartgesottene. Natürlich muss dann auch mit einer Übernachtung gerechnet werden. Nähere Infos und Wegbeschreibungen erfahren Sie in der Broschüre „Westallgäu - zwischen Alpen und Bodensee / Westallgäuer Wasserwege" (Tour 9/10/11).

Wir begnügen uns mit diesem überaus lohnenden Teilabschnitt und kehren nach rund 3,5 Stunden (mit Pausen) zum Womo zurück.

Von Weiler fahren wir nun auf der uns bereits bekannten Staatsstraße 2001 (Lindauer Straße) in Richtung Nordwesten ortsauswärts. Beim bald darauf folgenden Kreisverkehr halten wir uns geradeaus weiter und befinden uns nun auf der B 32. Doch schon kurz darauf verlassen wir sie nach schräg rechts und ordnen uns wieder auf die St.2001 nach rechts ein.

Brunnenschnitzkunst im Allgäu

TOUR 9 (ca. 115 km / 7-8 Tage)

Maierhöfen – Kleinweiler – Isny – Gestratz – Wangen – Herlazhofen – Kißlegg

Offizielle Stellplätze:	Isny, Wangen, Kißlegg
Freie Übernachtung:	Eistobel, Kleinweiler,
Campingplätze:	In der Höll (Bauerhofcamping) bei Gestraz, Beuren, Herlazhofen
Ver-/Entsorgung:	Isny, Wangen, Kißlegg
Baden:	Untere Argen, Badsee, Herlatzhofer Weiher, Obersee Kißlegg
Kultur:	Isny, Wangen, Kißlegg
Aktivitäten:	Wandern: Eistobel und Riedholzer Kugel, Ruine Altrauchburg
Essen:	Gasthof Malleichen

Wir folgen auf der Staatsstraße 2001 rechts ab dem gelben Schild „**Isny**" bis Zwirkenberg. Dort halten wir uns nach rechts und erreichen das schon in Sichtweite liegende Dorf **Gestratz**. Hier werden wir nach unserem Abstecher über Kleinweiler und Isny nochmals herkommen, um die **Sennerei** zu besuchen. Doch dazu steht uns heute überhaupt nicht der Sinn. Der Wetterbereich kündet den heißesten Tag des Jahres an. Der ist wie geschaffen für einen Wanderausflug zum Eistobel.

(090) WOMO-Wanderparkplatz: Eistobel
GPS: N 47° 38' 28.6" E 10° 01' 28.6" **max. WOMOs:** 2-3.
Ausstattung/Lage: Schotterparkplatz/ außerorts.
Zufahrt: Über Gestraz und Grünenbach in Richtung Maierhöfen/ Isny. Vor der Eistobelbrücke links.
Sonstiges: Stellplatz im hinteren Teil des Ausweichparkplatzes (in Richtung Grünenbach gesehen rechts) am Waldrand und den Viehweiden. In der Hochsaison tagsüber für Womos enge Parkverhältnisse, deswegen unbedingt zeitig am Vormittag oder schon am Abend vorher anreisen!

Unsere Wanderrucksäcke werden geschnürt: Badesachen, Picknickzeug, Sonnenmilch... und los geht's.
Am Infopavillon erfahren wir sehr interessante Dinge über Flora und Fauna, sowie in Kurzfilmen Wissenswertes zur Entstehungsgeschichte der Schlucht. So lernen wir, dass der Eistobel gemäß seinem Namen auch im tiefen Winter seinen besonde-

Z´Wange bleibt ma hange

ren Reiz hat, wenn die zahlreichen Wasserfälle gefroren sind und zahllose riesige Eiszapfen von den Wänden hängen.

WOMO-Wandertipp: Eistobel und Riedholzer Kugel

Den günstigen Eintrittspreis bezahlen wir und laufen dann in Serpentinen zur Oberen Argen, dem Gewässer, das den Tobel im Laufe der Jahrtausende geformt hat. Am kühlen Talgrund angelangt, folgen wir dem gemächlich

dahinplätschernden Fluss aufwärts. Nach gut einer viertel Stunde kommen wir an die ersten Wasserfälle. Über mehrere Kaskaden rauscht das Wasser in die Tiefe. Zu Füßen dieser Kaskaden sitzen bereits schon einige Leute in den Gumpen und genießen die Atmosphäre. Doch keine Angst, wir finden noch genügend freie Badeplätze an den noch folgenden Wasserfällen. Dazwischen locken besonders die ausgedehnten Kiesbänke zum Rasten auf der Picknickdecke. Kinder finden ein wahres Eldorado an Wasserspielmöglichkeiten. Und da zwischen den Naturschauspielen die Obere Argen ruhig dahinfließt, ist Planschen ein ziemlich ungefährliches Unterfangen.

Weiter wandern wir ohne große Mühen flussaufwärts und erreichen nach etwas über einer Stunde reiner Gehzeit den „Stausee". Hier ragt eine über 50m hohe Gesteinswand über der zu einem kleinen See aufgestauten Oberen Argen steil in den Himmel. Dahinter, am Eistobelsteg, wechseln wir die Flussseite und steigen nun stetig bergan nach Hohenegg. Der Wanderwegweiser lotst uns sicher zum Aussichtsgipfel der Riedholzer Kugel auf 1066m hinauf. Besonders das letzte Wegstück ist landschaftlich grandios. Durch herrlich blühende und duftende Wiesen wandernd mit dem Fernblick auf die Berge...

Nach der Gipfelrast steigen wir nach Riedholz ab und marschieren durch das kleine Dorf zur Hauptstraße hinab, an der wir auf dem Fuß- und Radfahrweg sicher die letzten paar hundert Meter bis zur Argentobelbrücke zurücklegen. Wir haben für diese einzigartige Rundwanderung gute 4 Stunden gebraucht (ohne Pausen).

Der heißeste Tag des Jahres wird schnell zur Eintagsfliege. In der Nacht tobt sich ein mächtiges Gewitter aus. Donner hallt durch den Eistobel. Ein schaurig schönes Klangerlebnis. Am nächsten Morgen hängen die Wolken tief. Das ist genau das richtige Ambiente für eine **Burgerkundung**. Wir fahren bis nach **Maierhöfen** und folgen nicht der Straße nach Isny,

Ruine Altrauchburg

Alpensalamander

sondern rollen geradeaus weiter durch den Ort zur B 12 nach **Großholzleute**. Dort rechts ab und ein kurzes Stück weiter, bis uns der Wegweiser nach links in Richtung **Wengen** schickt. Lange bleiben wir nicht auf dieser Straße, denn bald schon sehen wir die braune Hinweistafel „Ruine Altrauchburg" nach rechts. Über Wiesen zieht sich das schmale Teerband zum Wald hin, und dort stellen wir unser Gefährt dann ab.

(091) WOMO-Wanderparkplatz: Ruine Altrauchburg I
GPS: N 47° 39' 39.4" E 10° 06' 38.5"   **max. WOMOs:** 2-3.
Ausstattung/Lage: Schotterplatz/ außerorts.
Zufahrt: Wie im Text beschrieben, beschildert; vor dem Wald Parkplatz rechts.

Gleich hinter dem Wanderparkplatz beginnt ein Waldlehrpfad, der uns zur Ruine hinauf begleitet. Auf Schautafeln wird uns Wissenswertes über Eichhörnchen, Rothirsch, Reh, Dachs,... aber auch die Flora mit Tanne, Fichte u.v.m. nähergebracht. Wir schauen fleißig in die Natur, ob wir eines der erwähnten Tierchen auch sehen. Und tatsächlich – in der feuchten Witterung kreuzen einige Alpensalamander unseren Wurzelpfad.
Nach 5 Minuten Aufstieg halten wir uns auf dem nun erreichten Schotterweg nach links. Fast eben geht es durch den Bergwald dahin. Dann führt nach rund 15 Minuten ein schmaler Pfad (Pfad 14) rechts hinauf über z.T. schlüpfrige Wurzeln und Steine. Gut dass wir unser festes Schuhwerk anhaben.
Hätten Sie geglaubt, dass in diesem Dickicht und in dieser Höhe Palmen wachsen? Na ja, um botanisch genau zu sein: Es handelt sich um Stechpalmen. Hinter der Infotafel lugt ein stattliches Exemplar hervor.
Dann plötzlich stehen wir vor den Resten der Altrauchburg, die immer noch mächtig und imposant wirkt.
Bis ins 18. Jahrhundert fungierte die Burg als politisches,

Altrauchburg im Mittelalter

wirtschaftliches und höfisches Zentrum der ihr zugehörigen Herrschaft. Eine Ritterburg, wie unsere Kinder meinen, war sie aber nicht. Ihr militärischer Wert ist dem einer heutigen Polizeistation gleichzusetzen. Und – umkämpft wurde die Anlage, wie viele andere Burgen im Mittelalter, nie! Nichts desto Trotz, das Innere der Burg beeindruckt und lässt uns in unserer Phantasie freien Lauf.

Neben der Ruine wartet ein Biergarten auf den Besucher. Gleich hinter der Ruine führen mehrere Wanderwege weiter den Berg hinauf, z.B. zum 20 Minuten entfernten Sonneckgrat. Davon haben wir aber nichts, denn die Wolken hängen immer noch tief. So setzen wir unsere Rundwanderung auf der Straße durch den Wald fort. Verkehr ist keiner, und so laufen wir mitten auf dem sich dahinschlängelnden Teerband langsam wieder bergab. Nach einigen Minuten erreichen wir einen romantischen Wanderparkplatz mit herrlicher Aussicht. Sofort wird beschlossen – da wollen wir heute übernachten:

(091a) WOMO-Wanderparkplatz: Altrauchburg II

GPS: N 47° 39' 22.1" E 10° 06' 54.6"   **max. WOMOs:** 2-3.
Ausstattung/Lage: Bank/ außerorts, im Wald.
Zufahrt: Wie im Text beschrieben durch den Wald hinauf, dann rechterhand auf Schotter.
Sonstiges: Genug Ausweichmöglichkeiten auf der etwas schmalen Bergstraße. Kaum Gegenverkehr.

Noch ein gutes Stück geht es sanft bergab, und dann gibt uns der Wald wieder frei. Jetzt darf unser Womo den Berg hinauf, um uns zu dem ruhigen Schlafplatz zu bringen.

Wir lassen die Waldruhe hinter uns und kehren zur **B 12** in Richtung **Isny** zurück. In Großholzleute, das sich schon auf der württembergischen Seite des Allgäus befindet, befolgen wir brav die Ortsgeschwindigkeit. Ein grauer festinstallierter Radarkasten schießt unvergessliche Urlaubsfotos...

Isny wartet mit einem landschaftlich schön und sehr zentral gelegenen Stellplatz auf seine wohnmobilen Besucher.

(092) Offizieller WOMO-Stellplatz: Isny / Untere Mühle

GPS: N 47° 41' 41" E 10° 02'15"   max. **WOMOs:**16.
Ausstattung/Lage: VE, Strom / im Ort; gebührenpflichtig.
Zufahrt: Die Umgehungsstraße verlassen und auf der alten B12 durch den Ort (Bergtorstraße) fahren bis zur Ampelkreuzung. Dann rechts in die Karl-Wilhelm-Heckstraße, nach der 90 Grad Rechtskurve beschildert.

Espantor

Bevor wir aufbrechen, besorgen wir uns im ehemaligen Mühlgebäude neben unserem Stellplatz kostenloses Infomaterial und einen Stadtplan. Am gegenüberliegenden Ententeich spazieren wir vorbei und haben nach ein paar Minuten schon einen Fußgängerdurchbruch bei der **Stadtmauer** erreicht. Durch diesen schreiten wir und halten nach rechts auf das mittelalterliche **Espantor** aus dem Jahre 1467 zu. Der Mauerring mit seinen sechs Toren ist noch fast vollständig erhalten und legt ein beredetes Zeugnis der ehemals freien Reichsstadt Isny ab. Links gewandt bummeln wir durch die Fußgängerzone

Rathaus Isny

vor zum Rathaus, vor dem heute Markt ist (jeden Donnerstag von 7.00 – 12.00 Uhr). Buntes Allerlei aus dem Allgäu wird feil geboten. Das rege Treiben verleiht der **denkmalgeschützten Altstadt** einen besonderen Charme. Apropos besonders: Am schönsten sind die spätgotischen bis barocken Bauten um den **Marktplatz** herum. Heraus sticht hier vor allem das Rathaus, das 1685 aus Patrizierhäusern des 15. Jahrhunderts hervorging.

Wir setzen unsere Stadterkundung beim Rathaus nach links, also um die Ecke herum fort und befinden uns damit auf der zweiten Achse der Fußgängerzone. In der Ferne ragt markant bereits das nächste Stadttor aus dem Mauerring empor. Dorthin laufen wir, schwenken jedoch kurz davor rechts den Hügel hinauf zum einstigen Benediktinerkloster. Eine schöne Gartenanlage empfängt uns und führt uns zu den Räumlichkeiten, in denen der **Künstler Friedrich Hechelmann** seine visionär, fantastische Schaffenskraft zur Schau stellt. Bilder, die Ruhe, aber auch ihre Botschaften auf moderne Art und Weise ausstrahlen und dem Betrachter näher bringen, lassen uns die Zeit und den Alltag vergessen. Hechelmann wurde 1948 in Isny geboren. Was uns besonders an ihm gefällt – er sticht aus dem heute z.T. langweiligen kunstschaffenden „Einheitsbrei" deutlich heraus. Wohl einzigartig sind seine Illustrationen für den Bibelzyklus, den er 2006 im Auftrag des Pattlochverlages malte. So haben wir die „Arche Noah" oder „Das letzte Abendmahl" noch nie gesehen. Lassen Sie sich überraschen!

Hechelmannsche Kunst

Klosterkomplex mit St. Georgskirche

Aber nicht nur Gemälde sind ausgestellt. In der Kunsthalle im Erdgeschoss befindet sich die weltweit größte private Skulpturensammlung ihrer Art. Hochwertige Marmor- und Bronzerepliken sind ausgestellt wie z.B. die Laokoon-Gruppe. Ganz ehrlich, so eine Ausstellung hätten wir nie im Allgäu vermutet. Um noch bei der Kunst zu bleiben, besuchen wir die dem Klosterkomplex angegliederte barocke St. Georgskirche. Die ist wieder typisch, was den Prunk Allgäuer Kirchen betrifft. Ergreifend gewaltig und schön. Geradezu bescheiden nimmt sich das gotische Pendant gegenüber aus – die protestantische **Nikolaikirche**. Ihr schlichtes Inneres verdankt sie nicht nur ihrem asketischen Baustil,

sondern der nach der Reformation entnommenen Bilder. Was noch an Ausschmückung da war, fiel einem Brand zum Opfer. Übrig blieb nur eine Bibliothek, die aber absolut sehenswert ist (jedoch nur mit Führung).

Ein Stück spazieren wir zurück durch die Flaniermeile und wenden uns dann rechts ab in Richtung Stadtmauer. Vorbei geht es an einer netten Bronzeskulptur und schon sind wir wieder beim Mauerdurchbruch mit der dahinter befindlichen ausgedehnten Grünanlage.

Am nächsten Morgen brechen wir zeitig auf, denn wir haben einen Termin in der **Bergkäserei** in Gestratz. Auf der B 12 fahren wir in Richtung Wangen. Hinter dem Weiler „Dorenwald" teilt sich die Straße und wir biegen auf die B 32 gen Weiler / Simmerberg und Lindenberg ab. Hinter Brugg weißt uns ein Schild rechts nach **Gestratz** den Weg. Bei der Kreuzung an der Kirche halten wir uns nach links und sehen gleich darauf die

Sennerei Gestraz mit Chef persönlich

Sennerei.

Der Chef wartet schon auf uns. Wir kommen in einen nach Milch und Käse duftenden Wirtschaftsraum, in dem sich sechs riesige Behälter befinden. „In diesen je 1000l fassenden Bottichen befindet sich das Laab (Milch-Rohmasse), das die Harfe (Gitternetz) zerkleinert", so werden wir fachmännisch aufgeklärt. Weiter erfahren wir, dass das fertige Laab einen Tag lang zu einem der typischen Käserohlingen gepresst wird. Anschließend wandert der Käselaib für drei Tage in ein Salzlakenbad und muss dann sechs bis acht Wochen in den Reifungsraum. Natürlich bekommen wir die jeweiligen Stationen der Käseverarbeitung auch immer in den dazugehörigen Räumen zu sehen. Im Reifungsraum entstehen die für den Käse später so typischen Löcher, die durch die Gase der Reifebakterien verursacht werden. Da die Gase durch die Rinde nicht so schnell entweichen können, werden eben Löcher in den Käse gedrückt. Jetzt kennen wir also das Geheimnis der Käselöcher. Der nächste Raum ist voller Käselaiber. Die müssen dort mindestens drei Monate lagern, damit sich der würzige Geschmack entwickeln kann. Je länger die Lagerdauer, desto aromatischer mundet der Käse, desto höher ist aber dann auch sein Preis. Noch ein Wort zu den eigentliche Produzenten der Milch – den Kühen. Die sind wahrhaft glückliche Kühe, wie wir sie aus der Werbung kennen. Denn nur Rohmilch von Kühen, die auf der Weide stehen und Gras fressen, darf verarbeitet werden. Silage, Mais und Kraftfutter sind absolut tabu! Wenn das nicht gesund ist?! Ein Laib Käse wiegt hier übrigens 28 Kg, braucht für seine Herstellung die zehnfache Menge an Milch und wird sechs Monate gelagert. Der an der Theke auch verkaufte Almkäse ist bei seiner Ablieferung sogar über ein Jahr alt.

Apropos Verkaufstheke: Wir brauchen fast nicht erwähnen, dass unser Kühlschrank nach dem Besuch ordentlich voll wird, denn wer kann bei solchen Allgäuer Köstlichkeiten und einer derartigen Auswahl schon wiederstehen. Übrigens ist der Bergkäse auch ein tolles Mitbringsel aus dem Urlaub, über das sich jeder Beschenkte sicherlich freut.

> Wie wir schon in Tour 1 bereits angekündigt haben, erzählen wir Ihnen nun einen kleinen historischen Exkurs zum „Grünen Allgäu", das von der Milchwirtschaft, seinen saftig grünen Weiden und Wiesen und dem Tourismus lebt. Das war nicht immer so. Noch vor rund 200 Jahren war das Allgäu blau (!). Der bis dato weitverbreitete Flachsanbau prägte das landschaftliche Erscheinungsbild. Zwar war Käseherstellung für den Eigengebrauch schon bekannt, doch dessen Qualität konnte bei weitem nicht die Ansprüche an einen möglichen Verkauf befriedigen. Auch die kurze Lagerfähigkeit stand einer größeren Vermarktung im Wege. Die Senner und Tüftler Johann Althaus und Karl Hirnbein brachten zu Beginn des 19. Jahrhunderts aus der Schweiz die professionelle Käseherstellung ins Allgäu. Der Emmentaler und verschiedene Weichkäsesorten verhalfen der Region zu einem ungeahnten wirtschaftlichen Durchbruch und der damit einhergehenden Umstrukturierung hin zur Vieh- und Milchwirtschaft. Sie brachte den Bauern bescheidenen Wohlstand und machte das Allgäu zu dem, wie wir es heute in unserem Urlaub vorfinden - grün.

Zu einem dieser typisch urigen Allgäuer **Bauernhöfe** wollen wir nun fahren und dort einige Tage verbringen.

(093) WOMO-Bauernhof-Campingplatz: Maurus

Position: N 47° 39' 10.1" E 09° 57'51.0" **Öffnungszeiten:** 1.5.-10.9.
Ausstattung/Lage: Schatten; Ver- und Entsorgung; Duschen, große Grillstelle/ auf Wiese.
Zufahrt: Durch Gestratz geradeaus zur B32 nach Zwirckenberg. Gleich danach rechts ab auf einem schmalen Sträßchen nach Höll.
Sonstiges: Reservierung in der Hochsaison nötig - Tel. 08383-617 oder unter www.maurus.de bzw. email: ferien@maurus.de. Mindestaufenthalt 3 Nächte!

Maurushof

Der romantisch gelegene Einödhof mitten im Grünen gefällt uns auf Anhieb. Die liebenswerte Berner-Sennen-Hofhündin Inka begrüßt uns gleich schwanzwedelnd. Sie ist nicht das einzige Tier auf dem familienfreundlichen Hof: Rinder, Kälbchen, Pony, Esel, Ziegen, Katzen, Kaninchen, Hühner. Nicht nur dieser ganze Streichelzoo lässt die Herzen der Kinder höher schlagen, sondern auch die riesige Spielscheune. Darin schwingen kleine Tarzans durch die Lüfte und lassen sich unter Gejohle ins weiche Heu plumpsen.

In der Hauptsaison spielen an mehreren Abenden Folkloregruppen auf und zaubern eine gigantische Stimmung vor dem Lagerfeuer herbei. Urlaub wie aus dem Bilderbuch.

Nur unweit des Bauerhofes entfernt windet sich die Obere Argen in Schleifen durch das Tal und lädt zum Bade ein. Unsere Womoküche bleibt heute auch kalt. Wir spazieren zum netten Gasthof, der ehemaligen Badwirtschaft Malleichen, zurück und lassen uns dort mit Spezialitäten des Argentales verwöhnen. Neben kulinarischen Köstlichkeiten wird der Gast auch mit einer historischen Kegelbahn gelockt. Ein angegliederter Spielplatz in Sichtweite des Biergartens sorgt dann für Kurzweil bei

den kleinen Gästen, die ganz nebenbei, mit entsprechenden Kinderportionen auf der Speisekarte, auch bedacht werden.
Irgendwann müssen wir aber dann doch wieder unsere Campingsachen verstauen und das Nomadenleben fort-

Gasthof Malleichen

führen. Auch der längste Urlaub nähert sich einmal dem Ende. Auf einem etwas abenteuerlich anmutenden Schotterweg geht es durch den Wald weiter in Richtung Wangen. Nachdem wir Tags zuvor einen Laster in diese Richtung haben fahren sehen, ist dies für uns der Beweis, dass auch wir da durchkommen... Langsam und vorsichtig meistern wir ohne Probleme die kurze Holperstrecke und stoßen dann wieder auf Teerbelag. Kurz darauf mündet unser Sträßchen in die Durchgangsroute ein, der wir nach links folgen. Nach einiger Zeit heißt es aufpassen. Schräg rechts ab führt die Staatsstraße 2003 über den Ort Staudach nach **Wangen**.

(094) Offizieller WOMO-Stellplatz: Wangen

Position: N 47° 40' 54.9" E 09° 50' 4.4"
max. WOMOs: >10.
Ausstattung/Lage: VE, Strom, Dusche, WLAN/ im Ort, gebührenpflichtig.
Zufahrt: Wie im Text beschrieben, auf der Isnyer Straße bis zur großen Hauptkreuzung, geradeaus weiter und dann nach rund 100m links ab in die Straße „Am Klösterle"; beschildert.

Von unserem Stellplatz laufen wir rechtshaltend am Ufer der Oberen Argen in wenigen Minuten zur historischen Altstadt vor. Unseren Kindern zuliebe blieben wir bis spät Nachmittags auf dem Ferienbauernhof Maurus und so betreten wir die Altstadt im Abendsonnenlicht. Der laue Sommerabend und die wunderschönen historischen Gebäude strahlen südländisches Flair aus. Wangen hat uns sofort in seinen Bann gezogen. Nicht umsonst heißt es „Z´Wange bleibt ma hange". Wir bummeln nach links hinauf zum Herzen der Stadt, dem Marktplatz. Das HinderOfenCafé eignet sich prima, um den Charme der Stadt zu dieser Stunde in aller Ruhe auf sich wirken zu lassen.
Am nächsten Tag brechen wir dann zum „ordentlichen" Stadtrundgang auf. Der beginnt am **Saumarkt** mit dem originellen **Antonius-Brunnen**. Sanft aufwärts geht es zum Marktplatz. Der wird architektonisch geprägt von der St. Martins-Kirche, dem Rathaus mit seiner Barockfassade und dem im italieni-

St. Martinstor

Achtung Nass!

Jonas beim Fidelisbäck

schen Stil erbauten **Hinderofenhaus**. Unfreiwillig wird aber unsere Aufmerksamkeit auf den kleinen Brunnen rechts nach dem Tordurchgang gezogen. Warum dies so ist, werden Sie sicherlich am eigenen Leib erfahren...

Weiter geht es geradeaus weiter in die Paradiesstraße, in der zwei Wangener Institutionen zu Hause sind: Das **Café Walfisch** (das in Bildern die Geschichte von Jonas und dem Walfisch zeigt) und die nebenan befindliche Bäckerei Fidelisbäck. Seit 1505 wird hier Brot gebacken. Unser Blick wird vom großartigen **St. Martins-Tor** angezogen, das mit Themen aus der Stadtgeschichte verziert ist. Durch diesen Durchbruch im Altstadtring spazieren wir, überqueren die Ampelkreuzung und halten uns bei der nächsten Sackgasse nach rechts zum Alten Friedhof mit der **Rochuskapelle**. Besonders die 66 Felder ihrer Holzdecke mit zahlreichen Szenen aus der Bibel lohnen diesen Abstecher. Aber auch so finden gestresste Men-

Flaniermeile Herrenstraße

schen hier im Grünen einen Ort der Ruhe und Beschaulichkeit. Dann geht es wieder zurück zum Marktplatz in die nach Norden gewandte prächtige **Herrenstraße**. Sie darf mit Fug und Recht wohl zu den schönsten Straßen in Deutschland gerechnet werden. Ein Haus schöner als das andere. Am Ende dieser Flaniermeile schließt sich das **Liebfrauentor** an. Wir setzen unseren Rundgang nach rechts fort und kommen am ältesten Bürgerhaus Süddeutschlands, dem **Weberzunfthaus** aus dem Jahre 1342 vorbei. Familien wie wir besuchen noch den Spielplatz hinter der alten Stadtmauer.

Nochmals machen wir einen Schlenker nach rechts und kommen so zum **Peterstorplatz** und der daneben befindlichen Eselsmühle mit sich drehendem Wasserrad. Zahlreiche Einkehrmöglichkeiten scharen sich rund um diesen attraktiven Platz. Über die hübsch anzusehende Bindstraße gelangen wir schließlich wieder zum Saumarkt, wo unser Rundgang endet. Was wir hier nicht unerwähnt lassen wollen, sind die zahlreichen interessanten Museen der Stadt. So z. B. die Badstube, die an mittelalterliche Baderituale erinnert (bei der Eselsmühle - Heimat- und Käsereimuseum). Weitere Infos samt den Öffnungszeiten erhalten sie natürlich wie üblich im Touristikbüro, das sich in Wangen am Marktplatz befindet.

Für uns steht aber schon jetzt eines ganz fest: Wir haben Wangen zur heimlichen Hauptstadt des Allgäus gewählt. Nirgendwo war der Altstadtcharme so überwältigend wie hier. Dolce vita in Wangen!

Wer nach so viel Aktivität eine Oase der Ruhe und Entspannung sucht, der findet in Steinwurfnähe zum Saumarkt südwärts den wundervollen Klostergarten der Franziskanerinnen. Dieser ist

Z´Wange bleibt ma hange

für die Öffentlichkeit zugänglich und bietet Sitzgelegenheiten unter Palmen und üppig blühenden Stauden.

Auf der B 18 sagen wir der Stadt Wangen Lebewohl und orientieren uns in Richtung der Autobahn A 96. Doch kurz bevor wir diese erreichen, zweigt rechts die Straße nach **Ratzenried** ab. Alle, die nicht mit uns zum Baden und Campen fahren wollen, können auf die A 96 einfädeln und bei der nächsten Ausfahrt direkt nach **Kißlegg** kurven.

Wir aber rollen erst einmal durch saftig grüne Landschaft, die von zahlreichen Wäldchen durchsetzt ist bis nach **Christazhofen**. Dort heißt es aufpassen, dass Sie den richtigen Abzweig nach links gen Gottrazhofen nicht verpassen. Nur ein paar Kilometer bleiben wir auf der **Oberschwäbischen Barockstraße** und biegen dann rechts ein direkt in den Weiler **Gottrazhofen**. Von dort führt uns die Straße nach Beuren zu einer T-Kreuzung. An dieser halten wir uns links ab und biegen kurz darauf nochmals links ab. Schilder weisen uns den Weg zum nahegelegenen Badsee nach Allmisried.

(095) WOMO-Campingplatz-Tipp: Badsee

GPS: N 47° 45' 14.5" E 10° 00' 14.6"   **Öffnungszeiten:** April-Okt.
Ausstattung/Lage: Schatti/ Laden; Gaststätte; Ver- und Entsorgung; Spielplatz, Grillplatz, Kinderstreichelgehege, Spielplatz, Fußballwiese.
Zufahrt: Wie im Text beschrieben.
Sonstiges: Flach abfallendes Ufer. Deswegen erwärmt sich das Wasser dort schon sehr frühzeitig in der Saison. Beliebter Platz bei Jung und Alt! Weitere Infos unter www.campingbadsee.de

Wir wollen aber heute noch ein Stück weiter zur nächsten Bademöglichkeit:

(096) WOMO-Campingplatz-Tipp: Herlatzhofer Weiher

GPS: N 47° 46' 54.1" E 10° 00' 10.6"   **Öffnungszeiten:** April-Okt.
Ausstattung/Lage: Wenig Schatten; am Strand; Gaststätte; Ver- und Entsorgung; Spielplatz.
Zufahrt: Vom Badsee in Allmisried immer rechtshaltend weiter auf womobreiter Straße (Ausweichen problemlos) nach Urlau auf die Hauptstraße. Dieser ein kurzes Stück folgen, dann links ab nach Herlazhofen und im Ort links der Beschilderung zum Herlazhofer Weiher und den Campingplätzen folgen.
Sonstiges: Da neben den 100 Dauerstellplätzen nur 20 Ferienplätze

vorhanden sind, empfiehlt sich kurz vorher telefonisch zu reservieren: Tel. 07561-5513
Auf der gegenüberliegenden Seeseite befindet sich nochmals ein Campingplatz zum Ausweichen.
Schöne (beschilderte) Radtouren in die Umgebung möglich.

Wer nicht auf den Campingplatz möchte, kann sein Womo auch auf dem großen kostenlosen Parkplatz vor dem Moorfreibad (Eintritt) abstellen. Dank des moorigen Untergrunds erwärmt sich der kleine See sehr rasch und bietet im Sommer badewannenwarmes Wasser.

Über landschaftlich wunderschöne und einsame Nebensträßchen geht es in gewohnter Manier weiter. Von **Herlazhofen** fahren wir gemütlich geradeaus über die Weiler Toberazhofen nach **Engerazhofen**. Dort biegen wir dann rechts ab gen Wolferazhofen, überqueren die Autobahn und kommen so nach Gebrazhofen. Das Nebensträßchen führt an der zu Ortsbeginn rechterhand befindlichen Kirche vorbei und kurz darauf halten wir uns an der T-Kreuzung links ab. Nur ein paar Meter später biegen wir rechts ab und fahren weiter, bis wir die letzten Häuser des Dorfes hinter uns gelassen haben. Schon sehen wir das schmale geteerte Weglein (unproblematisch), das uns durch die sanft geschwungene Hügellandschaft nach Köhr bringt. Idyllisch geht es durch Wald und Flur und plötzlich rollen wir mitten durch das Gehöft Hohmühle hindurch. Dahinter scheren wir links ab. Verstreut liegen immer wieder Einödhöfe in der saftig grünen Weidelandschaft. Dann lotst uns der Wegweiser nach rechts in Richtung Emmelhofen / Kißlegg. Nachdem wir ein längeres Waldstück durchquert haben, biegen wir in Emmelhofen links ab und gelangen fast nahtlos ins benachbarte Kißlegg.

Schloss in Kißlegg

Der knapp 9000 Seelen zählende Ort weißt erstaunliches auf: Zwei Schlösser, zwei Seen und eine Barockkirche. Verantwortlich für diese feudale Pracht ist der Adel, der hier von zwei wichtigen Geschlechtern dominiert wurde: Die Linien Waldburg-Wolfegg-Waldsee und Waldburg-Wolfegg-Zeil.
Um bei der Zahl 2 zu bleiben: **Kißlegg** bietet uns zwei Womostellplätze an, die beide gerade einmal 500m vom Ortszentrum entfernt sind.

(097) WOMO-Picknickplatz: Kißlegg - Freizeitgelände

Position: N 47° 47' 26.6" E 09° 52' 21.8" max. WOMOs: 3.
Ausstattung/Lage: Asphaltplatz im Grünen/ Ortsrand.

Zufahrt: In Kißlegg der abknickenden Vorfahrt gen Wolfegg folgen. Gleich nach Beginn des Schlossparks links ab in die St. Anna-Straße. Dieser nach 100m rechts ab folgen, an der St. Anna-Kapelle vorbei; nach dem Bahnübergang links; vor dem Freizeitgelände.
Sonstiges: Großer Kinderspielplatz mit Grillstation. Auch idealer Ausgangspunkt für beschilderte Wander- und Radtouren (Infotafel vor Ort gibt Auskunft).
Neben dem Stellplatz startet auch der 2,5 km lange **Moorlehrpfad** mit 10 informativen Stationen durch Wald und Flur, die bei Jung und Alt für Kurzweil sorgen.

(098) Offizieller WOMO-Badeplatz: Kißlegg - Strandbad Oberer See

Position: N 47° 47' 45.7" E 09° 52' 46.1" max. WOMOs: 10.
Ausstattung/Lage: VE, Strom, Strandbad/ Ortsrand, gebührenpflichtig.
Zufahrt: Der abbiegenden Vorfahrtsstraße folgen, am Schlosspark entlang und gleich nach dem beschrankten Bahnübergang rechts und sofort wieder links.

Strandbad Kißlegg

Um in das Städtchen zu gelangen, laufen wir vom **Strandbadeparkplatz** zum Bahnübergang und sind wenige Meter später bereits in der ausgedehnten Grünanlage des im englischen Stil gestalteten Schlossparks. Wir folgen den Spazierwegen und stoßen so unweigerlich direkt auf die Fassade des **Barockschlosses**, das auch besichtigt werden kann. Wie so oft schon im Allgäu, so vereint auch Kißlegg hier in wunderbarer Weise Natur und Kultur.

Und damit sind wir schon mitten im Zentrum des Ortes. Rechterhand sehen wir den Kirchturm der **Pfarrkirche St. Gallus** und Ullrich hervorspitzen. Das nahe Gotteshaus zählt mit zu den schönsten Barockkirchen des Allgäus und der Region Oberschwabens.

Pfarrkirche Kißlegg

TOUR 10 (ca. 145 km / 5-6 Tage)

Wolfegg – Bad Wurzach – Bad Waldsee – Biberach – Ochsenhausen – Rot an der Rot – Buxheim

Offizielle Stellplätze:	Wolfegg, Bad Wurzach, Bad Waldsee, Biberach an der Riss, Ochsenhausen
Freie Übernachtung:	Röthenbach, Metzisweiler, Sulmingen, Rot an der Rot
Ver-/Entsorgung:	Bad Wurzach, Bad Waldsee, Biberach an der Riss
Baden:	Premer Weiher bei Röthenbach, Metzisweiler, Ochsenhausen, Rot an der Rot
Kultur:	Wolfegg, Bad Wurzach, Bad Waldsee Hymermuseum u.a., Reinstetten, Ochsenhausen, Rot an der Rot, Buxheim
Aktivitäten:	Wandern im Wurzacher Ried; Radeln entlang der Öchslebahn
Essen:	Fischerhaus in Wolfegg, Gasthof Adler in Ochsenhausen, Gasthof Alte Klostermühle in Rot an der Rot

Gleich einer kostbaren Perlenkette reihen sich einzigartige Städtchen in diesem Teil des württembergischen Allgäus aneinander. Eine dieser Perlen, Kißlegg, haben wir bereits besucht. Bevor wir die nächste Perle kennen lernen, das nahe **Wolfegg**, legen wir noch einen Badestopp ein.

(099) Offizieller WOMO-Badeplatz: Premer Weiher

GPS: N 47° 47 '33.4"
E 09° 48' 54.4"
max. WOMOs: 2-3.
Ausstattung/Lage: Bänke, Abfalleimer, Grillstelle/ außerorts.
Zufahrt: In Röthenbach rechts, 200m später links ab. Nach dem Hof Premen links ab zum Weiher.
Sonstiges: Wer die Beschaulichkeit, Abgeschiedenheit und Landidylle liebt, ist hier genau richtig.

Von **Röthenbach** aus sind es nur noch wenige Minuten zu fahren bis Wolfegg. Uns empfängt ein verträumtes, ruhiges und äußerst hübsches Örtchen, das in seiner Mitte noch den aus vergangenen Tagen herrührenden Löschteich hat. Bevor wir uns aber dem Kern von **Wolfegg** widmen, besuchen wir das **Bauernhausmuseum**. Beim Löschteich im Zentrum des Ortes biegen wir links ab und rollen den Berg hinab. Gleich zu dessen Füßen sehen wir schon den Museumsparkplatz.

(100) WOMO-Stellplatz: Wolfegg / Bauernhofmuseum
GPS: N 47° 48' 58.5" E 09° 47' 26.5"   **max. WOMOs:** 5.
Ausstattung/Lage: Schotterparkplatz/ Ortsrand.
Zufahrt: In Wolfegg der Beschilderung den Berg hinab folgen.

Wir laufen zur Zehntscheuer vor, in der wir den Eintritt bezahlen und einen Faltplan zur Orientierung im weitläufigen Museumsgelände bekommen. Nicht nur Kinder spricht das Museum an, die auf Räubersuche gehen dürfen, sondern auch für uns Erwachsene ist jede Menge Abwechslung gesorgt.
So begeben wir uns also auf Entdeckungsreise in die bäuerliche Vergangenheit Oberschwabens und des württembergischen Allgäus. Über 15 historische Gebäude erzählen auf äußerst lebendige Art und Weise Geschichten der in ihr gewohnten Menschen.
Man meint wahrhaft in vergangene Zeiten einzutauchen. Diese Lebendigkeit rührt daher, da die Häuser so präpariert sind, als seien die Mägde, Knechte und Handwerker nur gerade auf dem Feld bei der Arbeit. So auch das hübsche Häuschen der Dienstmagd Pauline Andrinet. Mit Liebe zum Detail wurde Teller, Tassen, Wäsche und noch viele andere Kleinigkeiten lebensecht an der richtigen Stelle im Haus drapiert. Auch beim nächsten Hof, dem Häusing Haus, weht frisch gewaschene Wäsche im Vorgarten.
Nicht nur reine Äußerlichkeiten kommen zum Zuge, sondern auch die Sprache von damals wird zum Thema gemacht: Das

Rotwelsch. Vielleicht kennen Sie den einen oder anderen Ausdruck ja selbst. Wir haben Ihnen hier ein paar Kostproben aufgelistet:

baldowern = auskundschaften; Heckenscheißer = Jäger; Moneten = Geld, Beiz = Wirtshaus; malochen = arbeiten.

Lebende Gänse, Hühner und Ziegen gehören ebenso zum Inventar des Museums, wie die in einigen Höfen in historischer Tracht arbeitenden Menschen. So dürfen wir zusehen und probieren, wie zu Urgroßmutters Zeiten ohne Dr. Oetkers Hilfe Pudding gemacht wurde. Der unverfälschte Geschmack hat uns so überzeugt, dass wir Ihnen hier das Rezept verraten und Sie zum Nachkochen (auch im Womo) ermutigen wollen:

Rahmsulz mit Beeren (Beerenpudding)

Zutaten: 1 ltr. Milch, 150g Zucker, 2 Eier, etwas geriebene Zitronenschale, 80g Stärkemehl, 2-3 EL Rahm, evtl. Vanilleschote oder 2-3 EL Rosenwasser, 500g Beeren

Zubereitung: Stärkemehl mit einem Teil der kalten Milch anrühren, Eier und Rahm dazugeben und glattrühren.
Restliche Milch zum Kochen bringen. Stärke-Eigemisch in den Kochtopf zur Milch füllen und die restlichen Zutaten unter ständigem Rühren hinzufügen. Wenn die Masse zum Pudding wird („blubbert"), in Schälchen füllen und kalt stellen. Dann Beeren darüber geben.

Hinter dem Haus Nr. 30 laden Tische und Bänke sowie eine ausgedehnte Wiese zum Picknicken unter Obstbäumen ein. Wir lassen uns heute lieber verwöhnen und kehren beim Museumsgasthof „Fischerhaus" ein. Im urigen Biergarten haben wir dann die Qual der Wahl aus verheißungsvollen Köstlichkeiten der Region das Richtige auszusuchen. Runterspülen können Sie Speisen mit einem würzigen Biobier, das Lichtjahre von den Einheitsmarken der globalisierten Konkurrenz entfernt ist.

Das benachbarte Museumslädchen bietet nettes (auf historisch gemachtes) Spielzeug und Kunsthandwerk zum Verkauf. Wenn Sie immer noch nach einem Präsent suchen, so werden sie vielleicht hier fündig!?

Sie sehen schon am Umfang dieser Zeilen, wie uns das Museumsdorf in seinen Bann gezogen hat. Spätnachmittags verlassen wir diese Welt und kehren in die Gegenwart zu unserem Womo zurück. Für heute lassen wir es gut sein, denn die vielen Eindrücke wollen verarbeitet werden.

Am nächsten Morgen brummen wir den Berg nach **Wolfegg** wieder hinauf, halten uns rechts (Richtung Rötenbach bis zum Ortsende), dort liegt links der schöne, mit Büschen umringte Stellplatz.

(101) WOMO-Stellplatz: Wolfegg Loretopark
GPS: N 47° 48' 57" E 09° 47' 54" **max. WOMOs:** 12.
Ausstattung/Lage: Asphaltplatz, VE, Strom, WLAN/ Ortsrand im Grünen.
Zufahrt: Am Ortsanfang von Kißlegg kommend rechts, beschildert.

Wir wollen schon wieder in die Vergangenheit abtauchen und das weithin bekannte **Oldtimermuseum** besuchen. Durch den Schlosspark gelangen wir zum ausgeschilderten Automobilparadies. 2007 wurde das Museum neu eröffnet. Nur noch der Straßenname erinnert an den ehemaligen „Autopapst" Fritz B. Busch. Der neue Besitzer hat sich zwar auch den alten Autos verschrieben, jedoch unter dem Motto „So einen hatte ich auch schon mal..." So sehen wir Modelle, die längst vergessene Erinnerungen in uns wach rufen. Auf 2 Gebäuden verteilt werden fahrtaugliche Raritäten in wechselnden Ausstellungen präsentiert. Auf jeden Fall einen Besuch wert!

Wolfegg hat aber noch viel mehr zu bieten. Im **Schloss** wäre da der prunkvolle Rittersaal mit seinen 24 überlebensgroßen Holzfiguren an den Wänden zu erwähnen. Auch die zum Schloss gehörende Kirche St. Katharina glänzt mit einem gewaltigen Deckenfresko und einer barocken Ausstaffierung der besonderen Art und rechnet zu den besonders sehenswerten Kirchen in

Der stolze Inhaber Nicolas Flosbach bei seinen Oldtimern

dieser Gegend. Nach dieser Ansammlung von Superlativen bummeln wir über den ausladenden **Schlosspark** zurück zur Ortsmitte mit seinem Teich. Darin blühen Seerosen und unter-

romantisches Schlosscafé in Wolfegg

streichen in idyllischer Art und Weise den Charme des ansonsten so beschaulichen Wolfegg. Das Café „Schlossplatz" lädt uns zum Entspannen und Verweilen ein.

Auf der **Oberschwäbischen Barockstraße** verlassen wir den sympathischen Kurort und folgen dem Wegweiser nach **Bad Wurzach**.
Kurvenreich geht es an alten, knorrigen Apfelbäumen vorbei durch eine Landschaft wie aus früheren Tagen.
In **Metzisweiler** lockt schon wieder ein romantisches, schilfumsäumtes Badegewässer mit großer Liegewiese und einem eigenen Parkplatz:

(102) WOMO-Badeplatz: Metzisweiler Weiher

GPS: N 47° 50' 8.6" E 09° 49' 36.7" **max. WOMOs:** 1-2.
Ausstattung/Lage: Liegewiese und Spielplatz/ außerorts.
Zufahrt: In Metzisweiler rechts, am See entlang und dann nach der Liegewiese links im Grünen (Rasenabstellfläche direkt am See).
Sonstiges: „Camping verboten" - Schild, daher jegliche Campingaktivitäten meiden!

In Eintüren heißt es aufpassen. Gleich nach dem Ortsbeginn müssen wir links abbiegen. Noch ein paar weitere kleine Ortschaften folgen und wir kommen nach **Bad Wurzach**.

(103) Offizieller WOMO-Wanderparkplatz: Wurzacher Ried

GPS: N 47° 54' 53" E 09° 54' 14"
max. WOMOs: 17.
Ausstattung/Lage: VE, Strom, Mülltonne/ außerorts, gebührenpflichtig.
Zufahrt: Von Wolfegg kommend direkt ins Ortszentrum, durch die Zone 20 hindurch, an der Kreuzung nach der Pfarrkirche links. Gleich nach dem Ortsende, beschildert.

Sonstiges: Anmeldung für den gebührenpflichtigen Platz 300 m entfernt beim Thermalbad „Vitalium" an der Rezeption. Rad- und Wanderwege.

Unser Stellplatz befindet sich direkt am Rande des größten, noch intakten **Hochmoorgebietes** Mitteleuropas. Eine Schautafel informiert uns über die drei Rundwanderpfade und den Fahrradweg durch das Naturschutzgebiet. Wir entscheiden uns für die Variante zu Fuß, denn so erleben wir am besten die Schönheiten der Natur. So haben aber leider auch die Moskitos mehr von uns (Mückenabwehrlotion nicht vergessen!). Deswegen flüchten wir recht bald in den nahen Kurpark, der frei von Blutsaugern ist. Wir halten auf die Pfarrkirche St. Verena zu. Im kühlen Inneren des Gotteshauses dominieren das Weiß und Gold des Frühklassizismus´. Nebenan besuchen wir das neugestaltete **Naturschutzzentrum**. Darin erfahren wir alles Wissenswerte über das Moor – von seiner Entstehungsgeschichte bis hin zu seiner heutigen einzigartigen Bedeutung. Auch ge-

Wanderung durchs Wurzacher Ried

führte Wanderungen werden angeboten. Beim Verlassen des Gebäudes sehen wir direkt gegenüber ein verlockendes Eiscafé. Genau das Richtige für unsere Womomannschaft. Jetzt müssen wir noch unser Versprechen einlösen: Unsere Kinder haben auf dem Weg zur Kirche im Kurparkgelände einen neugestalteten großen Kinderspielplatz entdeckt...

Am nächsten Tag spazieren wir nochmals über den Kurpark ins Ortszentrum und besuchen das **Wurzacher Schloss**. Darin ist v.a das Treppenhaus sehenswert, das als Meisterwerk des Barock gilt. Wenn Ihnen nun der Sinn nach Entspannung steht, so sind Sie in diesem Kurort gerade recht. Nur 300m von unserem Übernachtungsplatz entfernt befindet sich schließlich das **Vitalium**, eine Thermal-, Sauna- und Wellnessoase vom Feinsten. Wie wäre es da mit einem „Moor-Pauschal-Arrangement" für etwas mehr als 100 pro Person? Darin enthalten ist eine Mooranwendung, eine Massage, 2x4 Std. Eintritt ins Vitalium u.v.m. Nähere Infos erfahren Sie unter www.badwurzach.de oder lassen Sie sich doch ganz einfach schon vor Ihrer Reise Infos zuschicken unter vitalium@badwurzach.de.

Moorbähnle

Mit unseren Kindern entfällt natürlich diese Wohlfühlvariante des Urlaubs. A propos Kinder: Die haben einen Riesenspaß mit der alten Moorbahn, die an ausgewählten Tagen durch das ehemalig Moorabbaugebiet führt und auch noch mit einer interessanten Ausstellung aufwartet. Ein uriges Wirtshaus aus Holz runden dieser Abstecher ab.

Eine knappe halbe Fahrstunde entfernt liegt unser nächstes Ziel: Bad **Waldsee.** Wir folgen der Ravensburger Straße ein kurzes Stück zurück gen Wolfegg und halten uns dann an die Beschilderung nach Bad Waldsee. Über Haidgau gelangen wir in den Kurort Bad Waldsee und fahren bis zur ersten großen Kreuzung vor. Jetzt müssen Sie sich entscheiden, ob Sie mit uns nur eine kurze Stadterkundung machen wollen und uns dann mit zum Hymermuseum folgen wollen. Oder ob Sie erst einmal die Bad Waldsee Therme mit ihrem schöngelegenen Womostellplatz ansteuern wollen.

(104) Offizieller WOMO-Badeplatz: Bad Waldsee Therme
GPS: N 47° 54' 50.9'' E 9° 45' 37.5'' **max. WOMOs:** >10
Ausstattung/Lage: Asphaltplatz im Grünen, VE, Strom, gebührenpflichtig/ im Ort.
Zufahrt: An der o.g. Kreuzung von Bad Wurzach kommend links in die Schützenstraße, bis zu deren Ende, dann an der T-Kreuzung rechts vor bis zur Beschilderung der Bad Waldsee Therme in den Unterurbacher Weg.

In die Schützenstraße biegen wir rechts ein und folgen ihr bis zur T-Kreuzung. Dort halten wir uns nach links und gleich darauf wieder links. Schon liegt ein großer Parkplatz unter uns, direkt am Ufer des Stadtsees und der nahen Altstadt.

Wir umrunden den See gegen den Uhrzeigersinn und gelangen so rasch in die quirlige Altstadt. Zahlreiche Cafés und Restaurant laden zum Verweilen ein. Sehenswerte Bauwerke befinden sich entlang der Fußgängerzone, beginnend bei der Stiftskirche St. Peter, weiter übers Rathaus bis hin zum Wurzacher Tor. Von dort aus halten wir uns wieder auf den See und unser Womo hin zu. Wer möchte, kann auch gleich seine Badesachen einpacken und das Stadtseefreibad aufsuchen.

rund um den Stadtsee geht es aktiv her

Die Stadtväter haben sich auf jeden Fall alle Mühe gemacht, uns den Aufenthalt so abwechslungsreich wie möglich zu gestalten. Ein Aktivpfad entlang des Ufers mit Wassertretstelle, Labyrinth, Kräuterspirale, Sinnesgarten, Barfußpfad u.v.m. lässt uns die

Bad Waldsee

Zeit vergessen. Mit dem Womo kehren wir zur Biberacher Straße zurück und folgen ihr stadtauswärts in Richtung Biberach. Rechts kommen wir am Verkaufsgelände von Hymer vorbei.

(105) Offiz.WOMO-Stellplatz: Hymer Verkaufsgebäude

GPS: N 47° 55' 44.5" E 09° 45' 29.4"   **max. WOMOs:** 10.
Ausstattung/Lage: VE, Strom, gebührenpflichtig/ im Ort.
Zufahrt: Wie beschrieben, Biberacher Str. 86

Als wir die letzten Häuser Bad Waldsees hinter uns gelassen haben, sehen wir vor und das futuristische Hymermseum auf der grünen Wiese hinter der B30. Da wollen wir nun hin!

(105a) WOMO-Stellplatz: Hymermuseum

GPS: N 47° 56' 12.5" E 09° 45' 40.8" **max. WOMOs:** 10.
Ausstattung/Lage: Mülleimer, auf Asphalt/ Ortsrand.
Zufahrt: Auf der Biberacher Straße gen Biberach, die B30 unterqueren und der Beschilderung folgen. Am Rande des Industriegebietes.

Camping im Wandel der Zeit

Über zwei Etagen folgen wir dem Weg durch das Museum, das Womofahrerherzen höher schlagen lässt. Uns werden die Anfänge der Campingbewegung von vor gut 100 Jahren gezeigt. Urige Unikate wollen bestaunt werden: Zelte, Holzcaravan, VW T1 und T2 (Bulli), Amiwohnwagen und etliche Womos der letzten Generation mit ihrem rustikalen Charme. Die meisten der Ausstellungsobjekte sind mit einem Urlaubsland verbunden und wir können mit unserer Eintrittskarte ein Foto mit uns vor fiktiver Kulisse schießen lassen. Am Ende der Rundtour sind es derer vier und wir bekommen als Erinnerung eine nette Postkarte! Sehr angenehm haben wir auch empfunden, dass eigentlich nie Werbung für Hymer gemacht oder die Marke bei den Ausstellungsobjekten bevorzugt wurde. Ein rundum gelungenes Museum.

Die Füße schmerzen, eigentlich reicht es für heute! Wer Erholung auf dem Lande sucht, findet beim nahen Bauerhofstellplatz Ruhe und Erholung:

da kommen Erinnerungen auf...

(106) Offizieller WOMO-Bauerhofstellplatz: Bertsch
GPS: N 47° 57' 04" E 9° 45' 29" max. **WOMOs:** 15
Ausstattung/Lage: Wiese, VE, Strom, Dusche/ Ortsrand.
Zufahrt: Auf der B 30 nach Bad Waldsee links beim Weiler Mattenhaus.

Nur noch ein kurzes Wegstück, auf dem uns das Womo nach Biberach zum Jordanbad bringt, vor dem wir heute übernachten werden.

(107) WOMO-Badeplatz: Biberach/Jordanbad Therme
GPS: N 48° 04' 27.3" E 09° 49' 16.9"
max. **WOMOs:** 10.   **Ausstattung/Lage:** Asphaltplatz/ Ortsrand.

Zufahrt: Vom Stellplatz in Biberach zurück auf die B 465 (Memminger Straße) bis zum großen Kreisverkehr. Dort auf die B 312 gen Osten, gleich danach links, beschildert.

Die Therme mit wohlig heißem Wasser bis zu 39 Grad und Öffnungszeiten bis 22 Uhr (Wochenende 23 Uhr) lassen Entspannung pur aufkommen. Spassrutschen, Kinderbecken, Ruhezonen, Solebecken - und das alles zu äußerst fairen und familientauglichen Preisen!
Ausgeruht und fit stellen wir unser Womo am nächsten Tag um:

(108) Offizieller WOMO-Stellplatz: Biberach an der Riss

GPS: N 48° 06' 09" E 09° 47' 44" **max. WOMOs:** 18.
Ausstattung/Lage:
VE, Strom, gebührenpflichtig/ im Ort.
Zufahrt: Auf der vierspurigen Aus- und Einfallstraße des Ortes in Richtung Biberach-Nord, am Freibad vorbei, dann an der Ampelkreuzung links und gleich darauf wieder rechts (beschildert).

Nur 5 Minuten sind es zu Fuß von unserem Stellplatz zur historischen Altstadt. Wir spazieren durch das Ulmer Tor und halten schräg links auf den Turm der Pfarrkirche St. Martin zu. Das für den Besucher interessante Biberach spielt sich hauptsächlich um den Marktplatz ab. Um das Gotteshaus herum gruppieren sich fesche Patrizierhäuser im Fachwerkstil. Aber auch Backsteinbauten befinden sich in diesem Häuserensemble. Unseren Kindern dagegen fällt gleich das witzige Esel Denkmal am Kirchplatz auf. Dort findet jeden Mittwoch- und

Bauernmarkt in Biberach

Samstagvormittag ein großer Bauernmarkt mit abwechslungsreichem Angebot statt. Beste Gelegenheit, den „Hausstand" des Womos mit frischen Produkten der Region zu füllen.

da schnauft das Öchsle

Bevor wir unsere Stadterkundung abschließen, bummeln wir noch rechtshaltend durch das herrlich restaurierte Weberviertel, das eines der schönsten in ganz Baden Württemberg ist!. Die Sonne lacht von einem wolkenlosen Himmel und wir freuen uns schon auf das „**Öchsle**" im benachbarten Warthausen.
Von unserem Stellplatz fahren wir auf die B 465 und folgen dort unbeirrt der Beschilderung in Richtung **Ehingen**. Die bringt uns dann nach **Warthausen**, an dessen großem Kreisverkehr wir gleich den ersten Abzweig nach rechts nehmen.
Wir parken unser Womo gegenüber dem Bahnhof und laufen zum bereits mächtig schnaubenden 600 PS starken Dampfross. Pünktlich um 14.00 Uhr setzt sich unter großem Geruckel unser **Schmalspurbähnle** in Bewegung.
Wie zu Urgroßvaters Zeiten fahren wir gemächlich über Felder, Wiesen, Wälder und an hübschen alten Bahnhöfen aus der Gründerzeit vorbei. Es ist schon ein besonderer Genuss, diese Langsamkeit und Nostalgie (Holzsitze) wieder zu entdecken. Dabei hätte der Fortschritt beinahe dem Öchsle das „Leben" gekostet. Von 1899 bis 1964 durfte das kohlebetriebene Züglein seine Passagiere befördern. Danach zog es noch eine kurze Zeit Güterwaggons, bevor das Aus unaufschiebbar bevorstand. Gott sei Dank fanden sich aber Eisenbahnfreunde zusammen und hauchten dem Öchsle neues Leben ein. Nach über einer Stunde sehen wir über Wiesen hinweg in der Ferne **Ochsenhausen** vor uns auftauchen. Hier ist Endstation und wir haben bis zur Rückfahrt über 2 Stunden Zeit, um das Städtchen zu erkunden. Da wir uns eine kleine Mahlzeit im Restaurantwagen des Zuges bereits gegönnt haben (der Erlös kommt der Restaurierung der dritten Lok zugute), spazieren wir gleich den Hang hinauf auf das alles dominierende Klostergebäude zu. In

der barocken Klosterkirche St. Georg bestaunen wir u.a. die überaus prächtige Gabler-Orgel, die mit großen Engeln verziert ist. Im schräg gegenüber liegenden Klostermuseum erfahren wir alles Wissenswerte über die reiche Geschichte der ehemaligen Benediktiner-**Reichsabtei**, die von 1093 n. Chr. (das Gründungsjahr) bis zur Säkularisierung 1803 reicht. Wer im damaligen Klosterleben Bescheidenheit vermutet, wird beim Anblick der klösterlichen Schatzkammer ordentlich überrascht sein. Sakraler Gold- und Silberschmuck glänzt um die Wette. Schließlich wollten im Barock auch die Äbte den höfischen Glanz um sich haben.

Klosterkirche mit prächtiger Gablerorgel

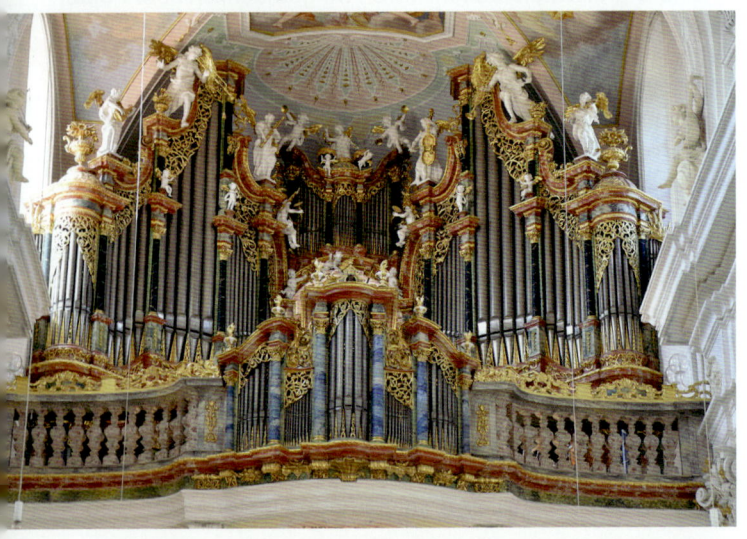

Was? Ihnen knurrt jetzt der Magen. Dann empfehlen wir Ihnen im historischen Gasthof Adler einzukehren, dessen farbenfroher Giebel ein Blickfang ist: Bemalt um die Jahrhundertwende zeigt er eine Bauernhochzeit.

Gasthof Adler in Ochsenhausen

Dann wird es wieder Zeit, zum Öchsle zurückzukehren. Welche Überraschung! Der Zug ist nur noch halbvoll. Des Rätsels Lösung ist ganz einfach: Fahrräder werden kostenlos im Gepäckwagen mitgenommen. Und so radeln eben viele Fahrgäste die idyllische Strecke entlang der Bahn zurück nach Warthausen. Eine empfehlenswerte Kombination.

Wir setzen unsere Tour entlang der Eisenbahntrasse fort. Von Warthausen klappern wir die Haltepunkte des Öchsle ab: Äpfingen, Maselheim, Reinstetten und schließlich Ochsenhausen. Diese Wegvariante ist im Gegensatz zur B 312 zwar nicht die schnellste, dafür aber um vieles landschaftlich reizvoller.

Entlang dieser Trasse befinden sich natürlich auch Plätze zum Übernachten und Baden:

(109) WOMO-Stellplatz: Sulmingen

GPS: N 48° 08' 48.1" E 09° 52' 16.1" **max. WOMOs:** 1-2.
Ausstattung/Lage: Schotterplatz, Mülleimer/ außerorts.
Zufahrt: In Sulmingen rechts gen Maselheim. Nach Ortsende links, beim Sportplatz und Wertstoffhof.

In **Reinstetten** parken wir unser Womo am Wegesrand und statten der Pfarrkirche St. Urban einen Besuch ab. Wunderschöner Barock / Rokoko ist wieder im Gotteshaus zu sehen. Die Anbetungsengel am gewaltigen Hochaltar gehören zu den besten Arbeiten der deutschen Rokoko-Plastik.

Nochmals kommen wir nach Ochsenhausen und können dort auch kostenlos auf dem offiziellen Womoplatz nächtigen:

(110) Offizieller WOMO-Stellplatz: Ochsenhausen / Kapfhalle

GPS: N 48° 04' 01" E 09° 56' 59" **max. WOMOs:** 5.
Ausstattung/Lage: Schotterplatz/ Ortsrand.
Zufahrt: Auf die B 312 durch den Ort bis zur Ampelkreuzung vor dem Gasthof Adler. Dort schräg rechts die Schloßstraße den Hang hinauf, oben rechts zum Kloster, dann gleich wieder rechts in die Jahnstraße.
Sonstiges: Vom Stellplatz aus schöner Ausblick auf Ochsenhausen. Kloster direkt gegenüber.

(111) WOMO-Badeplatz: Ochsenhausen Ziegelweiher

GPS: N 48° 03' 25.7" E 09° 57' 0" **max. WOMOs:** 3-4.
Ausstattung/Lage: Wiesenplatz/ außerorts, sehr einsam am Abend.
Zufahrt: Auf der Schloßstraße (vom Kloster kommend) rechts ab in die Brühlstraße, kurz darauf rechts in die Friedhofstraße. Am Friedhof vorbei bis zum Ziegelweiher.

Jetzt geht unsere Fahrt zurück über Ochsenhausen nach Erlenmoos. Dort an der T-Kreuzung rechts über Eichbühl nach Rot an der Rot, vor dessen Toren wir einen schönen Bade- und idyllischen Übernachtungsplatz ansteuern:

(112) WOMO-Badeplatz: Rot / Fuchsweiher

Position: N 48° 00' 10.6" E 10° 01' 14.4" **max. WOMOs:** 2.
Ausstattung/Lage: Auf Wald- und Schotterboden, Liegewiese, Steg, Sprungbrett/ außerorts.
Zufahrt: An der T-Kreuzung von Erlenmoos kommend rechts Richtung Ellwangen, 500m nach Ortsende links ab und bereits nach 150m wieder links in den womobreiten geteerten Weg; vor bis zum Badeweiher (nur wenige hundert Meter).

Der sympathische kleine Ort **Rot an der Rot** in einer Talsenke wird vom gelbleuchtenden **Klosterkomplex** überragt.
Wir umfahren zuerst den Ort auf der Klosterstraße (vor der T-Kreuzung aus Erlenmoos kommend links, um den Klosterkomplex herum bis zur nächsten großen Kreuzung vor, dort rechts bis zum Kreisel. Beim Edekamarkt parken wir unser Womo, füllen gleich unsere Lebensmittelbestände auf und spazieren dann auf dem sog. **Mönchsrother Pfad** zu den einzelnen kulturhistorischen Leckerbissen. Apropos Leckerbissen. Zu

Stadttor in Rot

recht könnten Sie jetzt einwenden, dass man davon aber nicht im wörtlichen Sinne satt wird. Dann haben wir einen Tipp für Sie: Auf der Sonnenterrasse des Gasthofs „Alte Klostermühle" lässt es sich vortrefflich speisen (u.a. bayrisch-schwäbische Köstlichkeiten wie Krautkrapfen, Kässpatzen oder Spanferkel oder Steinofenpizzas) und zugleich das schmucke Stadttor betrachten. Gegenüber findet jeden Freitag der **Wochenmarkt** statt, auf dem gesunde Produkte und Leckereien der Region feil geboten werden.

Noch einige Worte zu den Sehenswürdigkeiten entlang des Mönchsrother Pfades: Im unübersehbaren Mittelpunkt, das kann jeder Reisende bereits von Weitem feststellen, steht die **Pfarrkirche St. Verena** als höchster Punkt im Ort. In ihr sind besonders das Chorgestühl und die Orgel hervorzuheben. Das Gotteshaus strahlt mit seinem weißen Stuck himmlische Weite, Leichtigkeit und Glanz aus. Auch das daneben befindliche Kloster und das Wirtschaftsgebäude auf der anderen Straßenseite (in dessen Innenhof der beschriebene Wochenmarkt stattfindet) prägen ganz entscheidend das sympathische Erschei-

Deckengemälde St. Verena

Kartausenkloster mit sagenhaftem Chorgestühl

nungsbild Rots´. Nicht unerwähnt in diesem Ensemble darf natürlich auch das wunderbar bemalte **Stadttor** bleiben. Gegenüber der Klosterkirche hat die Gemeinde seit Kurzem einen netten Apotheker- und Kräutergarten angelegt, der unter schattenspendenden Apfelbäumen einen schönen Blick auf den Ort gewährt.

Mit dem genannten Badeplatz und dem symphytischen und überschaubaren Ortskern ist uns Rot an der Rot richtig ans Herz gewachsen, das wir nur ungern verlassen. Schließlich warten aber noch weitere Ziele auf uns.

Als nächstes wollen wir ein ganz besonderes kulturhistorisches Kleinod besuchen: Das ehemalige **Kartäuserkloster** in **Buxheim**. Dazu steuern wir unser Gefährt den Hang hinauf und rollen durch den Wald. Über Tannheim gelangen wir nach Egelsee. Dort biegen wir rechts ab, unterqueren die A7 und folgen der Beschilderung ins nahe Buxheim. Damit haben wir auch die „Grenze" (heutzutage nur noch rein geographisch die Iller als Fluss) von Baden Württemberg überquert und befinden uns jetzt wieder in Bayern.

Die Straße nach Buxheim führt uns direkt auf das ehemalige Kartäuserkloster zu. Das ist durch die Schnitzereien des begabten Ignaz Waibel weit über die Landesgrenzen hinaus bekannt geworden.

1684 bekam der noch junge Tiroler Bildhauer Ignaz Waibel vom damaligen Prior des Klosters den Auftrag, ein **Chorgestühl** zu fertigen.

Was der Künstler in vier Jahren Schaffenszeit dann ablieferte, war oder besser ist ein wahres Wunder aus Eichenholz. Die filigran geschnitzten Figuren ziehen uns als Bertachter in Ihren Bann – wirken sie doch fast lebendig.

Was wir uns beim besten Willen fast nicht vorstellen können ist, dass das Chorgestühl 1883 verkauft wurde und zum Transport einfach in handliche Einzelteile zersägt wurde...und später sogar mit schwarzem Bootslack „verschönert" wurde. Davon ist gottlob heute nichts mehr zu erkennen.

Wer in unserem Allgäuurlaub brav den Roman „Erntedank" (vgl. Literaturtipps) mit dem kauzigen Kommissar Kluftinger als Hauptperson gelesen hat, der wird hier in Buxheim bestimmt den „bußfertigen Sünder" unter den Figuren des Chorgestühls suchen...

Spannend ist auch, den Alltag eines Kartausenmönches etwas näher kennen zu lernen. Eine Mönchszelle zeigt uns, wie abgeschieden und entrückt diese vom Glauben beseelten Einsiedler gelebt haben. Das Leben der Mönche, die man in Priester- und Brudermönche unterteilte, war sehr spartanisch. Allen voran das der Priestermönche. Fast den größten Teil ihres Ordenslebens verbrachten sie, einem Eremiten gleich, in einer kleinen und äußerst schlicht ausgestatteten Zelle. So eine Mönchszelle können wir im Original in Augenschein nehmen. In dieser beteten, meditierten, studierten, aßen und schliefen sie. Der einzige Ausgleich, der den Glaubensbrüdern zugestanden wurde, war handwerkliche Tätigkeit und die Arbeit im Klostergarten. Schweigen war aber oberstes Gebot, die heilige Stille sollte schließlich nicht entweiht werden.

Übrigens begegnet uns auch hier wieder unser bereits altbekannter Dominikus Zimmermann. Er schuf die ans Kloster gebaute barocke Pfarrkirche St. Peter und Paul. Darin befindet sich die weithin bekannte „Buxheimer Madonna" (linker Seitenaltar).

Nach dem Besuch der Kartause verstehen wir nun auch, warum vor dem Klostergebäude so großzügig Parkraum für Reisebusse vorhanden ist...

Doch unter der Woche hält sich der Ansturm in überschaubaren Grenzen.

Als nächstes wollen wir uns wieder ins Stadtgetümmel stürzen.

Um nach **Memmingen** zu gelangen, kehren wir zur Kreuzung an der B 300 zurück und biegen dort rechts ab.

einzigartige Schnitzerein, das Chorgestühl der Buxheimer Kartause

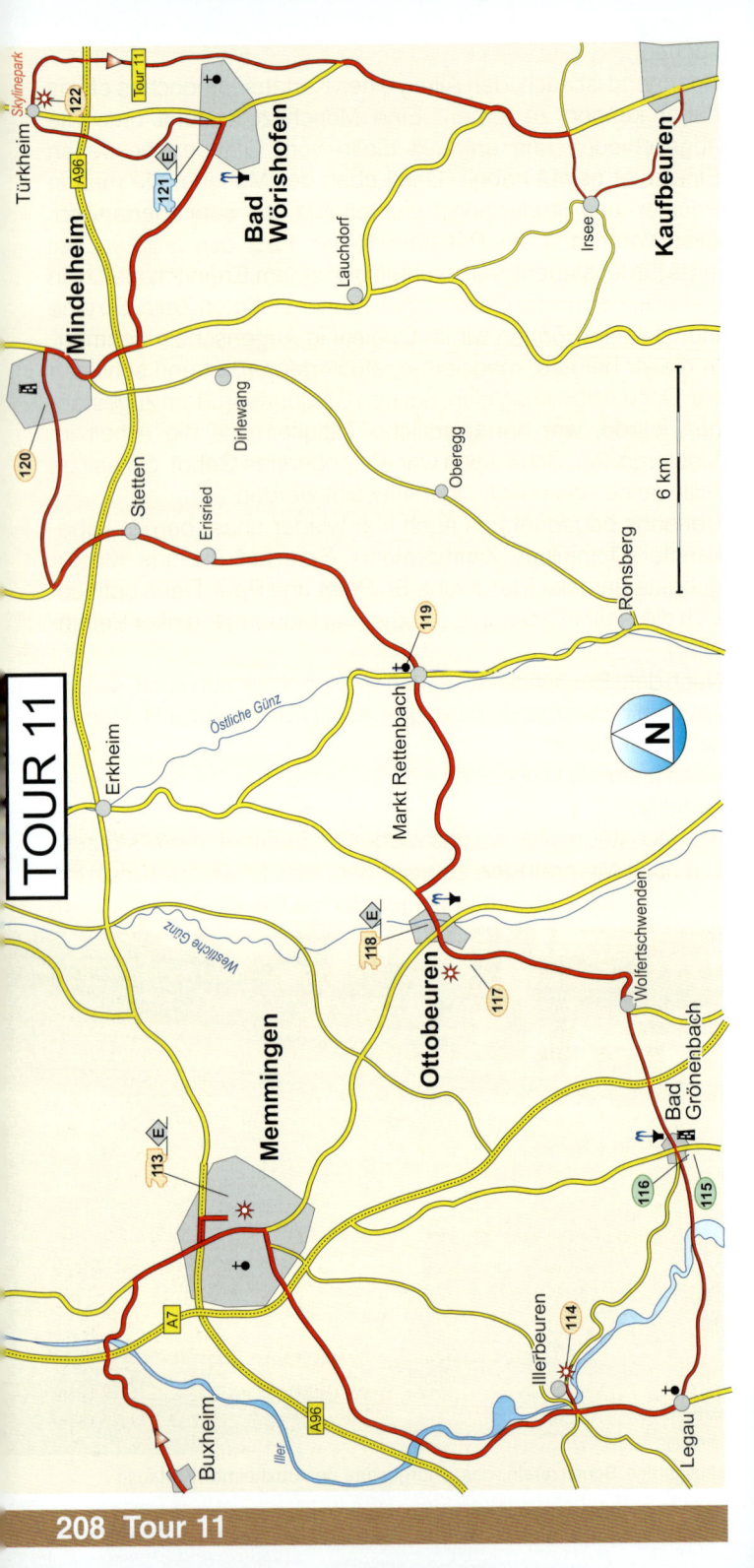

TOUR 11 (ca. 125 km / 5-6 Tage)

Memmingen – Illerbeuren – Legau – Bad Grönenbach – Ottobeuren – Markt Rettenbach – Mindelheim – Bad Wörishofen

Offizielle Stellplätze:	Memmingen, Ottobeuren, Bad Wörishofen
Freie Übernachtung:	Illerbeuren, Bad Grönenbach, Markt Rettenbach, Kammlach, , Türkheim
Ver-/Entsorgung:	Memmingen, Ottobeuren, Bad Wörishofen
Baden:	Bad Wörishofen
Kultur:	Memmingen, Bauernhofmuseum Illerbeuren, Wallfahrtskirche in Legau, Bad Grönenbach, Ottobeuren, Wallfahrtskirche in Markt Rettenbach, Mindelheim, Bad Wörishofen
Aktivitäten:	Skyline-Erlebnispark in Türkheim, Kneippen in Bad Wörishofen
Essen:	Gasthof „Gromerhof" beim Bauernhofmuseum in Illerbeuren.

Auf unserer vorletzten Tour durch das Allgäu besuchen wir nun **Memmingen**, die Hauptstadt des Unterallgäus. Das hört sich sehr groß an, doch die ehemals freie Reichsstadt mit ihrer reizvollen Altstadt ist überschaubar geblieben.

(113) Offizieller WOMO-Stellplatz: Memmingen
GPS: N 47° 59' 43.8" E 10° 10' 56.4"   **max. WOMOs:** 10.
Ausstattung/Lage: VE, Strom/ im Ort; gebührenpflichtig.
Zufahrt: Auf der B 300 von Buxheim kommend, beim Kreisverkehr zu Beginn von Memmingen geradeaus weiter in die Buxheimer Straße bis zur großen Ampelkreuzung. Dort links ab in den Adenauerring, der zum Schumacherring wird. Nach dem ehemaligen Landesgartenschaugelände (Grünanlage linkerhand) rechts ab in die Schlachthofstraße. Gleich danach wieder rechts in die Hemmerlestraße. In der Kurve rechts.

Von unserem Stellplatz führt parallel zur Colmarer Straße ein Fuß- und Radweg im Grünen in kürzester Zeit ins historische Zentrum der Stadt. Wir verlassen schon bald die Colmarer Str. und folgen dann nach rechts der Luginslandstraße. Nur ein paar Schritte müssen wir noch den Ratzengraben entlang laufen und schon zweigt schräg rechts die Schlossergasse ab, die uns direkt auf den zentralen Platz Memmingens, den **Marktplatz** bringt. Hier finden wir auch gleich das Touristikbüro und nach

Steuerhaus mit Rathaus (rechts)

dessen Besuch starten wir unseren historischen Rundgang. Dieser beginnt gleich mit dem absoluten Höhepunkt, dem prachtvollen **Rathaus** und dem daneben befindlichen langgestreckten Steuerhaus mit seinen Arkaden. Bei schönem Wetter laden Cafés dazu ein, diese Kulisse in Ruhe zu betrachten. Wir spazieren am spätbarocken Hermannsbau vorbei, in dem sich das Stadtmuseum befindet. Auf der Zangmeisterstraße sehen wir schon das **Westertor** und die **Kirche St. Martin** vor uns. Ähnlich dem Buxheimer Chorgestühl wartet auch hier wieder **Schnitzerei** in Vollendung auf.

Über den Martin-Luther-Platz gelangen wir zum Antonierhaus aus dem 15. Jahrhundert. Neben kulinarischen Genüssen (schönes Café im Innenhof) warten dort auch kulturelle Leckerbissen auf den interessierten Besucher: Neben dem **An-**

Chorgestühl St. Martinskirche

toniermuseum, das über den Antonierorden berichtet, dokumentiert das Strigelmuseum die Werke und das Schaffen der gleichnamigen Künstlerfamilie, die im 15. und 16. Jahrhundert das künstlerische Schaffen in Süddeutschland prägte. Weiter laufen wir links durch die Fuggergasse bergab zur Herrenstraße, biegen dort gleich um die Ecke und gelangen dann zur idyllischen **Unteren Bachgasse**. Nette kleine Lädchen bieten auf beiden Seiten des Baches Waren an, die fernab globalisierter Massenware liegen. Hier findet am letzten Samstag vor den Sommerferien Ende Juli alljährlich der bekannte Fischertag statt. Bei dem Massenspektakel wird der Stadtbach unter großem Geplansche und Getöse regelrecht leergefischt. Prämiert wird anschließend der größte gefangene Fisch bzw. dessen Häscher. Am Abend endet um 23.00 Uhr das feucht fröhliche Treiben mit einem Feuerwerk.

Siebendächerhaus

Am anschließenden **Weinmarkt** blicken wir auf die schönen **Zunfthäuser**, laufen dann auf der Oberen Bachgasse zum Schrannenplatz und weiter zum Gerberplatz. Dort steht eines der Memminger Wahrzeichen, das Siebendächerhaus aus dem Jahre 1601. Es diente früher den Gerberfamilien zum Trocknen der Felle und Häute.

Links ab, bei der nächsten Straße nochmals links und wir spazieren direkt auf das Stadttheater und die Einkaufsmeile zu. Ging es bis jetzt ziemlich beschaulich zu, herrscht nun richtiger Trubel. Wir schwimmen mit im Strom der Menschen und gelangen so wieder zum Marktplatz zurück.

Um Memmingen zu verlassen, fahren wir zur Ringstraße zurück und biegen links in den Schumacherring ein. Wir folgen unbeirrt dem Ring, der aber schon bei der nächsten großen Kreuzung seinen Namen in Adenauerring wechselt. Dieses Spiel geht weiter so: Ebertring – Hindenburgring und nun endlich rechts ab in die Bodenseestraße nach **Volkratshofen**. In Ferthofen überqueren wir die Iller und halten uns bald darauf rechts ab in Richtung Legau. Wir befinden und jetzt im sog. „**Illerwinkel**". Parallel zur Iller fahren wir gen Süden. Dann führt links die Abzweigung zum Fluss hinab und nach der Brücke lotst uns der Wegweiser in Richtung des schwäbischen **Bauernhofmuseums Illerbeuren**.

> **(113) WOMO-Stellplatz: Bauernhofmuseum Illerbeuren**
> **GPS:** N 47° 54' 12.0" E 10° 07' 25.5"   **max. WOMOs:** 2-3.
> **Ausstattung/Lage:** Schotterparkplatz/ Ortsrand.
> **Zufahrt:** Wie im Text beschrieben (Parkplatz 1, rechts ab, direkt am Rande des Bauernhofmuseums).

Das bereits seit 1955 bestehende Freilichtmuseum gehört mit seinen schmucken historischen Gebäuden zu einer der größten seiner Art im süddeutschen Raum. Es fügt sich harmonisch als „Dorf im Dorf" ein.

Wir sind von diesem Urlaub leider schon etwas arg verwöhnt, was die Museumsgestaltung betrifft. Keine Frage, die aufgestellten Höfe sind wunderschön und allerbestens gepflegt. Doch das gewisse Etwas, die Illusion, dass die Bewohner nur gerade eben mal unterwegs sind, fehlt hier.

Dafür erfahren wir aber viel über alte Haustierrassen: Wissen Sie, was ein „Mohrenköpfle" ist? Nein, nicht die bei Kindern so beliebte Süßigkeit. Sondern das Schwäbisch-Hällische Schwein, dessen Kopf, Bauch und Schwanz schwarz sind.

Auch die typische Allgäuer Kuhrasse, die vom Aussterben

Bauernhofmuseum Illerbeuren

bedroht ist, steht auf der Weide – das „Braunvieh". Leider besinnen sich noch viel zu wenige (Bio) Bauern auf diese robuste Rasse. Globalisierung und Turbokapitalismus machen eben nicht vor den Weidezäunen des Allgäus halt.

Auch alte Getreidesorten werden angebaut und deren (ehemaliger) Nutzen erklärt. So überrascht es auch uns, dass erst 1995 wieder der Hanf zugelassen wurde, obwohl aus dieser äußerst effektiven Pflanze beim besten Willen kein Opiat gewonnen werden kann (nur tropischer Hanf eignet sich zur Rauschgiftherstellung). Als alternativer Dämmstoff und zur Benzinherstellung (!) hat Hanf heute und besonders in Zukunft wieder die besten Zukunftsaussichten.

alte Rasse: Mohrenköpfle

Nachdenklich schlendern wir bis zum Endpunkt des Museums,

Museumswirtschaft Illerbeuren

einem windschiefen Gasthof. Der bietet selbstgebackenen leckeren Kuchen und zum Verdauen eine Kegelpartie auf der original historischen Holzkegelbahn. Die Stunden vergehen wie im Fluge. Zum Abschluss kehren wir im gut bürgerlichen Museumsgasthof „Gromerhof" neben dem Eingang ein. Kinderfreundlichkeit hat man sich da auf die Fahnen geschrieben: Kostengünstige „Spätzle mit Soß" bekommt der Nachwuchs, um seinen Hunger zu stillen. Auch unser Gaumen wird ordentlich verwöhnt. Nur zu empfehlen!

Tags darauf machen wir uns über die Illerbrücke auf in Richtung Legau. Schon bald aber biegen wir rechts ab nach **Maria Steinbach,** um die dortige Wallfahrtskirche zu bestaunen. Vor deren Toren wartet ein kleiner Parkplatz im Grünen auf uns:

(114) WOMO-Stellplatz: Maria Steinbach

GPS: N 47° 53' 18.3" E 10° 08' 17.6"   max. **WOMOs:** 2-3.
Ausstattung/Lage: Asphaltplatz im Grünen/ im Ort.
Zufahrt: Wie im Text beschrieben, direkt gegenüber der Kirche auf der anderen Straßenseite.

Die fernen Berge rücken wieder näher. In **Legau** biegen wir beim Marktplatz, mit seinem wie in allen bayerischen Orten obligatorischen Maibaum, links in die Lehenbühlstraße ab. Ganz am Ende des Ortes steht die äußerlich unscheinbar anmutende **Wallfahrtskirche Maria Schnee**. Wir parken unser Womo hinter der Kirche. Dann sind wir völlig überrascht ob des gewaltigen Glanzes, den das barocke Innere (Rokokostil) verströmt. Vor allem der doppelte Hochaltar verdient besonders erwähnt zu werden.

Ist Ihnen eigentlich auch schon aufgefallen, dass Sie meistens, einmal von der Wieskirche abgesehen, in den barocken Gotteshäusern ziemlich die einzigen Besucher sind? Gepaart mit

Wallfahrtskirche Maria Schnee - ein Juwel

der erhabenen Stille entfalten so die Fresken beim genaueren Schauen eine fast meditative Wirkung (wenn man es denn zulassen möchte). Wenn dann auch noch Weihrauchduft vom letzten Gottesdienst in der Luft hängt, ist die Szenerie perfekt. Freunde und Anhänger der gesunden Ernährung sind in Legau übrigens genau am rechten Fleck. Die Firma Rapunzel produziert hier leckere Bioprodukte wie Müsli, Brotaufstriche u.v.m. Der Bioladen auf 240 qm vor den Toren der Produktionshallen verkauft nicht nur die hauseigenen Waren, sondern führt das gesamte Sortiment eines großen Bioverkaufsladens. Daneben wartet noch das Biomuseum und der Rapunzel Aussichtsturm auf unseren Besuch (www.rapunzel.de - Öffnungszeiten von Mo-Fr. 8.00 - 18.00 und Sa. 8.00 bis 12.00 Uhr; Rapunzelstr. 1) Wir setzen unsere Fahrt fort, entlang des bewaldeten Höhenrückens zur Linken. Nach dem Weiler **Ehrensberg** biegen wir links ab. Die Straße führt zur Iller hinab um bald darauf in einem ausgedehnten Waldgebiet zu verschwinden, das bis an die

Grenzen des kleinen Kurortes **Bad Grönenbach** reicht.

(115) WOMO-Wanderparkplatz: Bad Grönenbach Wald
GPS: N 47° 52' 21.6" E 10° 12' 50.3"   **max. WOMOs:** 2-3.
Ausstattung/Lage: Waldboden/ außerorts, sehr einsam.
Zufahrt: Von Legau kommend kurz vor dem Ort rechts im Wald (gegenüber dem Sportplatz).

WOMO-Wandertipp: Grönenbacher Waldrunde
Am Parkplatz beginnt der 3,2 km lange Walderlebnispfad. Mit dem Dachs „Meister Grimmbart" geht es auf eine interessante Entdeckungstour durch den Buchenwald. Wer es sportlicher will, hat 3 Nordic-Walking-Strecken von 4,1 bis 8,3 km Länge zur Auswahl.

(116) WOMO-Wanderparkplatz: Bad Grönenbach Sportplatz
GPS: N 47° 52' 26.6" E 10° 12' 55.3" **max. WOMOs:** 2-3.
Ausstattung/Lage: Fußballplatz, Spielplatz, Wiese/ Ortsrand..
Zufahrt: Vor Bad Grönenbach links auf Schotter.

Wir laufen von unserem Stellplatz die Rothensteiner Straße bergan und gelangen so in nur wenigen Minuten über die Hügelkuppe Bad Grönenbachs ins Ortszentrum (an der T-Kreuzung links halten) zum Marktplatz mit Rathaus, Maibaum, Kapelle und Kriegsdenkmal. Der beschauliche **Kneippkurort** mit seinen netten Häusern gefällt uns vor allem durch seine Ruhe und Beschaulichkeit. Schräg über uns ragt das Hohe **Schloss** heraus, das wir nun besuchen wollen. Ein kurzes Stück spazieren wir auf der Marktstraße gen Norden und halten dann links hinauf auf das „Hohe Schloss" zu. Besonders schön wirkt der vor dem Prachtbau befindliche Kreislehrgarten, der

ländliches Bad Grönenbach

aus einem Bauern- Rosen- und Kräutergarten besteht.
Auf der anderen Seite des Berges spazieren wir in kürzester Zeit wieder zu unserem Stellplatz hinab.
Über die Rothensteiner Straße fahren wir nun nochmals durchs Ortszentrum und biegen dann auf der Marktstraße nach rechts in die Bahnhofstraße ab. Bald schon lassen wir Bad Grönenbach hinter uns und unterqueren mal wieder die A7. Hinter dem Ort Wolferschwenden windet sich die Straße die Hangabbruchkante hinauf und führt uns direkt auf **Ottobeuren** zu.

(117) WOMO-Stellplatz: Ottobeuren Sternwarte

GPS: N 47° 55' 37.9" E 10° 17' 21.0"   **max. WOMOs:** 1-2.
Ausstattung/Lage: Mülleimer/ außerorts.
Zufahrt: Von Bad Grönenbach kommend kurz vor Ottobeuren links, beschildert.
Sonstiges: Jeden Freitag Abend bei klarem Himmel Sternenbeobachtung vom großen Teleskop aus.

Nur noch wenige Minuten Fahrt und wir parken unser Womo vor der alles überragenden und überwältigenden **Basilika** sowie dem Klostergebäude.

(118) Offizieller WOMO-Stellplatz: Ottobeuren An der Sportwelt

GPS: N 47° 56' 57" E 10° 17' 48"   **max. WOMOs:** 8.
Ausstattung/Lage: VE, Strom/ im Ort.
Zufahrt: Ortsumfahrung gen Markt Rettenbach rechts zur Sportwelt, beschildert.

Beschaulicher Marktflecken Ottobeuren

Basilika Ottobeuren

Die weithin berühmte **Benediktinerabtei** wurde auch schon das „Schwäbische Escorial" genannt. Bereits die Anlage des Konventsgebäudes, ein Rechteck von 140 x 125m, drei Innenhöfe, lassen einen palastartigen Eindruck entstehen. Die Mittelachse des Komplexes bildet die prachtvolle barocke Basilika. Neben herrlichen Fresken, einem wunderbaren **Chorgestühl**, stechen auch die „Riepp-Orgeln" über dem Chorgestühl ins Auge. Sie gelten als Vollendung barocker Orgelbaukunst. Vielleicht haben Sie ja das Glück, diese Meisterwerke in musi

Deckenfresko in der Basilika Ottobeuren

kalischer Aktion zu erleben, oder besser gesagt zu hören. (Orgelkonzerte März- November, jeden Samstag um 16.00 Uhr)

Nehmen Sie sich auf jeden Fall die Zeit, an einer Führung durch das Kloster teilzunehmen und um den einzigartigen Prunk selbst in Augenschein nehmen zu können. Wir sind von diesem Glanz und Glorie fast erschlagen und brauchen nun ein Kontrastprogramm. Und da gibt es in Ottobeuren mehrere Möglichkeiten:

Gegenüber der Basilika, im Adelgundeweg, nur wenige Schritte entfernt, befindet sich unser altbewährtes Pendant zur Kultur – die Natur. Der Katholische Hausfrauenbund, der Kneipp-Verein und der Bund Naturschutz haben auf einem Wiesengrundstück Hand angelegt und einen sehenswerten **Kräuter- und Staudengarten** geschaffen. Jede Pflanze wurde mit einem kleinen Schildchen betitelt. Der Duft und die Farbenpracht zeigen, dass die Natur vor der (barocken) Kultur auf Erden war...

Ganz irdisch geht es weiter. Wir spazieren zum **Markt-**

In Ottobeuren wurde Kneipp getauft

Auf Kneipptour durchs Unterallgäu

platz hinunter, und gönnen uns ein Eis. Damit setzen wir uns vor den modernen Brunnen und lassen die Szene auf uns wirken. Von unserem Parkplatz aus sind es nur wenige Minuten gen Süden zum **Kurpark**, indem ein Kneippbecken für die Gesunderhaltung des Körpers sorgt.

Apropos Pfarrer Kneipp: Sicherlich haben Sie auch die Plastik des Sebastian Kneipp gesehen und erfahren, dass er im Ortsteil Stephansried 1821 geboren und im gleichen Jahr in Ottobeuren getauft wurde.

Wem sportlich nach mehr dürstet, begibt sich vom Stellplatz die Ottostraße zum Bannwald hinauf. Dort warten drei Wanderwege unterschiedlicher Länge, ein **Walderlebnispfad** und ein Nordic-Walking-Pfad auf den Bewegungshungrigen.

Über den Marktplatz und der anschließenden Bahnhofstraße gelangen wir aus dem Ort heraus und verlassen damit das wald- und wiesenreiche **Günztal** um Ottobeuren. Wir folgen der Beschilderung nach **Markt Rettenbach** hinauf. Meine Frau als Beifahrerin kommt nochmals in den Genuss eines Panoramablickes. Nachdem wir die Anhöhe erklommen haben schlängelt sich die Straße durch schöne Voralpenlandschaft.

Im Ortsteil „**Kapelle**" von Markt Rettenbach führt die zweite Straßenabzweigung schräg links zur Wallfahrtskirche „**Maria Schnee**". Wir parken unser Womo versteckt hinter der Kirche neben der Apfelsaftfirma.

(119) WOMO-Stellplatz: Markt Rettenbach / Maria Schnee

GPS: N 47° 56' 52.3" E 10° 22' 53.5"
max. WOMOs: 2.
Ausstattung/Lage: Auf Asphalt/ im Ort.
Zufahrt: OT „Kapelle" zweite Straße rechts, beschildert.
Sonstiges: Neben dem Stellplatz Verkauf von leckeren und gesunden Obstsäften (Mo-Fr. 8.00-11.30 / 13.00-17.00).

Maria Schnee

Ein Pestgelöbnis des verschont gebliebenen Bauern Johannes Herz nach den Wirren des Dreißigjährigen Krieges führte zur Grundsteinlegung der Kirche im Jahre 1645. Nach und nach sprach sich die tiefe Religiosität des Rettenbacher Bauerns und dessen Erhörung aus der Not herum, so dass sehr bald eine stete Zunahme von Pilgerströmen zu verzeichnen war. Bald schon musste eine größere Wallfahrtskirche her. 1706/07 war Baubeginn. Zu Ehren der Mutter Gottes bekam der Meister des bayerischen Barocks- Sie ahnen es bestimmt schon - Dominikus Zimmer-

Ein Abbild des Himmels...

mann den Auftrag zur Ausgestaltung des Sakralbaus. Herzstück der Kirche ist das von zwei Engeln getragene Gnadenbild der Madonna, das eine Kopie der Basilika Santa Maria Maggiore in Rom ist.

Im Gegensatz zu Ottobeuren hat die barocke Ausgestaltung des Kirchleins etwas geradezu beschwingtes. Auf jeden Fall wirkt der Stuck auf uns himmlisch leicht und schmeichelt unseren Augen. Maria Schnee ist übrigens Station auf dem Jakobspilgerweg, den wir ja schon von Buchenberg / Eschach aus Tour 3 her kennen.

Mindelburg

Über die Marktgemeinde Rettenbach geht es weiter durch die beschaulichen Unterallgäuer Bauerndörfer Eutenhausen, Mussenhausen, Erisried nach **Stetten**. Lohnenswert entlang dieser Strecke sind auch hier wieder die sehenswerten Kirchenbauten. Dann kreuzen wir die A 96, fahren noch ein Stück geradeaus und biegen dann rechts ab in Richtung Mindelheim.
Die Straße zieht sich den Georgenberg hinauf und oben abgelangt, biegen wir beim Parkplatz dem Schild folgend rechts ab zur nahen **Mindelburg**. Die Burg selbst ist zwar nicht zugänglich, jedoch dürfen wir den Innenhof betreten und haben von

dort einen schönen Blick hinab auf das überschaubare Städtchen **Mindelheim**. Auch ein uriger Biergarten lädt zur Einkehr ein.

Auf der alten B 18 rollen wir den Berg runter, biegen an der Ampelkreuzung rechts ab und folgen der Georgenstraße:

(120) WOMO-Stellplatz: Mindelheim

GPS: N 48° 02' 21.5" E 10° 29' 13"
max. WOMOs: 3.
Ausstattung/Lage: Schotterparkplatz/ Ortsrand, im Grünen.
Zufahrt: Wie beschrieben von der alten B18 rechts ab, der Georgenstraße geradeaus (!) folgen, durch die Tempo 30 Zone bis fast zum Ende dann rechts auf dem Festplatz zu Fuße des Mindelburghangs.

Wir kehren zurück zum Stadtor und befinden uns schon auf der historischen Stadtachse, der **Maximilianstraße**. An zahlreichen Geschäften vorbei gelangen wir zum Marienplatz mit dem **spätmittelalterlichen Rathaus**. An dessen Ecke steht auf Höhe des ersten Stockes der bronzene Georg von Frundsberg. Mindelheim wird auch gerne die **Frundsbergstadt** genannt. Das Geschlecht derer von Frundsberg aus Schwaz in Tirol erwarb 1467 die Stadt und residierte fortan in der Mindelburg hoch über

Einlasstor am Ende der Kornstraße

Frundsbergfest

der Stadt. Die Bewohner Mindelheims erinnern alle drei Jahre mit dem Frundsbergfest an diese glorreichen Tage. Dann herrscht in der Stadt der „mittelalterliche Ausnahmezustand". Nicht nur für Touristen ein Attraktion ersten Ranges. Viele Einwohner treten dann in ihren Gewändern der Frundsbergzeit auf die Straßen und feiern Tage und Nächte lang ausgelassen... Machen Sie doch am besten mit - 2015 ist es wieder so weit!

Wir setzen unseren Erkundungsspaziergang rechts in die Kornstraße fort, die mit ihren Häusern noch einen guten Eindruck vom Mindelheim zu Frundsbergs Zeiten gibt. Kurz vor dem Einlasstor mit einem Stück der alten Stadtmauer, biegen wir in die Hungerbachgasse 9 ab, in der sich das **Turmuhrenmuseum** befindet. Neben jeder Menge herrlicher Großuhren vom Mittelalter bis zur Gegenwart, sehen wir auch das zweitlängste Uhrenpendel der Welt. Wer sich für Krippen und Textilien interessiert, kehrt zum Einlasstor zurück, durchschreitet dieses und spaziert in wenigen Schritten links die Teckstraße entlang zur anschließenden Hermelestrasse. Im Jesuitenkolleg, Hausnummer 4, befindet sich die sehenswerte

Ausstellung. Sehenswert ist ebenso das **Heimatmuseum** im barocken Franziskanerinnenkloster in der Hauberstraße 2, das wir auf dem Rückweg zum Oberen Tor besuchen wollen (vor dem Durchgang links ab). Leider bleiben uns die Tore verschlossen, da das Museum nur Donnerstags geöffnet hat. So nehmen wir noch kurz die nebenan befindliche neoromanische **Stadtpfarrkirche** St. Stephan in Augenschein, bevor wir zum Parkplatz zurückkehren.

Mit unserem Womo halten wir uns gen Süden weiter in Richtung Autobahn. Diese überqueren wir mit dem Panorama der Berge vor uns ins nahe Dörfchen Mindelau. Von dort schwingt sich die Straße den Berg hinauf und über Dorschhausen gelangen wir ins nur wenige Kilometer entfernte **Kurbad Bad Wörishofen**.

(121) WOMO-Badeplatz: Bad Wörishofen / Therme

Position: N 48° 01' 11.6" E 10° 35' 29.4" **max. WOMOs:** >10.
Ausstattung/Lage: VE, Strom/ außerorts.
Zufahrt: Von Dorschhausen kommend am Rande des Kurparks vorbei, dann nach der Fußgängerzone links durch die Stadt. Am Kreisverkehr links, beschildert.

Südseeparadies Wörishofer Therme

Ein Genuss für die Seele und die Sinne steht nun erst einmal auf dem Programm. Wir gönnen uns den Besuch des Südseeparadieses. Da heute Samstag ist, dürfen auch unsere Kinder das Thermalbad betreten. Architektonisches Wahrzeichen ist die riesige, komplett zu öffnende Glaskuppel in 18 Metern Höhe. Wenn diese an warmen Tagen, zurückgefahren wird, scheint die Sonne in fast jeden Winkel des 5000 Quadratmeter großen Bades. Palmen, 38 Grad warmes Thermalwasser im Innen- und Außenbereich, Strandkörbe, Saunen- und Massagewelt und ein Kneippbecken lassen uns schnell die Zeit vergessen... Damit es unserem Nachwuchs aber nicht langweilig wird, denn nur faul im Wasser liegen gefällt auch nicht auf Dauer, wechseln wir ins kostenlose (im Eintrittspreis enthalten) „blue Fun" Sport- und Familienbad hinüber. Kinderrutschen, eine Breitrutsche, ein 140m langer Wildwassercanyon und auch ein Babypool sorgen für entsprechende Abwechslung.

Kneipp im Himmel...der Pfarrkirche St. Justina

Sebastian Kneipp, auch der Wasserdoktor genannt, dreht sich aber bestimmt im Grabe um, würden wir Bad Wörishofen nur auf die Therme beschränken.

Zu Fuß ist es nicht weit bis ins Zentrum. Auf dem Gärtnerweg laufen wir bis zu dessen Ende. Dann spazieren wir nach links in die Kathreinerstraße und halten uns gleich wieder nach rechts in die Kneippstraße. Dort beginnt die Fußgängerzone mit ihren zahlreichen Cafés und kleinen Geschäften. Die sind so zahlreich vorhanden wie in einer größeren Stadt. Zum Glück sind die Angebote eher auf die reifere Generation ausgelegt, so dass meine Frau gemütlich Hand in Hand mit mir und den Kindern dahinschlendert (ohne größere nervenzehrende Abstecher in Kleiderläden etc. zu unternehmen...).

Am Denkmalsplatz sehen wir Kneipp in voller Statur vom Sockel auf uns herabblicken. Gleich bei der nächsten Querstraße, der Hans-Holzmannstraße, laufen wir nach links und gelangen zur **Pfarrkirche St. Justina**. Hier war Kneipp der Seelsorger von 1881 bis zu seinem Tod im Jahre 1897. Schauen Sie sich mal das Deckenfresko genauer an. Kommt Ihnen da nicht jemand bekannt vor? Genau - hoch über unseren Köpfen wurde Kneipp im Gemälde verewigt.

Zu Lebzeiten kam Pfarrer Sebastian Kneipp 1855 nach Wörishofen, damals ein unbedeutendes Bauerndorf. Er bewahrte

das **Dominikanerinnenkloster** vor dem Ruin und machte mit Hilfe seiner einzigartigen Wasserlehre den Ort zum Pilgerziel vieler Hilfesuchenden. Der wichtigste Pfeiler seiner Lehre, so erfahren wir im **Kneipp-Museum** um die Ecke (im Kloster der Dominikanerinnen in der Schulstraße), sind die kalten Wassergüsse. Deswegen ging Kneipp auch als „Wasserdoktor" in die Geschichte ein.

Sebastian Kneipp wurde 1821 in Stephansried bei Ottobeuren geboren. Bis zu seinem 21. Lebensjahr war er Weber und studierte dann katholische Theologie. Während seiner Studienjahre war er an unheilbarer Tuberkulose erkrankt und die Ärzte hatten keine Hoffnung mehr für ihn. Er gab aber die Hoffnung nicht auf und stieß auf Wasserkuren. Die halfen ihm zur vollständigen Genesung. Daraufhin baute er die

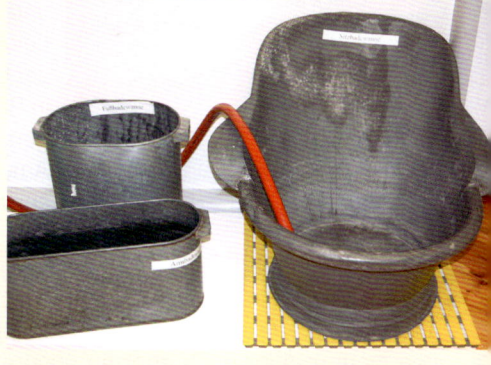

Wasserkuren systematisch aus und wendete sie auch bei seinen Patienten an. Die Heilerfolge sprachen sich schnell herum und schon bald strömten viele Heilungssuchende von nah und fern nach Wörishofen. 1897 verstarb der „Wasserdoktor".

Im Klosterkomplex integriert, besuchen wir die **Kapelle „Maria Königin der Engel"** (gegenüber der Pfarrkirche St. Justina). Unser stets präsenter Dominikus Zimmermann und sein Bruder Johann Baptist zeigen sich wie so oft für die Fresken verantwortlich.

Hervorzuheben ist ganz besonders der „Blumen- und Kräuterhimmel", der 1956 von Mater Donatilla von Eckhard gemalt wurde.

Über die Hans-Holzmann-Straße spazieren wir nun zum Kurpark. Zahlreiche Düfte steigen in unsere Nasen. Die stammen aus dem Rosengarten, dem Heilkräutergarten und dem Duft- und Aromagarten mit Minzegewächsen, Flieder, Lavendel u.v.m. Speziell für Rosenliebhaber ist das ab Anfang Juni reichlich blühende Rosarium ein echtes Muss! In der Gartenanlage sind zur Freude unserer Kinder Teiche mit vielen quakenden Fröschen und mehreren Volieren.

Was wäre aber dieser **Kurpark** ohne die typische Kneipp-Anlage? So staksen wir dann mit hochgekrempelten Hosenbeinen wie die Störche durchs kalte Wasser. Das ist aber laut Anleitung die korrekte Art des „Kneippens". Auch die Arme tauchen wir in ein extra dafür aufgestelltes Becken und müssen sie solange unter Wasser halten, bis ein ausgeprägtes Kältegefühl auftritt. Erfrischend und hält bestimmt gesund! Leicht lässt sich so ein ganzer Urlaubstag (oder mehr) in Bad Wörishofen verbringen.

Kurpark Bad Wörishofen

Am nächsten Morgen brechen wir wieder auf und biegen am Kreisverkehr links ab gen **Kirchdorf** in Richtung Norden. Die ganze Womomannschaft ist vital und voller Tatendrang. Liegt das nun an den Kneippschen Anwendungen von gestern oder doch eher an unserem nächsten Ziel, dem nahen **„Skyline" Erlebnispark**?

War das da gerade ein Ufo? Wir starren entgeistert durch die Windschutzscheibe. Des Rätsels Lösung ist der „Sky Shot", eine Kugel, die an zwei Gummizügen aufgehängt ist und mit der jeweils zwei Wagemutige in den Himmel katapultiert werden. Im Freizeitpark sorgen eine Achterbahn, Riesenrad, 4D-Kino und noch viele Attraktionen mehr für Nervenkitzel für alle Altersklassen. Lassen Sie den Besuch zu einem Erlebnis der etwas anderen Art werden und viel Spass im Kreise der Familie haben.

Mit einem Galafeuerwerk endet spät am Abend dieser schöne Tag. Zum Glück brauchen wir uns um einen Stellplatz zu dieser späten Stunde nicht mehr kümmern, denn wir dürfen auf dem Großparkplatz vor den Toren des Skylineparkes übernachten.

(122) WOMO-Stellplatz: Skyline-park

GPS: N 48° 02' 35.8" E 10° 35' 24.2"
max. WOMOs: >10.
Ausstattung/Lage: Schotterparkplatz im Grünen/ außerorts.
Zufahrt: Kreisverkehr nach den Thermen links/Richtung Kirchdorf, nach der Autobahnunterführung links auf den Großparkplatz.

Auf Kneipptour durchs Unterallgäu

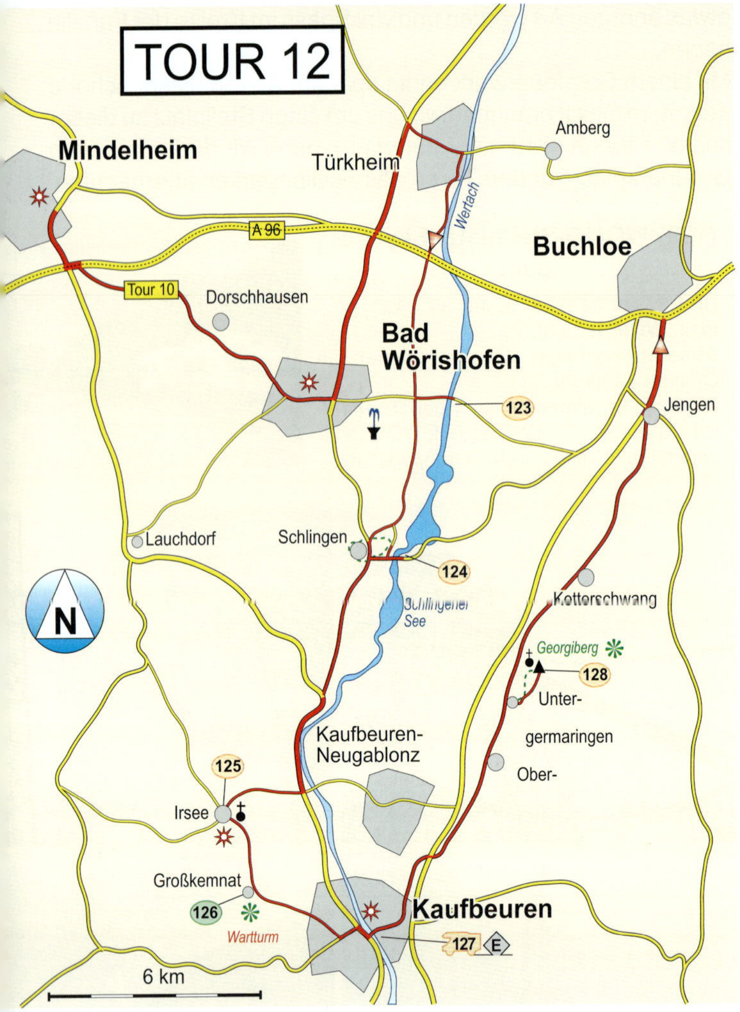
TOUR 12
Mindelheim
Türkheim
Amberg
Wertach
A 96
Buchloe
Tour 10
Dorschhausen
Bad Wörishofen
123
Jengen
Lauchdorf
Schlingen
124
Kotterschwang
See
Georgiberg
128
Unter-
germaringen
Kaufbeuren-
Neugablonz
Ober-
125
Irsee
Großkemnat
126
Wartturm
Kaufbeuren
127
E
6 km
N

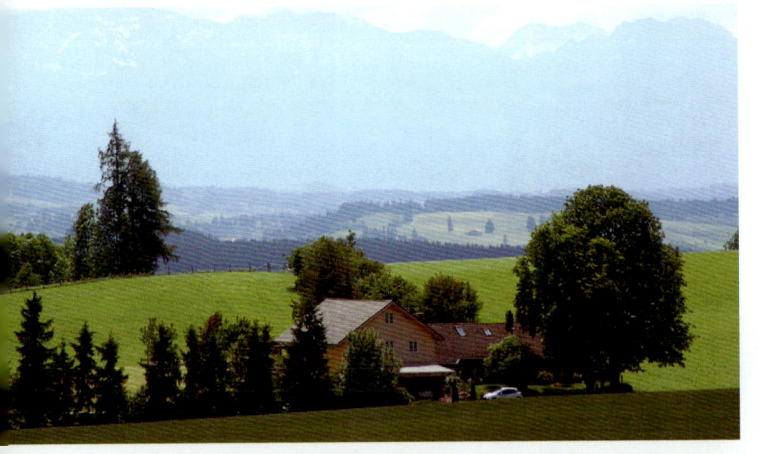

TOUR 12 (ca. 75 km / 2-3 Tage)

Schlingen - Irsee - Großkemnat - Kaufbeuren - Germaringen - Buchloe

Offizielle Stellplätze:	Kaufbeuren
Freie Übernachtung:	Schlingen, Irsee, Großkemnat, Germaringen
Ver-/Entsorgung:	Kaufbeuren
Baden:	Schlingen am Wertachstausee
Kultur:	Klosteranlage Irsee, Kaufbeuren, St. Georgskirche am Georgiberg
Aktivitäten:	Wandern in Großkemnat, Besuch des Puppenmuseums in Schlingen
Essen:	Jagdgasthof in Schlingen; Café in Kaufbeuren; Gasthof „Klosterbräu" in Irsee; Burggasthof Großkemnat

Zeitig am Morgen brechen wir von unserem Skyline Parkplatz auf, denn schon treffen die ersten Busladungen mit neuen Besuchern ein. Am Kreisverkehr vor dem Freizeitpark biegen wir links ab und fahren ostwärts bis zum nächsten Kreisel der Sonne entgegen. Dort halten wir uns rechts ab gen Bad Wörishofen. Da wir das Kurstädtchen ja nun kennen, bleiben wir auf unserer Umgehungsstraße, die bald durch einen Tunnel führt.

(123) WOMO-Stellplatz: Stockheim

GPS: N 48° 00' 12.6" E 10° 38' 58.3" **max. WOMOs:** 2.
Ausstattung/Lage: Schotterplatz/ Ortsrand.
Zufahrt: In Wörishofen nach dem Tunnel rechts (Umgehung), dann rechts ab nach Stockheim. Dort an der T-Kreuzung links, über die Wertachbrücke, gleich danach rechts im Wald.

Immer weiter nach Süden, auf die in der Ferne schimmernden Berge, halten wir nun wieder zu. Bald schon sehen wir den Wegweiser „**Schlingen**", dem wir links ab auf die alte Dorfstraße folgen. Im Zuge der Ortserneuerung glänzt aber der erst kürzlich erneuerte Asphaltbelag hier tiefschwarz und verkörpert alles andere, als was man sich unter einer Dorfstraße im weitläufigen Sinne so vorstellt. Nichts desto Trotz, zu jedem Dorf gehört eine „gescheite" Wirtschaft. Und die steht in diesem Falle gleich am Ortseingang. Da es zum Mittagessen noch zu früh ist, lenken wir unser Womo zum nächsten Stellplatz im Grünen und spazieren zurück zur Gaststätte „Jagdhof".

Ein letztes Mal in Richtung Berge...

(124) WOMO-Stellplatz: Schlingen/ Wertachstausee

GPS: N 47° 58' 10.3" E 10° 38' 8.8" **max. WOMOs:** 1-2.
Ausstattung/Lage: Wiesenstreifen / außerorts.
Zufahrt: In Schlingen links gen Beckstetten, nach der Wertachbrücke gleich links, vor bis zur 90 Grad Kurve.

WOMO-Wandertipp: Schlingen

Von unserem Stellplatz aus spazieren wir ein kurzes Stück zurück zur Brücke, überqueren diese und laufen gleich rechts ab in den für Autos gesperrten Bgm.-Mayr-Weg, auf dem wir über die Felder direkt auf das Dorf zuhalten. Am Ende des Sträßleins treffen wir auf die Frankenhofener Straße, auf der wir recht s ab die paar Schritte vor bis zum Fasanenweg nach links laufen. Jetzt ist es nicht mehr weit und schon bald sehen wir den Jagdgasthof. Inzwischen ist es nun auch die richtige Tageszeit und so kehren wir hier ein. Eine reichhaltige Speisekarte empfängt den Gast - klar dass auch Wild mit zu den Spezialitäten des Hauses zählt.

Nach dem Essen besuchen wir das kleine „Wildmuseum", das sich im Keller des Hauses befindet. Wir sehen, was neben Reh und Hirsch noch so alles dem Jäger vor die Flinte lief.

Über die Allgäuer Straße, unsere „neue" eingangs erwähnte Dorfstraße spazieren wir vor zur Pfarrkirche. Kurz davor entdecken wir zur Rechten bei der Hausnummer 22 ein Kleinod: Das Puppenmuseum von Aloisia Stöckle. Wir vereinbaren für den nächsten Tag einen Besuchstermin und besuchen dann das Gotteshaus, das nach dem Heiligen St. Martin benannt ist. Der ist unseren Kindern und wahrscheinlich auch Ihnen von klein auf bestens bekannt - kennen wir ihn doch vom Hören und Sagen seit dem Kindergarten. Das dazugehörige Gemälde sehen wir oberhalb des linken Chorgestühls. Bevor wir aber dorthin unsere Blicke lenken, bestaunen wir den herrlich lichtdurchfluteten, goldglänzenden Rokokobau.

Auf der Riedener Straße kehren wir in Richtung Wertach zu unserem Womo zurück.

Da wir uns nach einem kühlen Nass nach der Wanderung sehnen, folgen wir nochmals zu Fuß dem Flussverlauf der Wertach. Ein Schotterweg führt uns nach rechts parallel zum Fluss und dann erreichen wir bald schon den Stausee. Hier springen wir in die Fluten.

Nach dem Frühstück am nächsten Tag freuen sich schon Groß und Klein der Womomannschaft auf den Besuch des **Puppen- und Bärenmuseums** von Aloisia Stöckle. Unter der Telefonnummer 08247/ 2666 oder 0172/ 8384595 kann jeder Interes-

sent einen individuellen Termin vereinbaren. Umweltfreundlich spazieren wir nochmals in den Ort und klingeln bei der Hausnummer 22 in der Allgäuer Straße.
Eine noch junge Oma mit ihrem Enkelchen auf dem Arm öffnet uns die Tür und bittet uns freundlich herein. In ei-

Frau Stöckle in ihrem Element

nem ehemaligen Verkaufsraum sitzen dichtgedrängt Teddys und Puppen. Soll das etwa alles gewesen sein, denken wir uns. Doch genau auf diese Reaktion zielt Frau Stöckle ab. Sie bittet uns nach nebenan in die Räume ihres früheren Elternhauses. Und dort klappt uns der „Kinnladen" dann förmlich nach unten. Ein wahres Sammelsurium an Kostbarkeiten ist liebevoll in das Originalmobiliar des Hauses aus dem Jahre 1932 integriert.
Da wäre zum Beispiel ein unbespielter „Sägemehlteddy", der Herrmannbär oder die Dr. Bärmann Klink. Wir können auch noch eine weitere Sammel- und Bastelleidenschaft der Museumsinhaberin bestaunen: Sakrale Volkskunst. Da sind Marienstatuen mit Häkeleien und Echtgold belegt und... doch sehen Sie am besten selbst!
Den Kopf noch prall voller Eindrücke verlassen wir auf der Allgäuer Straße nach Süden den Ort Schlingen und treffen wieder auf die Umfahrung, der wir in Richtung Kaufbeuren (auf die Berge zu) folgen. Nach gut 10-15 Minuten Fahrt kommen wir kurz nach dem Weiler Hammerschmiede linkerhand an einem Wohnmobilhändler vorbei, der eventuelle Probleme an Ihrem Fahrzeug beheben und weiter helfen kann. Am gleich darauf folgenden Kreisverkehr biegen wir rechts nach **Irsee** ab. Unsere Straße schwingt sich in sanften Biegungen durch den Misch-

Kloster Irsee

wald hügelaufwärts. Idyllisch im Grünen spitzen die Kirchtürme der Klosteranlage hervor. Idealer Ausgangspunkt für eine Erkundung ist der Parkplatz im Ortszentrum:

(125) WOMO-Stellplatz: Irsee

GPS: N 47° 54' 33.8" E 10° 34' 23.1" **max. WOMOs:** 2-3.
Ausstattung/Lage: Asphaltplatz/ im Ort.
Zufahrt: Im Ort rechts ab, großer Parkplatz mit Blick auf Maibaum und Kloster.

Als erstes laufen wir die paar Schritte zur barocken **Klosterkirche Mariä Himmelfahrt** hinab. Der Meister all diesen Prunks war diesmal nicht, wie sonst in unserem Allgäuurlaub üblich, Dominikus Zimmermann, sondern Franz Beer mit Unterstützung des Stuckateurs Joseph Schmuzer. Ein Kuriosum der besonderen Art ist aber die vom nahen Türkheimer Ignaz Hillenbrand geschaffene und wohl einmalige Schiffskanzel: Eine Kanzel mit Schiffsbug, Mast, Tauen und Segel. Aber auch die mit Putten und Engeln reich verzierte Orgel zieht die Blicke auf sich. Diese musizierende Himmelsschar symbolisiert das himmlische Orchester.

Schiffskanzel

Außerhalb der Klosterkirche besuchen wir anschließend das Denkmal vom Künstler Martin Wank, das an eine dunkle Epoche der Klosteranlage als Heil- und Pflegeanstalt erin-

nert. Während der NS-Zeit wurden über 2000 Patienten („unwertes" Leben) an die Vernichtungslager überstellt und dort ermordet.
Eigentlich wollten wir jetzt in den **Biergarten** des Gasthof „Klosterbräu" einkehren. Doch uns ist erst einmal der Appetit vergangen. Damit dieser wiederkehrt, besuchen wir das kostenlose **Brauereimuseum**. Dort erfahren wir, wie die Irseer Brauer schon seit Jahrhunderten nach dem bayerischen Rein-

Biergarten im Klosterbräu

heitsgebot Bier brauen. Und das testen wir dann, wieder an Geschmack gewonnen, im Gasthof. Ein Bier auszuwählen, so sollte man meinen, ist doch eigentlich ganz leicht. Doch bei der Auswahl an Bieren wird mir schon vom bloßen Betrachten ganz schwindlig: Weizen, Helles, Urhelles, Obergärig, Doppelbock... Wir dürfen Sie aber trösten: Zum Einen - was Sie auch wählen, es wird auf jeden Fall köstlich durch Ihre Kehle rinnen. Zum Anderen, sämtliche Biere können als (Geschenk-) Packung erworben werden. Speziell für Urlauber, die nördlich des „Weißwurstäquators" wohnen, ein tolles Mitbringsel aus dem Allgäuurlaub. Auch wir nehmen ein paar Flaschen des würzigen Getränks mit an Bord und kurven gerade einmal hundert Meter zurück, um dann rechts nach Kleinkemnat abzubiegen. Zwischen schmucken Einfamilienhäusern führt uns die Straße zum Ortsende. Über eine weitgeschwungene Linkskurve geht es bergauf. Rinder grasen friedlich auf den Weiden, Blumen blühen – eine friedliche und idyllische Voralpenlandschaft wie aus dem Bilderbuch. In **Kleinkemnat** halten wir uns an der T-Kreuzung bei der Kirche rechts ab und sind schon bald in

Ein letztes Mal in Richtung Berge...

Großkemnat, das uns heute einen ruhigen Übernachtungsplatz bieten wird.

> **(126) WOMO-Wanderparkplatz: Großkemnat**
> **GPS:** N 47° 52' 54.4" E10° 35' 06.7"
> **max. WOMOs:** 1-2.
> **Ausstattung/Lage:** Schotterparkplatz/Ortsrand.
> **Zufahrt:** In Großkemnat geradeaus, dann kurz den Berg hinab und vor dem Theaterstadel auf Schotter im Grünen.

Römerturm

Für Morgen stehen wieder zahlreiche Aktivitäten an, doch nun gibt es noch einen Irseer Schlummertrunk zum Tagesabschluss. Gut ausgeschlafen besuchen wir den gut ausgeschilderten und nur ein paar Gehminuten entfernten **Römerturm**. Der stammt aber keineswegs aus der Römerzeit, sondern ist der stattliche Teil eines Burgfrieds aus dem 12. Jahrhundert. Reste einer Wallanlage sehen wir noch zu unserer Linken, als wir das idyllische Gelände betreten. Gegenüber erspähen wir einen verträumt wirkenden Burggasthof, der zur Einkehr einlädt. Zuerst nehmen natürlich unsere Kinder wieder den Spielplatz in Beschlag. Doch wenig später reizt es sie, die „Ritterburg" zu erkunden. Oben auf der Aussichtsplattform haben wird einen wunderschönen Blick auf die Allgäuer Alpen und die Wald- und Wiesenlandschaft um Kaufbeuren.

Wer möchte, kann auf dem ausgeschilderten Wanderpfad bis Irsee zurückwandern und ein beschauliches Stück Natur kennenlernen.

Als nächstes Ziel haben wir wieder eine größere Stadt auf dem Besuchsprogramm: **Kaufbeuren**.

Wir verlassen das sympathische Dorf Großkemnat in Richtung Süden auf der Straße „Beim Römerturm" und fahren durch

reichblühende Wiesen, bis wir an eine T-Kreuzung gelangen. Dort halten wir uns nach rechts, um gleich darauf wieder links ab in die Staatsstraße 2055 einzubiegen. Über weitgeschwungene Kehren geht es den Hang hinab auf der Lindauer Straße. Im Ort biegen wir links auf die B 16 ab und erreichen beim Kreisverkehr die Buronstraße. Dort befindet sich gegenüber dem Klettergarten des Alpenvereins der neue Stellplatz der Stadt. Leider sind es rund 3 km zurück ins historische Zentrum, das man aber über die Neugablonzer Straße gut erreicht.

(127) Offizieller WOMO-Stellplatz: Kaufbeuren

GPS: N 47° 53' 55.8" E 10° 36' 59.4" **max. WOMOs:** 8.
Ausstattung/Lage: VE, Strom/ im Ort; kostenlos.
Zufahrt: B16 gen Norden, am Kreisverkehr rechts in die Buronstr. beim Kletterzentrum des DAV.

Ein letztes Mal in Richtung Berge...

stilvoll restaurierte Häuser

Auf der Bismarkstraße laufen wir nur wenige Schritte zurück in Richtung Hauptstraße und halten uns dann nach links in die Heinzelmannstraße. Nach der Fußgängerampel befinden wir uns schon mitten im historischen Kern Kaufbeurens. Die Sedanstraße führt uns direkt zur Hauptachse der Stadt, der Kaiser-Max-Straße. Unsere Blicke wandern vom schmucken Rathaus, über den Neptunbrunnen hin zur evangelischen Dreifaltigkeitskirche. Wir machen es den anderen nach und lassen die Szene in einem der zahlreichen Straßencafes auf uns wirken. Dann schlendern wir weiter auf die katholische St.Martins Kirche zu. Hier empfängt uns ausnahmsweise nicht der typische Barockstil, sondern die Gotik war die prägende Epoche der Basilika. Über den Salzmarkt gelangen wir dann zum Franziskanerkloster der hl. Crescentia. Bergauf schnaufen wir über zahllose

Treppen hinauf zum St. Blasius-Kirchlein. Von dort oben genießen wir erst einmal den schönen Blick auf die Dächer der Stadt und das Alpenpanorama. Dann wenden wir unsere Aufmerksamkeit der gut erhaltenen Stadtmauer zu, an deren Ende das Gotteshaus integriert ist. Den Schlüssel zu diesem Kleinod bekommen wir im gegenüberliegenden Haus. Entlang der einstigen Wehranlage spazieren wir vor zu einem der Wahrzeichen der Stadt - dem Fünfknopfturm. Nicht weit entfernt erblicken wir dann auch schon den Hexenturm. Zu dessen Füßen lädt ein nettes Cafe mit urigen Biergarten zur Rast ein. Wenn wir das vorher gewusst hätten, ja dann wären wir nicht in der Kaiser-Max-Straße hängengeblieben...

Fünfknopfturm mit Café

Treppab gen Süden gewandt erreichen wir wieder unser Womo. Müde und voller Eindrücke besteigen wir unser Womo und zuckeln zurück zur Hauptkreuzung, Dort biegen wir rechts ab und folgen der Beschilderung zur B 12 in Richtung Neugablonz. Beim Großkreisel fahren wir gen Buchloe (Norden) auf die Bundesstraße ein. Flott geht es ein kurzes Stück bis zur nächsten Ausfahrt nach Obergermaringen. Im Dorf biegen wir an der Ampelkreuzung links ab und gelangen so nach **Untergermaringen**. Vor uns ragt schon oben auf dem langgestreckten Höhenzug, dem **Georgiberg**, unser letztes Ziel für heute aus dem Wald heraus: Die Kirche St. Georg.

(128) WOMO-Stellplatz: Georgiberg

GPS: N 47° 56' 40.0" E 10° 41' 3.0"   **max. WOMOs:** 1-2.
Ausstattung/Lage: Auf Asphalt/ außerorts.
Zufahrt: In Untergermaringen rechts ab in die Georgibergstraße. Dieser folgend bergauf (beschildert) zur Kirche.

Der um 1180 n. Chr. errichtete romanische Kirchenbau versetzt uns in ehrfurchtsvolles Staunen. Einfach herrlich sind die Wandmalereien. Da wir in kunsthistorischen Dingen blutige Laien sind, kaufen wir uns das günstige kleine Heftchen neben dem Kirchenportal, lesen nach und erfahren so Interessantes mehr:

Ein letztes Mal in Richtung Berge...

„Nach einigen Schritten zur Mitte des Gotteshauses hin nimmt die romanische, nahezu vollständig erhaltene Apsismalerei aus dem 12. Jahrhundert - die einzige ihrer Art in ganz Schwaben (!) – sofort den Blick gefangen. Kirchenrestaurator Toni Mayer, Mindelheim, hat sie in mühevoller Kleinarbeit 1966/ 67 freigelegt und fixiert, nachdem sie Jahrhunderte unter einer siebenfachen Putzschicht verborgen war."

Das nötigt uns Respekt ab. Und so erfahren wir noch viele interessante Details, die wir sonst gar nicht wahrgenommen oder einfach übersehen hätten. So zeigen z.B. die Gesichtszüge des im Chor aufgemalten Christus mit dem rotblonden Haar und Bart Ähnlichkeiten mit dem Stauferkaiser Friedrich Barbarossa (der zur Entstehungszeit des Freskos das Hl. Römische Reich Deutscher Nation regierte).

Eigentlich viel zu schade, um nur das Gotteshaus zu besuchen. Der nahe Wald und eine davor befindliche Infotafel mit Karte zeigt uns Möglichkeiten zum Wandern und Radeln auf. Wir bevorzugen aber den am Hangrand entlangführenden Spazierweg nach Untergermaringen. In gut einer viertel Stunde geht es abwechslungsreich talwärts. Wir wandern unter mächtigen alten Linden, vorbei an sechs Wegkapellen, entlang reich blühender Wiesen und mit einem wunderbaren Fernblick.

Irgendwann geht auch der schönste und längste Urlaub zu Ende. Wir fahren wieder ins „Tal" nach Untergermaringen hinab, biegen rechts ab und kommen so über die hübschen Dörfer **Ketterschwang** und **Jengen** wieder auf die B 12, die uns schnurstracks zur A 96 bringt. Hier trennen sich nun unsere Wege. Was bleibt Ihnen von Ihrer Reise durch das Allgäu? Hoffentlich jede Menge schöner Fotos und Erinnerungen. Aber auch das Rezept für die so typischen Allgäuer Kässpatzen, das wir Ihnen zum Abschied noch verraten wollen. Damit werden Sie immer in Erinnerungen schwelgen, wenn Sie dieses köstliche Gericht zubereiten und essen.

Allgäuer Kässpatzen

Zutaten:

400g Magerquark
400g Mehl (auch Vollkornmehl)
250g Käse (Bergkäse oder Emmentaler Käse)
100g Romadur („Stinkerkäse")
4 Eier
Salz
Zwiebeln

Zubereitung:

Quark, Mehl, Eier und eine Prise Salz gut durchmischen, ca. 20 Minuten quellen lassen und dann mit dem „Spätzlehobel" (im Allgäu in jedem Supermarkt zu erstehen) den Teig in kochendes Salzwasser hobeln. Die Spätzle einige Minuten im Topf ziehen lassen und dann in eine Bratenform geben. Dort mit dem Käse vermischen und bei 200 Grad im Backofen rund 20 Minuten überbacken.
Als Zugabe rösten wir Zwiebelscheiben ab und geben diese anschließend über die Kässpatzen. Dazu noch ein Weißbier und einen knackigen Salat.
(Manche mögen es ja wie der Kommissar Kluftinger aus dem Roman: Geröstete Zwiebeln in rauen Mengen mit Kässpatzen...)

Guten Appetit!

Uns bleibt nun nur noch zu sagen „**Pfia Gott**" und auf ein baldiges Wiedersehen im Allgäu!

Reisetipps von A - Z

Adressen

Für das Bayerische Allgäu:

Allgäu Marketing GmbH
Allgäuer Str. 1
87435 Kempten
Tel. 0831-575 3730
Fax. 0831-575 3733
www.allgäu.info
email: info@allgäu.de

Tourismusverband Ostallgäu
Schwabenstr. 11
87616 Marktoberdorf
Tel. 08342-911 313
Fax. 08342-911-544
www.ostallgäu.de
email: tourismus@ostallgäu.de

Oberallgäu Tourismus Service GmbH
Hindelanger Str. 35
87527 Sonthofen
Tel. 08321-80040
Fax. 08321-800 4269
www.oberallgäu.de
email: info@oberallgäu.de

Für das Österreichische Allgäu:

Tourismusverband Tannheimertal
Oberhöfen 110
A-6675 Tannheim
Tel.+43 5675 6220 0
Fax.+43 5675 6220 60
www.tannheimertal.com
email: info@tannheimertal.com

Kleinwalsertal Tourismus
Im Walserhaus
A-6992 Hirschegg
Tel.+43 5517 511 40
Fax.+43 5517 511 4419
www.kleinwalsertal.com
email: info@kleinwalsertal.com

Für das Baden-württembergische Allgäu:

Internationale Bodensee Tourismus GmbH
Hafenstr.6
78462 Konstanz
Tel. 07531-909490
www.bodensee-tourismus.eu
email: info@bodensee.eu

Baden

Kein Bundesland in Deutschland, einmal von Mecklenburg-Vorpommern abgesehen, hat derart viele (Bade-) Seen zu bieten, wie dies in Bayern, allen voran der Ferienregion Allgäu der Fall ist. Herrliche Gewässer mit idyllischem Bergpanorama laden zum Planschen und Schwimmen ein. Besonders die vielen Moorweiher erwärmen sich auf Grund ihres dunklen Untergrunds sehr früh und ermöglichen das Schwimmen oft schon Anfang Mai.

Berge / Flora und Fauna

Frühlingsenzian

Krokus

Das Allgäu mit den Allgäuer Hochalpen gehört zu den artenreichsten Gebirgen Europas. Selten gewordene Tierarten wie Raufußhühner, Birkhähne, Alpensalamander u.v.m finden hier noch ihr Auskommen. Schön anzusehen sind auch die bunten Bergwiesen mit den verschiedensten Kräuterarten, die das Milchvieh zu fressen bekommt und so den unverwechselbaren Milch- und Käsegeschmack bestimmen. Nehmen Sie ruhig ein Bestimmungsbuch auf jede Wanderung mit und entdecken Sie selten gewordene Naturschönheiten am Wegesrand.

Brauchtum / Frömmigkeit

Leonhardiritt

Im Allgäu werden Sie auf Schritt und Tritt merken, wie noch heute eine tiefe Frömmigkeit in Land und Leuten verwurzelt ist. Am Wegesrand sehen Sie oft die sog. „Marterln", Wegkreuze, die um Schutz für Menschen, Wiesen, Felder und Wälder bitten. Kaum ein Allgäuer Bergbauernhof, der nicht irgendwo eine Madonna oder ein Kruzifix stehen hat.
Und schließlich die Kirchen an sich, die ein Abbild der Herrlichkeit Gottes auf Erden darstellen.

Nicht nur die Gebrüder Zimmermann nahmen das Gebet der Christenheit, das Vaterunser im Allgäu sehr wörtlich: „...wie im Himmel, so auf Erden...". Wir finden, das ist wahrlich gelungen. Sehen Sie selbst!
Sind die Gotteshäuser wochentags Orte der einsamen Stille, so ändert sich dies am Sonntag und besonderen kirchlichen Festtagen. Dann begibt sich jeder aus dem Dorf zur Kirche. Und wer etwas auf sich hält, erscheint auch noch in Festtagstracht.

Campingplätze/ Bauernhofstellplätze

Sicherlich wollen Sie an manchen Orten länger verweilen und dem Campingleben frönen mit allem was dazugehört, wie z.B. grillen, Liege aufstellen... Das ist leider auf den Stellplätzen nicht möglich. Deswegen haben wir für Sie Campingplätze in wunderschöner Lage an Badeseen angegeben.
Ein Sonderfall stellen die immer zahlreicher werdenden Bauernhofstellplätze dar. Zum Preis eines einfachen Stellplatzes dürfen Sie bei einem Bauernhof auf dessen Wiese Ihr Womo abstellen, so lange Sie wollen und sich campingmäßig mit allem drum und dran ausbreiten. Besonders Familien kommen hier voll und ganz auf Ihre Kosten: Meist ist ein großes Trampolin vorhanden, eine Heuhüpfburg und viele Tiere zum Kennenlernen. Nicht nur die Kleinen schauen im Stall beim Melken der Kühe zu. Auch bestehen oft Reitmöglichkeiten bzw. Ponyreiten für Kinder.

Essen

Das Allgäu bietet kulinarische Köstlichkeiten von der Haute Cuisine bis zu einer oft deftigen Küche. Im Allgäu sind die bayerische und die schwäbische Küche eine gute Ehe eingegangen, mit einer schwäbischen Dominanz jedoch. Hier einige Auszüge aus der typischen Speisekarte:
- Ø Kässpatzen
- Ø Sauerbraten mit Spätzle
- Ø Schupfnudeln
- Ø Schweinshaxe mit Sauerkraut und Knödel
- Ø Herrgott´s B´scheißerle (Maultaschen)
- Ø Zwetschgendatschi
- Ø Weißwürste mit Brezel und Senf
- Ø Leberkäse mit Kartoffelsalat

Freies Übernachten / Übernachtungsplätze

Immer mehr Gemeinden richten offizielle Parkplätze für Wohnmobilfahrer ein, die oft noch kostenlos sind. Hier darf man sich meist campingähnlich niederlassen. D.h. es dürfen auch Tisch und Stühle ausgepackt werden (sofern die Gemeindesatzung dies nicht ausdrücklich untersagt).
Anders dagegen sieht es auf den nichtoffiziellen Stellplätzen aus, die wir in diesem Führer ausgewiesen haben. Auf diesen Plätzen dürfen Sie streng genommen nur übernachten, also parken, um die vom Gesetzgeber vorgegebene Fahrtauglichkeit wieder herzustellen zu können. Camping ist somit tabu! Viele unserer Plätze sind aber abgeschieden genug, so dass sich an ein paar Stühlen vor dem Womo keiner stören wird. Wo kein Kläger, da kein Richter...
Es versteht sich von selbst, dass der Platz wieder sauber verlassen wird oder sogar der Müll eines „Nestbeschmutzers" aufgeräumt wird, denn sonst wächst auf diesem Platz schneller als uns allen lieb sein kann ein Womoverbotsschild aus dem Boden.
Zum längeren Verweilen suchen wir den Campingplatz oder den Bauernhofstellplatz auf (vgl.).

Anders sieht die Situation des Freien Stehens in Österreich, v.a. im Bundesland Tirol aus. Dort ist das Übernachten auf öffentlichen Parkplätzen absolut tabu und wird von der Polizei („Gendarmerie") auch gnadenlos geahndet. Die verstehen wirklich keinen Spaß!
Lediglich auf Privatgrundstücken, also Bauernhöfe, Gaststätten u.ä. dürfen Sie mit ausdrücklicher Zustimmung des Eigentümers mit Ihrem Womo parken und nächtigen.

Gasversorgung

Ihre graue 11 kg Gasflasche bekommen Sie in den meisten Bau- und Heimwerkermärkten problemlos gewechselt. Diese Geschäfte finden Sie in der Regel außerhalb der Ortschaften in den Industrie- und Gewerbegebieten.

Geschenke / „Mitbringsel"

Wir wollen Ihnen schon vorab einige Möglichkeiten aufzeigen, was Sie mehr oder weniger Sinnvolles für sich oder Ihre Lieben aus dem Allgäuurlaub erstehen können:

>> *Käse* aus der Sennerei.

>> *Spätzlehobel*. Damit zaubern Sie mit Hilfe unseres Kochrezeptes Kässpatzen auf Ihren heimischen Teller.

>> *Holzspielzeug*. Bei den Holzschnitzern und Brunnenschnitzern (vgl. Tour 4 in Wertach) lassen sich nette Kleinigkeiten erstehen, die mit viel Liebe zum Detail gefertigt wurden.

>> *Mode*: Wie wäre es mit einem Tirolerhut oder einem Lodenhut mit echt bayerischen Gamsbart? Beliebt, das zeigen die vielen einschlägigen Geschäfte, ist die fesche Trachtenkollektion.
Auch ist Tracht in Bayern zur Zeit wieder sehr beliebt und wird gern getragen.

GPS

Das GPS (Global Positioning System) ist eine militärische Errungenschaft des US-Verteidigungsministeriums zur weltweiten exakten Standortbestimmung. Die frühere bewusst herbeigeführte Ungenauigkeit für zivile Geräte ist beseitigt und so kann jeder Urlauber nun seinen Standort oder den gewünschten Zielort genau ermitteln - ob bei Tag oder Nacht und Nebel.
Bereits ab 150 Euro bekommt man ein kleines Gerät im Handyformat. Wie auch immer Sie sich entscheiden, sparen Sie beim Gerätekauf nicht am falschen Fleck. Empfehlenswert sind die Marken Garmin, TomTom und Falk. Ein umfangreiches Angebot mit entsprechender fachlicher Beratung gibt es z.B. beim Erlebnisreisespezialisten Därr und Lauche&Maas in München, Ulm und Jena. www.daerr.de sowie www.lauche-maas.de Das Kartenmaterial des Urlaubslandes sollte das Gerät schon gespeichert haben oder dieses nachträglich speichern können. In diesem Reiseführer sind für alle Über-

nachtungsplätze die Koordinaten im Format Grad/ Minuten/ Sekunden (hddd° mm' ss.s") angegeben. Diese Schreibweise ist die am meisten verbreitete. Falls Ihr Gerät voreingestellt die Schreibweise Grad mit Dezimalen (hddd.ddddd°) oder Grad/ Minuten mit Dezimalen (hddd° mm.mmm') anzeigt, finden Sie bestimmt eine Umstellmöglichkeit auf das von uns benutzte gängige Format.

Besitzer von GPS-Geräten bei denen man die Koordinaten eingeben kann (z.B. der Fa. Garmin, TomTom oder Falk), tippen einfach die angegebenen Koordinaten der Stellplätze vor dem Urlaub in das Navigationsgerät. Wer es noch bequemer haben möchte, erwirbt beim Womo-Verlag die „GPS-CD zum Buch", und die GPS-Daten werden in Sekundenschnelle vom Computer auf das GPS-Gerät übertragen.

Natürlich können Sie auch „vor Ort" nur die Koordinaten des Platzes eingeben, den Sie als nächstes ansteuern wollen. Aber aufgepasst! Einige unserer Plätze liegen an Nebensträßchen und Schotterpisten, die kein Navi kennt. Deswegen ist ja auch im Text und im Stellplatzkasten die Zufahrt genau beschrieben. Hier hilft dann auch die gute alte Detailkarte aus dem Handschuhfach.

Historie / Kunst / Bauwerke

Das Allgäu wird, wie keine andere Region, in kunsthistorischer Sicht vom Barockstil geprägt. Viele Kirchen, allen voran die Wieskirche sind Weltkulturzeugnisse dieser Epoche. Mit uns besuchen Sie die zahlreichen Gotteshäuser, die wahrhaft atemberaubende Schönheit ausstrahlen und treffen auf die bayerisch – schwäbischen Barockstraße. Markenzeichen ist ein gelber Putto auf grünem Grund. Er zeigt uns den Weg zum Himmel auf Erden, sprich zu den barocken Glanzlichtern.

Weit über die Landesgrenzen Bayerns hinaus bekannt sind die Schlösser des Bayernkönigs Ludwig II. Das berühmteste dieser Monumentalbauten ist das sog. „Märchenschloss" Neuschwanstein, das es sogar zu Weltruhm gebracht hat (Tour 2).

Doch auch das nahe Hohenschwangau oder das nur wenige Kilometer im Ammergauer Nachbartal befindliche Schloss Linderhof brauchen sich wahrlich nicht zu verstecken...

Kartenmaterial

Für Ihre Reise durchs Allgäu ist eine ordentliche Straßenkarte wichtig. Wir lotsen Sie zwar genau, doch sind immer mal wieder Straßen wegen Bauarbeiten gesperrt und Sie müssen einer Umleitung folgen. Oder Sie wollen auf eigene Faust Erkundungen machen. Wer dann mit Tourenkarten vom ADAC o.ä. sich orientieren will, ist hoffnungslos verloren. Nichts gegen diese Art von Karten – zur Groborientierung vor dem Urlaub durchaus geeignet.

„Pah, ich hab doch mein GPS" werden Sie eventuell jetzt entgegnen. Schön

und gut, doch das Wunderding kennt nicht immer die aktuellste und neueste Straßenführung und kann Ihnen auch nicht sagen, ob das anvisierte Sträßchen für Ihr Womo überhaupt geeignet ist. Das sehen Sie nur auf einer „altmodischen" Straßenkarte.

Zum Fahren und Lotsen vor Ort benutzen wir:
- Allgäu 1:150000 von freytag & berndt (gibt's bei WOMO)

Kinder

Kühe, Pferde, Schafe – zum Anfassen und Streicheln auf vielen Bauernhöfen der Region lassen nicht nur Kinderherzen höher schlagen. Balgen und hüpfen im Heu nach Herzenslust, auch das ist vielerorts möglich. Und einfache Wanderungen mit zig Spielmöglichkeiten (wie z.B. beim Eistobel) sind für Kinder ein herrlicher Erlebnisraum.

Immer mehr Gemeinden richten Walderlebnispfade ein, die sich sehen lassen können. Wir haben für Sie einige hier im Buch aufgeführt.

Was die Bauernhofstellplätze anbelangt, die alle für Kinder uneingeschränkt sehr empfehlenswert sind, raten wir Ihnen, vorsichtshalber ein bis zwei Tage vor Ihrer Ankunft (per Handy) einen Stellplatz zu reservieren. Dort angelangt wird es nicht lange dauern, und Ihr Nachwuchs ist zum Spielen mit anderen Kindern schnell entschwunden. Zeit für Sie, sich zu entspannen, ein Buch zu lesen, oder einfach nur die Landschaft und die gute Luft zu genießen.

Oft können auch regionale Produkte am Hof erworben werden wie z.B. Milch, Käse, Eier, Wurst u.ä.

Kleidung

Was Kleidung für Ihren Urlaub im Allgäu betrifft, brauchen wir Ihnen wohl kaum allzu viel zu sagen: Badezeug einpacken, T-Shirts für warme und Pullover für kühlere Tage. Aber Kleidung für Bergwanderungen und Bergtouren ist ein anderes Kapitel – und glauben Sie uns, unter Umständen lebensrettend (vgl. Wandern und Bergsteigen)

Voraussetzung für sämtliche Bergwanderungen und Bergtouren sind gutes, griffiges und wasserdichtes Schuhwerk. Auch vernünftige Jacken und Hosen, die gegen Wind, Regen und Kälte schützen sind wichtig. Grundsätzlich gilt besonders für Bergtouren, dass man nie bei zweifelhafter Wetterlage aufbricht. Für die in diesem Buch genannten Wanderungen ist diese Funktionskleidung wichtig, das sie gegen Unterkühlung schützt. Für Notfälle sollte jeder Wanderer und Bergsteiger **immer** ein kleines Erste Hilfe Set samt dazugehöriger Alu Rettungsdecke dabei haben!

Literaturempfehlungen

Neben unserem eigenen Buch geben wir Ihnen noch einige sehr lesenswerte und informative Bücher an die Hand, um bestens auf Ihren Allgäuurlaub vorbereitet zu sein und dann im Urlaub auch weitergehende Tipps (Wanderungen etc.) nachschlagen zu können.

Reiseführer
Ø Holtkamp Stefanie „Mit Kindern im Allgäu" Naturzeit Reiseverlag
Ø Holtkamp S., „Mit Kindern in den bayerischen Alpen" Pollnerverlag

- Ø Mayr Herbert, „Mit Kindern das Allgäu entdecken", AVA Verlag
- Ø Blankenstein Christel, „Allgäu Freizeit mit Kindern" Stöppel Verlag (sehr empfehlenswert für Familien)
- Ø Graf Michael, „Die schönsten Radtouren Allgäu" Bruckmann Verlag
- Ø HB Bildatlas Allgäu Band 227 mit wunderschönen Fotos
- Ø Allianz Reiseführer „Allgäu", Baedeker Verlag (DAS Kompendium in Sachen Allgäu!)
- Ø Eugen E. Hüsler „Leichte Klettersteige in den Alpen", Bruckmann

Romane
- Ø Klüpfel Volker u.a. „Milchgeld" Piper Verlag
- Ø Klüpfel Volker u.a. „Erntedank" Piper Verlag (beide Romane sind unbedingt lesenswert im Urlaub; geben Ihnen Einblicke in die Mentalität der Allgäuer; weitere Fortsetzungsromane erschienen)
- Ø Förg Nicola „Schussfahrt"
- Ø Förg Nicola „Funkensonntag"

Sonstige Literatur
- Ø Rösch Roland u.a. „Das Öchsle" (Kinderbilderbuch) EK-Verlag
- Ø Traxler, H. „Komm, Emil, wir gehen heim" Hanser Verlag (nettes Bilderbuch über das Schweinchen Emil, das auf einer Alm lebt)
- Ø Kneipp Sebastian „Meine Wasserkur" Haug Verlag

Öffnungszeiten

Bei den Öffnungszeiten gilt es im Allgäuer Raum eigentlich nur zu beachten, dass die meisten Museen Montags geschlossen haben.

Packliste

<u>Brieftasche/Handtasche/Geheimfach</u>
Pässe, Personal-, Kinderausweis (gültig!)
Führerscheine, Vollmacht
Grüne Karte (gültig!)
KFZ-Schein
Impfbücher/Impfpass Haustier
Kopien aller dieser Papiere (z.B. auf USB-Stick)
Bargeld/Brustbeutel
Devisen (Schweiz?)
ec-Karte/Visa-Karte/Reiseschecks
Krankenversicherungskarte EHIC
Zusatzversicherungen/Schutzbrief
Vignette/Pickerl/Brenner-Mautkarte

_____

_____

<u>Wohnmobilhaushalt</u>
Allgemeines Wohnmobil-Kochbuch
Wecker
Einkaufstasche (groß)
Kaffee-, Teekanne
Filtertüten/Filter
Geschirr/Gläser
Vesperbrettchen/Bestecke
Brotmesser/Kartoffelschäler
Schöpflöffel/Schneebesen
Töpfe/Dampftopf
Pfannen/Sieb

Topflappen
Butterdose/Plastikdöschen mit Deckel
Flaschentrage
Thermoskanne
Eierbehälter
Küchenpapier/Alufolie
Nähzeug/Schere
Klebstoff/Klebeband
Wäscheleine/Klammern
Waschpulver
Plastikschüssel
Abtreter
Schuhputzzeug
Kabeltrommel
Verbindungskabel CEE-Schuko
Stecker (Ausland)
Doppelstecker
Gasflaschen (voll?)
Handfeger/Kehrschaufel
Putzlappen
Klappspaten
Hammer/Nägel/Axt
Zündhölzer/Feuerzeug
Gasanzünder
Taschenlampen/Kerzen
Petroleumlampe/Petroleum
Ersatzbirnen 12 V/230 V
Ersatzsicherungen für jedes Gerät
Ersatzwasserpumpe
5 m passender Wasserschlauch
Feuerlöscher
Insektenspray/Insektenlampe
Moskitogaze für Fenster und Tür
Toilette/Klo-Papier
Toilettenchemikalien (oder Schmierseife?)
Dosen-, Flaschenöffner, Korkenzieher
Spülmittel/Bürste
Scheuerpulver
Geschirrtücher
Leim/5 m Schnur
5 m Schwachstromkabel zweiadrig
Wasserschlauch mit Passstück für
verschiedene Wasserhähne
Trichter
Wasserentkeimungsmittel
Müllbeutel

_____

_____

<u>Reiseapotheke</u>
Mittel gegen "Seekrankheit"
Soventol (lindert Insektenstiche usw.)
Husten-, Schnupfenmittel
Fieberzäpfchen/ Fiebersaft
Kohle-Kompretten
Mittel gegen Durchfall
Mittel gegen Kopfschmerzen
Mittel gegen Verstopfung

Nasen-, Ohrentropfen
Halsschmerztabletten
Wundsalbe/Brandsalbe
Wunddesinfektionsmittel (Merfen-Orange)
Sprühpflaster
Elastikbinden
Salbe gegen Prellungen
Fieberthermometer
Pinzette
Auto-Verbandskasten O.K.?
Persönliche Medikamente

_____
_____

Auto
Allgemeines Wohnmobil-Handbuch
WOMO®-Knackerschreck (vgl. Anhang)
Bedienungsanleitungen
Bordbuch
Reiseführer/Campingführer
Straßenkarten/Autoatlas
Auffahrkeile/Stützböcke
Wasserwaage
D-Schlld/Panello (rot/weiß)
2x Schutzweste (reflektierend; Vorschrift!)
Kundendienst gemacht (Bremsen!)?
Ersatzteilset von der Werkstatt?
Pannenausrüstung komplett?
Reservekanister voll?
1-2 Liter Reserveöl
Reserverad Luftdruck O.K.?
Abschleppstange, ausprobiert?
Passender Wagenheber, ausprobiert?
Luftpumpe/Warndreieck
Arbeitshandschuhe
Werkzeugkoffer komplett?
Kundendienststellenverzeichnis, neu?

_____
_____

Kleidung
Unterwäsche
Socken/Strümpfe
Hemden/Blusen
Schuhe/Sandalen
Hausschuhe
T-Shirts/Shorts
Hosen/Jeans
Kleider/Röcke
Pullover/Jacken/Stola
Anoraks/Windjacken
Sonnenhüte/Kopftücher
Nachthemden/Schlafanzüge
Bikinis/Badehosen
Wanderstiefel, -stöcke/Regenschutz
Sonnenbrille/Ersatzbrille

_____

Campingartikel
Stühle/Tisch/Liegestühle
Liegematten/Hängematte
Markise/Sonnenschirme
Sonnensegel/Stangen/Häringe/Leinen
Grill/Grillzange/Holzkohle

Unterhaltung
Handy/Autoladekabel
Fernseher/KW-Radio (neu: DRM-Radio)
Schreibzeug/Adressbuch
Handarbeitszeug
Kinderspielzeug
Malutensilien
Bücher/Spiele
Kassettenrekorder/Kassetten
CD-Player/CDs/MP3-Player
Frisby/Indiaca usw.
Luftmatratzen
Spielzeug
Fotoapparat/Filme/Speicherkarten
Videokamera/Kassetten/Reserveakku
GPS-Gerät
Ersatzbatterien/Ladegerät für 12 V
Rucksäcke
Kartentasche
Fernglas/Kompass/Höhenmesser
Iso-Matten/Zelte/Kochtopfset
Feldflaschen/Taschenmesser/Angelzeug
SOS-Kettchen (vor allem für Kinder)
Mitbringsel für evtl. Einladungen

_____
_____

Lebensmittel
Getränke (Limo, Bier, Wein)
H-Milch/Dosenmilch/Coffeemate
Milchpulver/Limopulver/Zitronenteepulver
Wurst-, Fischdosen
Fertiggerichte/Beutelsuppen
Tee/Kaffee/Kaba
Müsli
Butter/Margarine
Brot/Dosenbrot
Reis/Nudeln/Grieß
Kartoffelbrei/Mehl
Babykost
Puddingpulver
Schokolade/Bonbons/Kaugummi
Marmelade/Nutella
Bratfett/Öl/Essig
Mayonnaise, Senf
Zwiebeln
Gewürze
Ketchup/Maggi/Salz
Zucker/Süßstoff
Kartoffeln

Eier
Zwieback/Salzstangen

Wäsche / Toilettenartikel
Schlafsäcke, Bettwäsche, Kopfkissen
Laken (Spannlaken)
Hand-, Badetücher, Waschlappen
Geschirrtücher
Tempo-Taschentücher
Kämme/Bürsten
Haarfestiger/Lockenwickel/Haarspangen
12 V-, Akku- oder Nassrasierer
Nageletui/Hygieneartikel
Empfängnisverhütungsmittel
Windeln/Creme/Babycreme
Seife/Rei in der Tube
Sonnencreme, -öl
Fettstift (Labello)
Zahnbürsten/Zahnpasta
Autan gegen Mücken
Ohropax gegen Lärm

Nicht vergessen!
Post/Zeitung abbestellen
Offene Rechnungen bezahlen
Haustier abgeben
Blumen versorgen
Mülleimer leeren
Kühlschrank abstellen?
Antennen herausziehen
Wasch-, Spülmaschine, Bügeleisen aus?
Wasser, Gas, Heizung, Boiler abgestellt?
Rollläden schließen
Haustür verschließen!
Nachbarn/Verwandte benachrichtigen:
Reiseroute, Autokennzeichen mitteilen. Reserveschlüssel abgeben.

Sicherheit

Wir haben uns die Mühe gemacht und bei der Polizei nachfragt, wie es denn um die Sicherheit der Womourlauber im Allgäu bestellt ist. Als Antwort bekamen wir ein müdes Lächeln präsentiert: „Kein Problem". Ein Beamter sagte uns, dass für Diebesbanden u.ä. das Allgäu „zu weit ab vom Schuss" sei. Sie können also beruhigt auf allen Stellplätzen in die Kissen fallen und sanft schlummern.

Natürlich sollten Sie beim Parken und Verlassen des Womos nicht leichtsinnig sein und all Ihre Wertsachen im Fahrzeug lassen – Gelegenheit macht bekanntlich Diebe (vgl. Allgemeines Wohnmobilhandbuch Band 5).

Sport / Wellness

Urlaub im Allgäu ist in erster Linie einmal Wanderurlaub. Wir geben Ihnen in diesem Buch zahlreiche schöne und einfache Wanderungen zur Auswahl vor. Wer durchtrainiert ist, schwindelfrei und weitgehend trittsicher, darf auch gerne den Touren mit auf die höheren Alpengipfel folgen.

Aber auch Radfahrer kommen nicht zu kurz. Des weiteren stehen noch zur Auswahl: Drachenfliegen (Tegelberg) und Paragleiten (Tegelberg, Buchenberg, Neunerköpfle) sowie Skilanglauf und Ski alpin.

Wem es nach Erholung und sich verwöhnen lassen ist, neudeutsch „Wellness" genannt, der besucht die Thermen entlang unserer Tour. Hier ein Wellnessüberblick für dieses Buch:

>> Tour 2: Kristalltherme in Schwangau bei Füssen
>> Tour 3: CampoMare in Kempten
>> Tour 5: Comfort Camp Grän/ Alpenbad Pfronten
>> Tour 9: Bad Wurzach Therme Vitalium/ Biberach Jordan Therme
>> Tour 10: Bad Wörishofen Therme

Sprache / Verständigung

„Was soll jetzt das?" werden Sie sich vielleicht denken. Wir sind doch in Deutschland unterwegs und der Sprache von Kindesbeinen an mächtig. Weit gefehlt. Schließlich sprechen nicht gerade wenige in Mundart. Selbst uns ist es schon passiert, dass wir mit einem Oberallgäuer Bauern geredet haben und wir uns wie Ausländer vorkamen. Wenn Sie aber nicht gerade einige sprachliche „Todsünden" begehen, wird man sich schon bemühen, einigermaßen Hochdeutsch zu sprechen. Zu den Todsünden in Bayern zählen:

Ø Guten Tag statt Grüß Gott
Ø Brötchen statt Semmel

Die ruppige Art mancher Allgäuer ist übrigens nicht persönlich zu nehmen.

Tiere / Hunde

Problemlos können Sie Ihren treuen Vierbeiner auf die meisten von uns angegebenen Wanderungen mitnehmen. Zu Lebzeiten hat es unsere Berner Sennenhündin Bia immer genossen, als erste auf dem Pfad vorauszuspringen, von Zeit zu Zeit nach uns Ausschau zu halten und jeden Fluss und See sofort in Beschlag zu nehmen. Rücksicht ist aber in Bezug auf die braunen Hinterlassenschaften zu nehmen. Hundekot auf den Viehweiden und Futterwiesen ist unbedingt zu vermeiden, führt er doch oft zum Tod der Kälber. Deswegen nehmen Sie am besten immer ein kleines Tütchen zur Abfallbeseitigung mit. Die Landwirte werden es Ihnen danken!

Noch ein Wort zur Mitnahme Ihres Hundes in den Österreichischen Teil des Allgäus. Hier benötigen Sie den üblichen EU-Heimtierausweis und die Tollwutimpfung. Sollte Ihr Liebling über 50 cm Schulterhöhe hinausragen, so besteht Leinenpflicht.

Umweltschutz

Wie bereits im Vorwort erwähnt, wird Umweltschutz immer wichtiger, denn Umweltschutz ist letztendlich Menschenschutz. Nebenbei tut ein „grünes

Mäntelchen" unserer Spezies bzw. unserem Ruf ganz gut. So bleiben wir in Zukunft noch gern gesehene Gäste. Auch unsere Freiheit auf vier Rädern bleibt damit noch lange gesichert. Deswegen hier einige Anregungen:

* **Toilette**: Die neuen Fahrzeuge haben die Entlüftungsvorrichtung „Sog" serienmäßig an Bord, ältere Womos lassen sich problemlos (selber) nachrüsten. Damit gehören Chemiezusätze endgültig der Vergangenheit an. Aber auch ohne Technik kann im Allgäu auf Zusätze verzichtet werden. Das engmaschige Ver- und Entsorgungsnetz (vgl. Ver- und Entsorgung) ermöglicht fast tägliches Leeren des Fäkalientanks. Bei etwas längeren Zeitintervallen geben wir noch zusätzlich Schmierseife und Orangenessenz zur Geruchsneutralisierung dazu.

* **Spüle**: Wir benutzen zum Abwasch ein 100% biologisch abbaubares Spülmittel aus dem Bioladen (z.B. von Ecover). Das hat nur rein pflanzliche Inhaltsstoffe und nicht Tenside auf Mineralölbasis. Damit belastet unser Grauwasser die Umwelt deutlich weniger. Es kommt schließlich auf die Menge an - und da ist es ein Unterschied, ob zu „95% abbaubar" (wie handelsüblich) oder eben komplett abbaubar.

* **Treibstoffverbrauch**: Schalten Sie beim Beschleunigen so früh wie möglich in den nächst höheren Gang und lassen Ihr Womo dann im höchsten Gang vorrausschauend dahingleiten. Untertourige Fahrweise schadet nicht (wie früher oft angenommen) dem Motor. Reizen Sie auch nicht die Höchstgeschwindigkeit aus. So hält sich der Spritkonsum in Grenzen und Sie können Ihr Urlaubsgeld für sinnvollere Dinge verwenden...

* **Reifenluftdruck**: Kontrollieren Sie regelmäßig den Luftdruck Ihrer Reifen (Ersatzrad nicht vergessen) und geben Sie ruhig 0,2 – 0,4 bar zum angegeben Druck dazu. Das minimiert den Reibungsverlust und senkt den Verbrauch. Achten Sie beim Reifenkauf auch auf spritoptimierte Angebote namhafter Hersteller. Billigangebote sind wegen oft zu langer Bremswege und schlechtem Aquaplaningverhalten sowieso nicht die beste Wahl.

* **Treibstoff**: Dieselfahrzeuge mit Boscheinspritzpumpen können oft auf Pflanzenöl (hat nichts mit Biodiesel zu tun !!!) umgerüstet werden und fahren dann CO2-neutral. Auch ohne Umrüsttechnik sind Beimischquoten von wenigstens 10% (wenn eine andere Einspritzpumpe eingebaut ist) bis max. 50% kein Thema. Je älter das Fahrzeug, desto problemloser ist die Beimischung. Vorsicht ist lediglich bei modernen Common Rail Motoren geboten. Hier zwei namhafte Firmen, die langjährige Umrüsterfahrung auch mit Womos haben:

www.biocar.de
www.elsbett.de

Ver- und Entsorgung

Dank der immer zahlreicher werdenden Stellplätze, die Gemeinden für uns Womofahrer samt „Sanistation" einrichten, ist das Ver- und Entsorgungsnetz relativ engmaschig. Entsorgung ist an den meisten Säulen kostenlos, Trinkwasser kostet rund 1 für 100l. In jedem Stellplatzkasten dieses Buches können Sie erkennen, ob Ver- und Entsorgung (VE) möglich ist.

Kühe nehmen sich die Vorfahrt!

Verkehr

Bedenken Sie, dass Sie Morgens und Abends auf vielen Allgäuer Straßen nicht alleine unterwegs sind: Kuhherden werden oft zu den Weiden geführt bzw. wieder in den Stall geholt. Warten oder vorsichtiges Vorbeifahren im Schritttempo ist dann angesagt.

Ganz besonders vorrausschauend sollten Sie Ihr Gefährt von Pfronten in Richtung Tannheimer Tal bewegen. Sie durchfahren dann Weideland, d.h. eine Kuh kann schon mal auf der Fahrbahn stehen und Sie als Urlaubsgast bestaunen...

Wichtig sind auch die entsprechenden „Schlappen", sprich Bereifung für Ihr Womo. Runtergefahrene Sommerreifen sind auf den Allgäuer Bergstraßen bei Regen oder Schneematsch (kommt auf den Pässen im Sommer schon mal vor!) lebensgefährlich. Ein „gesundes" Reifenprofil gepaart mit gefühlvoller Fahrweise bringt Sie sicher zum Ziel. Vergessen Sie auch nicht den Fahrzeugschein und die Grüne Versicherungskarte, wenn Sie Österreich besuchen.

Wandern und Bergsteigen

Wir haben Ihnen hier in diesem Buch eine Fülle an leichten und landschaftlich herrlichen Wanderungen zur Auswahl gegeben. Die meisten dieser Wege sind auch von konditionell weniger trainierten Urlaubern (Ältere, Kinder) ohne weiteres machbar.

Auch die angeführten Bergtouren sind für Trittsichere ohne große Probleme machbar.

Nie (!!!) unterschätzen sollten Sie aber das Wetter in den Bergen. Erkundigen Sie sich <u>immer</u> vor einer Bergtour, was der Wetterbericht für Ihr ausgewähltes Gebiet vorhersagt. Fragen Sie Einheimische!

Wolkenformation kurz vor dem Wettersturz

ganz wichtig: gutes Schuhwerk!

Das Wetter kann sich gerade im Hochsommer innerhalb einer Stunde dramatisch verändern. Wir haben es schon erlebt, dass die Sonne von einem wolkenlosen Himmel geschienen hat und eine Stunde später tobte ein Gewitter mit Schneesturm (auf 2500 m Höhe). Bei bedrohlich wirkenden Wolkenformationen sollten Sie besser einmal zu früh umkehren als dann wenig später im Unwetter zu stehen.
Wetterstürze sind im Hochsommer (aber nicht nur!) keine Seltenheit. Wenn Sie dann die falsche **Ausrüstung** haben, die Orientierung verlieren, wird es schnell lebensbedrohend. Deswegen auch immer das Handy mitnehmen. Apropos Orientierung: Wichtig ist bei Wanderungen und Bergtouren, dass Sie mit einer zuverlässigen Wanderkarte unterwegs sind. Aus dieser können Sie mögliche Abkürzungen u.v.m. herauslesen. Aller bestens geeignet (auch zum Autofahren, Radfahren und Skilanglaufen) sind die hervorragenden Kompass Karten:

- Kompass Nr. 4 Füssen / Ausserfern
- Kompass Nr. 188 Ostallgäu
- Kompass Nr. 187 Oberschwaben/ Isny / Wangen / Leutkirch
- Kompass Nr. 3 Allgäuer Alpen / Kleinwalsertal

Alle diese Karten sind im sehr genauen Maßstab 1:50000 und decken das Gebiet unseres Allgäubuches ab.

Wetter/ Reisezeit

Vor allem das Frühjahr und der Herbst sind wettermäßig die stabilsten Perioden im Allgäu. Dann sind oft die Berge klar zu sehen und die Fernsicht atemberaubend. Der Sommer ist heiß, aber gerne mit zum Teil heftigen Gewittern durchsetzt. Hier und da kann es auch einmal vorkommen, dass sich schlechtes Wetter förmlich an den Bergen festkrallt und Sie mit Dauerregen traktiert. Wir haben für Sie aber hoffentlich genügend Aktivitäten in diesem Buch aufgeführt, die im Trockenen stattfinden können. Der Winter verzaubert das Allgäu in eine weiße Märchenlandschaft mit wunderbaren Schneeschuhwandermöglichkeiten, zahllosen Loipen und Skiliften.

Leider kämpft das Allgäu in zunehmendem Maße mit der Klimaerwärmung, so dass schneesichere Winter v.a. nur noch im Oberallgäu um Oberstdorf und dem Kleinwalsertal, sowie dem Tannheimertal im Ostallgäu zu finden sein werden.

Reisezeit ist somit eigentlich das ganze Jahr! Voraussetzung für die Wintermonate ist eigentlich nur ein entsprechend isoliertes Womo mit einer guten Heizung - und dem Klimawandel zum Trotz, ordentliche Winterreifen.

Wintersport

Damit Sie als Wintersportler in Sachen Ski alpin gleich die richtige Tour und den richtigen Berg für Ihr Können und Ihre Wünsche finden, haben wir Ihnen folgende Übersicht zusammengestellt:

>> Tour 2: Buchenberg (A/F, ++, S0)
         Tegelberg (F, +++, S0)
>> Tour 3: Eschach beim Maidelhof (A, +, S++)
>> Tour 4: Grünten (A/F, ++, S+)
>> Tour 5: Pfronten Breitenberg (A/F, +++, S+)
         Tannheimertal Neunerköpfle (F, ++++, S++)
         Tannheimer Tal Zöblen / Schattwald (F, ++++, S++)
         Kleinwalsertal Kanzelwand (F, ++++, S++)
         Oberstdorf Nebelhornbahn (F, ++++, S++)
>> Tour 6: Grasgehrenlifte (F, ++++, S ++)
         Balderschwang Riedbergerhornbahn (F, +++,S++)

Legende: **A= Anfänger, F= Fortgeschrittene**
+   =   wenig abwechslungsreiche Piste, sehr einfach
++   =   abwechslungsreichere Piste, einfach
+++ =   abwechslungsreiche Piste, gehobenere Ansprüche
++++ =   sehr abwechslungsreiche Piste, höchste Ansprüche

S0   =   wenig schneesicher
S+   =   schneesicher
S++ =   sehr schneesicher

Loipe rund um den Tegelberg mit Schloss Neuschwanstein

Zum Schluss:
IN EIGENER SACHE – ODER DER SACHE ALLER!?

Urlaub mit dem Wohnmobil ist etwas ganz besonderes. Man kann die Freiheit genießen, ist ungebunden, dennoch immer zu Hause, lebt mitten in der Natur – **wo man für sein Verhalten völlig selbst verantwortlich ist!**

Seit nunmehr 30 Jahren geben wir Ihnen mit unseren Reiseführern eine Anleitung für diese Art Urlaub mit auf den Weg. Außer den umfangreich recherchierten Touren haben wir viele Tipps allgemeiner Art zusammengestellt, unter ihnen auch solche, die einem WOMO-Urlauber eigentlich selbstverständlich sein sollten, denn weil wir als Wohnmobiler die Natur in ihrer ganzen Schönheit und Vielfalt hautnah erleben dürfen, haben wir auch besondere Pflichten ihr gegenüber, die wir nicht auf andere abwälzen können.

Jährlich erhalten wir viele Zuschriften, Grüße von Lesern, die mit unseren Reiseführern einen schönen Urlaub verbracht haben und sich herzlich bei uns bedanken. Wir erhalten Hinweise über Veränderungen an den beschriebenen Touren, die von uns bei der Aktualisierung der Reiseführer Berücksichtigung finden.

Aber: Wir erhalten auch Zuschriften über das Verhalten von Wohnmobilurlaubern, die sich **egoistisch, rücksichts- und verantwortungslos** der Natur und ihren Mitmenschen – nachfolgenden Urlaubern und Einheimischen – gegenüber verhalten.

In diesen Briefen geht es um die Themen Müllbeseitigung, Abwasser- und Toilettenentsorgung. Es soll immer noch Wohnmobilurlauber geben, die ihre Campingtoilette nicht benutzen, dafür lieber den nächsten Busch mit Häufchen und Toilettenpapier "schmücken", die den Abwassertank nicht als Tank benutzen, sondern das Abwasser unter das WOMO trielen lassen, die ihren Müll neben dem Wohnmobil liegenlassen und davondüsen, alles frei nach dem Motto: **"Nach mir die Sintflut!"**

Liebe Leser!
Wir möchten Sie im Namen der gesamten WOMO-Familie bitten: Helfen Sie aktiv mit, diese Schweinereien zu unterbinden!
Jeder Wohnmobilurlauber trägt eine große Verantwortung, und sein Verhalten muss dieser Verantwortung gerecht werden. Bestimmt hat mancher, dem Sie auf Ihrer Tour begegnen und der sich unwürdig verhält, das gleiche Büchlein in der Hand wie Sie. Er weiß zumindest jetzt, worum es geht. Sprechen Sie ihn an und weisen Sie ihn auf sein Fehlverhalten hin.
Der nächste freut sich, wenn er den Stellplatz sauber vorfindet, denn auch er hat sich seinen Urlaub verdient!
Vor allem aber: Wir erhöhen damit die Chance, dass uns unsere über alles geliebte Wohnmobil-Freiheit noch lange erhalten bleibt.
Helfen Sie mit, den Ruf der Sippe zu retten! Verhindern Sie, dass einzelne ihn noch weiter in den Schmutz ziehen!
Wir danken Ihnen im Namen aller WOMO-Freunde
Ihr WOMO-Verlag

Index

A

Aach 146
Allmisried 183
Alpe Beichelstein 104
Alpsee 89
Alpspitz 98
Altenstadt 35
Attlesee 101
Auerberg 39

B

Bad Grönenbach 215
Bad Hindelang 128
Bad Waldsee 195
Bad Wörishofen 225
Bad Wurzach 193
Badsee 183
Bannwaldsee 50
Bayerniederhofen 48
Berger Moos 109
Bernbeuren 39
Berwang 122
Betzigau 78
Biberach an der Riss 197, 198, 199
Bregenz 159
Breitachklamm 130, 132
Breitenberg 111
Buch 60
Buchenberg 49, 83
Buchenegger Wasserfälle 148
Buching 48, 49
Bühl 89
Burggen 38

C

CamboMare 82

D

Dengelstein 77
Denklingen 32
Dienhausen 34
Diepolz 86
Drehhütte 50

E

Edelsberg 98
Edenbachalpe 126, 127
Ehrwald 117
Eichensee 30
Eisenberg 106
Eistobel 167
Epfach 31
Eschach 83
Escacher Weiher 83
Ettwiesen 70

F

Feuersteinschlucht 39
Fischen 139
Forggensee 52
Fuchshofs 65
Fuchstal 32, 33
Fuchstals 32
Füssen 55

G

Georgiberg 239
Gestratz 176
Görisried 73
Grän 126
Grasgehren 140
Grönenbach 215
Großer Ochsenkopf 141
Großer Wald 94
Großkemnat 236
Grünten 94
Grüntensee 97
Gschwendtobelbrücke 145

H

Halblech 46
Haldensee 126
Haslacher See 38
Herlatzhofer Weiher 183
Hinteregg 158
Hinterstein 129
Hochplatte 47
Hohe Ifen 134
Hoher Ifen 134
Hörbranz 156

I

Illerbeuren 212
Immenstadt 91
Irsee 233
Isny 172

K

Kaufbeuren 236
Kempten 78
Kempter Wald 75, 77
Kißlegg 185
Kleinkemnat 235
Kleinwalsertal 131
Knottenried 88
Kögelweiher 105
Kohlhunden 65

Königsschlösser 50
Krinnenspitze 127
Krumbach 146

L

Landsberg 25
Lechbruck 40
Lechfall 57
Legau 214
Lindenberg 149
Lingenau 144, 145

M

Maria Schnee 220
Markt Rettenbach 220
Memmingen 209
Mindelheim 223, 224
Möggers 155

N

Namlos 122
Nebelhorn 135
Nesselwang 98
Neuschwanstein 51
Niederhalden 147
Niedersonthofener See 86

O

Oberjoch 128
obermaiselstein 140
Oberstaufen 147
Oberstdorf 135
Ochsenhausen 201, 203
Ottobeuren 217

P

Paradies 149
Peiting 37
Pfänderberg 156
Pfronten 108
Pfronten-Weißbach 109
Pitzling 30
Prem 45
Premer Filz 45

R

Reichlingen 31
Riedbergerhorn 141
Riedbergpass 140
Riederbergerhorn 141
Riezlern 133
Roßhaupten 60
Rot an der Rot 204

S

Scheffau 163
Scheidegg 149, 151
Schießbachtobel 97
Schlingen 231
Schongau 35
Schönleitenschrofen 50, 51, 58
Schwabenhof 142
Schwabsoien 34
Schwangau 52
Seeg 103
Skylinepark 229
Sonthofen 131
Speiden 106
St. Coloman 51
St. Ursala Görisried 73
Starzlachklamm 92
Steinbach 60
Steingaden 40
Stoffen 30
Stötten 60
Sturmanns Höhle 139
Sulmingen 203

T

Tegelberg 51

U

Untergermaringen 239

V

Vilgertshofen 30
Vorderboden 133

W

Wald 73
Waldsee 150
Wangen 179
Warthausen 201
Weiler 163
Wertach 95
Wieskirche 42
Winkel 92
Wolfegg 188
Wurzacher Ried 193

Z

Zeh am See 86
Zell 106
Zugspitze 117

Der WOMO-Knackerschreck

* ist die universelle und **sofort sichtbare Einbruchssperre**.
* Wird einfach in die beiden Türarmlehnen eingehängt, zusammengeschoben und abgeschlossen.
* Passend für Ducato, Peugeot, Renault Master, MB Sprinter bis 2018 und VW (alle Typen).
* Krallen aus 10 mm massivem, einbrennlackiertem Stahl, d. h nahezu unverwüstlich.

Nur 59,90 € – und nur bei WOMO!
Versand: Deutschland portofrei, EU 10 €, Schweiz 15 €

Der WOMO-Leserservice

Passend zu unseren Reiseführern bieten wir in unserem Online-Buchshop unter **www.womo.de** an:

* Die besten **Autokarten** von Michelin, Freytag & Berndt, Reise-know-how, die garantiert die komplette Reiseroute abdecken.
* Die Kauderwelsch-**Wörterbücher** für jede Sprache unserer Reiseländer.
* Von jedem Reiseland mindestens einen Rother-**Wanderführer** über die schönsten Wanderregionen.

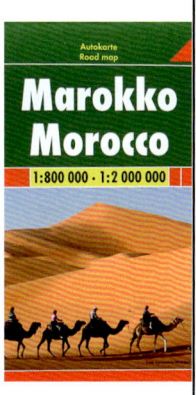

* Die **GPS-Daten** aller Bücher in den Versionen (.gpx und .kml) zum Download für die schnelle Übertragung auf Ihr Navi.

Info-Blatt aus dem WOMO-Buch: Allgäu '20

Lokalität: **Seite:**   **Datum:**
(Stellplatz, Campingplatz, Wandertour, Gaststätte, usw.)

○ unverändert   ○ gesperrt/geschlossen   ○ folgende Änderungen:

Lokalität: **Seite:**   **Datum:**
(Stellplatz, Campingplatz, Wandertour, Gaststätte, usw.)

○ unverändert   ○ gesperrt/geschlossen   ○ folgende Änderungen:

Lokalität: **Seite:**   **Datum:**
(Stellplatz, Campingplatz, Wandertour, Gaststätte, usw.)

○ unverändert   ○ gesperrt/geschlossen   ○ folgende Änderungen:

Lokalität: **Seite:**   **Datum:**
(Stellplatz, Campingplatz, Wandertour, Gaststätte, usw.)

○ unverändert   ○ gesperrt/geschlossen   ○ folgende Änderungen:

Lokalität: **Seite:**   **Datum:**
(Stellplatz, Campingplatz, Wandertour, Gaststätte, usw.)

○ unverändert   ○ gesperrt/geschlossen   ○ folgende Änderungen:

Lokalität: **Seite:**   **Datum:**
(Stellplatz, Campingplatz, Wandertour, Gaststätte, usw.)

○ unverändert   ○ gesperrt/geschlossen   ○ folgende Änderungen:

Meine Adresse und Tel.-Nummer:

Wir bestellen: (Preisänderungen vorbehalten)

- ☐ Wohnmobil Handbuch .... 12,00 €
- ☐ Wohnmobil Kochbuch .... 12,90 €
- ☐ Heitere Geschichten .... 6,90 €
- ☐ Albanien .... 19,90 €
- ☐ Allgäu .... 19,00 €
- ☐ Andalusien (Spanien Süd) .... 22,00 €
- ☐ Auvergne .... 22,00 €
- ☐ Baden-Württemberg .... 22,00 €
- ☐ Baltikum .... 23,00 €
- ☐ Bayern (Nordost) .... 20,90 €
- ☐ Bayern (Nordwest) .... 20,90 €
- ☐ Bayern (Südost/Oberbayern) 22,00 €
- ☐ Belgien & Luxemburg .... 19,90 €
- ☐ Bretagne .... 20,90 €
- ☐ Burgund .... 19,90 €
- ☐ Dänemark .... 21,00 €
- ☐ Elsass .... 19,90 €
- ☐ England (Nord) .... 19,90 €
- ☐ England (Süd) .... 19,90 €
- ☐ Finnland .... 19,90 €
- ☐ Frankreich Südwest .... 22,00 €
- ☐ Französische Alpen .... 20,90 €
- ☐ Franz. Atlantikküste (Nord) ... 19,90 €
- ☐ Französisches Jura .... 19,90 €
- ☐ Griechenland .... 19,90 €
- ☐ Hessen (Norden + Osten) .... 19,90 €
- ☐ Hessen (Mitte + Süden) .... 19,90 €
- ☐ Hunsrück/Mosel/Eifel .... 20,90 €
- ☐ Irland .... 22,00 €
- ☐ Island .... 18,90 €
- ☐ Korsika .... 18,90 €
- ☐ Kroatien / Montenegro .... 19,90 €
- ☐ Languedoc / Roussillon .... 19,90 €
- ☐ Ligurien .... 18,90 €
- ☐ Loire-Tal/Paris .... 17,90 €
- ☐ Lothringen .... 17,90 €
- ☐ Marokko .... 22,00 €
- ☐ Meckl. Vorpommern (West) .. 18,90 €
- ☐ Meckl. Vorpommern (Ost) ..... 18,90 €
- ☐ Mittel-Italien .... 19,90 €
- ☐ Namibia .... 20,90 €
- ☐ Neuseeland (Nord) .... 19,90 €
- ☐ Neuseeland (Süd) .... 19,90 €
- ☐ Niederlande .... 21,00 €
- ☐ Nord-Frankreich .... 19,90 €
- ☐ Normandie .... 22,00 €
- ☐ Norwegen (Nord) .... 21,00 €
- ☐ Norwegen (Süd) .... 19,90 €
- ☐ Österreich (Ost) .... 22,00 €
- ☐ Österreich (West) .... 17,90 €
- ☐ Ostfriesland .... 20,90 €
- ☐ Peloponnes .... 19,90 €
- ☐ Pfalz .... 19,90 €
- ☐ Piemont/Aosta-Tal .... 22,00 €
- ☐ Polen (Nord/Masuren) .... 21,00 €
- ☐ Polen (Süd/Schlesien) .... 17,90 €
- ☐ Portugal (Nord) .... 21,00 €
- ☐ Portugal (Süd) .... 20,00 €
- ☐ Provence & C. d'Azur (Ost) .. 19,90 €
- ☐ Provence & C. d'Azur (West) 19,90 €
- ☐ Pyrenäen .... 19,90 €
- ☐ Rumänien .... 19,90 €
- ☐ Sachsen .... 20,90 €
- ☐ Sardinien .... 19,90 €
- ☐ Schleswig-Holstein .... 22,00 €
- ☐ Schottland .... 19,90 €
- ☐ Schwarzwald .... 17,90 €
- ☐ Schweden (Nord) .... 19,90 €
- ☐ Schweden (Süd) .... 19,90 €
- ☐ Schweiz (Ost + West) .... je 19,90 €
- ☐ Sizilien .... 19,90 €
- ☐ Slowenien .... 18,90 €
- ☐ Spanien (Nord/Atlantik) .... 19,90 €
- ☐ Spanien (Ost/Katalonien) ..... 18,90 €
- ☐ Südafrika (Krüger NP) .... 24,90 €
- ☐ Süditalien (Ost/Apulien) .... 21,00 €
- ☐ Süditalien (West/Kalabrien) .. 19,90 €
- ☐ Süd-Tirol .... 20,00 €
- ☐ Thüringen .... 22,00 €
- ☐ Toskana & Elba .... 22,00 €
- ☐ Trentino/Gardasee .... 21,00 €
- ☐ Tschechien .... 18,90 €
- ☐ Türkei (West) .... 18,90 €
- ☐ Türkei (Mitte-Kappadokien) .. 17,90 €
- ☐ Umbrien & Marken mit Adria. 19,90 €
- ☐ Ungarn .... 18,90 €
- ☐ Venetien/Friaul .... 19,90 €
- ☐ Wales .... 18,90 €